中国の人口移動と社会的現実

馮 文猛著

東信堂

推薦の言葉

　本書は中国からの留学生・馮文猛さんによる『中国における人口移動と社会的現実』です。出稼ぎ労働者への流出入地での社会学的実証調査の分析を行なった研究報告書です。

　本書の前半・第1～3章は彼の2006年9月に東京農工大学に提出いたしました博士論文「中国における人口流動と都市化」の中の理論篇をほぼそのまま用いております。

　後半の第4～10章は、同博士論文の実証篇（2004年北京市・上海市調査、05年広東省・四川省調査）から、さらにその後の質的事例調査（2007年北京市の社会保障調査、08年上海市の子弟教育調査）を追加して構成されています。

　中国の人口問題、とりわけ人口移動に関する調査は、近年多々ありますが、流入地の大都市、流出地の農村の双方から出稼ぎ労働者の生活・意識、さらには社会保障、子弟教育、老親扶養、地域社会コミュニティの変動等々、質的事例調査も含めた綜合的アプローチは少ないように思われます。

　ちょうど筆者・若林が研究代表者をつとめました2004～07年度の4年間、日本文部科学省科学研究費基盤研究B「中国における人口と環境―都市化と人口流動に関する調査と分析」で実証的調査研究を行いましたが、その報告分析論文が本書の実証篇の骨格となっております。

　調査の発案、中国側調査協力者との接触や準備、実施、結果の分析等々にあたり、もちろん若林が代表責任者ではありましたが、社会調査方法にたけた馮さんの協力に助けられてスムーズに進めることができました。完成した論文は彼本人の独自執筆によるものですから、本書は単著とさせていただきました。

　馮さんは2006年9月に博士号取得後、半年間の東京農工大学特別研究員を経て2007年4月から09年3月の2年間、日本学術振興会外国人特別研究員として若林のもとにおり、2人の科研費も2年間別途いただき、研究を継続、その科研費による助成を得て本書を刊行することになりました。

さて、本書末尾の履歴一覧をご覧いただければわかりますように、馮さんは 1978 年 2 月、中国河北省生まれの中国人青年です。日本外務省 JICA が、1999 年度にたちあがったばかりの東京農工大学大学院国際環境農学修士課程に「中国における人口と環境コース」をつくって下さり、その第 1 期生として中国人民大学社会学系を首席で卒業したばかりの馮さんが推薦されて 2000 年 9 月に来日いたしました。

　さらにはその優秀さが評価され、博士課程への進学も許可され、その後 3 年間で博士の学位取得後は、日本学術振興会外国人特別研究員として今日の活躍があります。

　社会調査法に熟知している馮さんは、中国での調査のみならず－来日直後チベット調査に独自に行った時には驚かされましたが－日本各地の農村地域をとび歩き、調査実績を積んでまいりました。

　若林はもともと日本農村・地域社会学を専門としておりますことから、①沖縄（石垣、西表、鳩間島を含む八重山、名護と久米島）は 2 回、②愛知県旧富山村（本土最小人口の村）は 2 回、③三重県神島（三島由紀夫の小説『潮騒』で知られる）、④東京湾埋め立てと環境問題（浦安、横浜、南房総）、⑤佐渡ヶ島の限界集落等々に一緒にまいりました。

　若林研究室ではこうした調査結果などをこれまでまとめ、計 16 冊を完成（非売品）させておりますが、そのとりまとめ役は調査経験の豊富な馮さんがリーダー格となることが多かったのです。学内留学生を対象とした日本社会の外国人受け入れ差別に関する調査も実施し、関連組織機関から注目されました（こうした日本人口社会学の成果は若林敬子著『沖縄の人口問題と社会的現実』東信堂、2009 年 3 月；若林敬子著『日本の人口問題と社会的現実』理論篇・実証篇の 2 冊、東京農工大学出版会、2009 年 5 月刊行予定の計 3 冊として、最近まとめておりますので、ご参照下されば嬉しく存じます）。

　研究業績につきましては、2004 年 6 月～08 年 11 月まで計 14 回の国内外の学会発表を行ないました。国内では日本社会学会の英語部会の発表をはじめ、日本村落研究学会、地域社会学会、日本人口学会、日本現代中国学会、

日中社会学会、日本国際地域開発学会での計 11 回。

　海外では環境社会学会 2007 年北京国際会議、上海社会科学院創立 50 周年 & 第 3 回世界中国学論壇の国際会議、韓国での世界農村社会学会の計 3 回などです。

　また雲南民族大学との日本学術振興会二国間交流事業により「中国雲南における少数民族人口・婚姻と国際人口移動」の 2006 年 7 月国際会議では、司会、通訳、コメンターを担当。2007 年 9 月には東京農工大学学長・学部長らを昆明とシーサンパンナに通訳しつつお連れし、両大学間姉妹校締結に力をつくしました。

　若林敬子編著・筒井紀美訳『中国人口問題のいま―中国人研究者の視点から』ミネルヴァ書房、2006 年の 14 人の訳刊行にあたりましても、馮さんの尽力があってこその成果です。

　中国人留学生は日本語に強いか英語に強いかに別れがちで、双方を見事に操れる人はめったにいませんが、馮さんは、中国国内で英語に熟達したうえで来日しており、国際会議で十分に英語で報告・質疑応答できるレベルにあります。日中英の 3 ヵ国語を操って環境社会学 2007 年北京国際会議ほかで同時通訳を行い、それをまのあたりにした周囲の方々を驚かせました。

　2008 年度からの新たな科研費調査で、人口高齢化・出生性比と社会保障を中心にし、湖南省・海南省の農村調査を実施し、あらたな継続に積極的に取り組み始めているところです。

　優秀といえども、来日してまだ 8 年半、日本語の力もついて堪能といえますが、まだまだ成長はこれからです。私は馮さんの指導教官として既述しましたようにおつきあいをしてまいりましたが、中国側調査パートナー、日本側は東京農工大学や JICA 等々多くの方々に支えられてこれまでの馮さんの成長があります。今後とも厳しいご批判・コメントをいただきたく、かつ暖かく見守ってくださることをお願い申し上げます。

2009 年 2 月 10 日

若林　敬子

はしがき―問題の提起と本書の内容構成

　1980年代以降、中国の経済改革、都市部経済の高度成長及び戸籍制度の緩和に伴い、農村地域から大量の余剰労働力が都市部に入り込んだ。その後も年々流動人口は増加しており、2000年11月1日の第5回人口センサス時点で全中国の流動人口数は1億4,439万人に達し、全国総人口の11.6％を占めた。2008年には2億人以上に達しているともいわれる。
　人口移動（中国語で「人口流動」と言い、本書ではこの2つの単語を同意味で使うことにする）は、中国の歴史の中で決して新しい出来事ではないが、このような大規模な移動の発生は、人口の絶対数からしても割合からしてもかつてないほどの社会的な現象である。現代の中国の経済・社会に深刻な影響を与えており、将来の中国にとっても無視できない大課題となっている。政府や研究者達にとっても、重要で関心の高い課題となっていることはいうまでもない。
　また中国国内の人口流動には1990年代後半から、新たな様々な変化が生じてきた。流入先の方向が、小城鎮へから大都市へと変化し、流動の家族形態も単身から家族連れへと変わりつつある。そして従来の戸籍制度の改革に伴い、出稼ぎ労働者（中国社会では「農民工」と言われる）の大都市での定住意識も高まりつつあり、流動人口子弟の義務教育においても種々の許容にむけての変化が生じてきた。こうした流動人口の激増と変化に伴い、彼らの社会保障問題、そして故郷に残した老親扶養の問題等が無視出来なくなってきている。
　政府は2003年頃までは、人口の大量流動に対し、基本的にネガティブで統制的な姿勢をとってきた。公表された多くの通達も、いかに出稼ぎ労働者の流動を政府の管理の下に収めるかを目指したものであった。しかし、近年になって政府は、こうした人口流動の大量発生及びそれが中国社会の激動に与える巨大な影響を認識し、出稼ぎ労働者を差別なく平等に扱うべきことに

ようやく気がつき始め、彼らの就業、子女教育、権益保護に対する関心を高め、一連の新条例を策定してきた。

これを受けて、戸籍制度を含む新たな改革が、一部の地域において実施され始めた。そして、それらの改革や他の一連の改善策の実施によって、出稼ぎ労働者の生活は、はたして以前よりも改善されてきているのだろうか、そしてこうした新たな社会環境の中で出稼ぎ労働者はどのような課題を抱えているのだろうか、といった問題の究明が、今日の中国研究にあって緊急かつ重要な考察課題となっている。

他方、30年近くにわたっての人口の大量流出に伴い、流出側の農村社会にも大きな変化が生じている。大量の人口流出は流出地の農村家族、農業生産活動、そして農村コミュニティにどのような影響を与えつつあるのか、といった問題の解明も必要となっている。

このように、出稼ぎ労働者の移動をめぐる社会学的研究は、単なるこの1億4000万人の生活のみではなく、今日中国の都市社会、農村社会、そして中国全体の社会構造の深層にかかわる変動分析と将来の解明及び予測にとって最も重要な課題だといっても過言ではない。

これまで多くの研究者たちが中国の人口移動、出稼ぎ労働者をめぐって調査研究を行い、貴重な成果を蓄積してきたが、研究の多くは中国の人口センサスを利用し、マクロ的に人口流動の数量や地域間の変化などに関する統計的分析を行ってきたにとどまっている。本書のような、中国の国内現地で行なったオリジナルな調査に基づき、出稼ぎ労働者の生活や彼らの行動による中国社会の深層構造の変化に関する多角的な研究分析は、比較的少ないといえよう。とりわけ、最新の調査に基づき、流出地と流入地の双方の地域からの人口移動の全貌性、量的意識調査と質的事例調査とを併せた出稼ぎ労働者の全生活面について行った分析は、十分には行われていない。

そこで、本書はこれまでの調査研究の不十分さを克服するため、人口移動における近年の動きと合わせて、流出地と流入地との双方で実施したアンケート調査と事例調査を通じて、流動人口の子弟教育、社会保障の問題をも射程に入れながら、今日中国の人口移動、出稼ぎ労働者の生活全般、流出地社会に与える影響について人口社会学の視点からの総合的な研究調査とその

分析を行うことを目的とする。

　具体的には、今日中国人口流動の3つの主要な流入先地である上海市、北京市、広東省で出稼ぎ労働者を対象に彼らの生活をめぐる量的意識調査と、最大の人口流出地である四川省の農村部で流出者を抱える留守家族を対象に人口流出の影響をめぐる量的意識調査を行なう。かつ、北京市で出稼ぎ労働者を対象に彼らの社会保障をめぐる100事例質的調査と、上海市で出稼ぎ労働者子弟を対象に彼らの教育と流入地での生活をめぐる80事例質的調査に基づき、実証研究を展開する。以上の調査一覧をまとめて表にすると以下のようになる。

表　本研究が実施した調査の全体構成と内容一覧

調査形式	調査地		調査時期	調査内容	数	協力者
アンケート調査	流入地	北京市	2004.12	流動人口基本状況、就業状況、現地市民との交流状況、子弟教育、老親扶養など	有効調査票数303票	中国人民大学人口研究所
		上海市	2004.12	流動人口基本状況、就業状況、現地市民との交流状況、子弟教育、老親扶養など	有効調査票数309票	上海社会科学院人口研究所
		広東省（恵州市）	2005.7	流動人口の基本状況、就業状況、権益保護と現地市民との交流状況、子弟教育、老親扶養など	有効調査票数355票	中国人民大学人口研究所、中山大学人口研究所
	流出地	四川省（南充市農村部）	2005.7	留守家族の基本状況、経済生活、老親扶養、子弟教育、留守老親と留守配偶者の心理感覚など	有効調査票数357票	中国人民大学人口研究所、西南財経大学人口研究所
質的事例調査	流入地	北京市	2007.11～2007.12	出稼ぎ労働者の社会保障	100事例	中国人民大学社会学系
		上海市	2008.5	出稼ぎ労働者子弟教育	80事例	上海社会科学院人口研究所

注：1）アンケート調査は日本文部科学省科学研究費基盤研究B（1）（2004～07年度、研究代表者若林敬子、課題番号16402025）に基づき、中国現地調査にあたっては、中国人民大学人口研究所（研究代表杜鵬先生）と上海社会科学院（研究代表左学金先生）の協力を得て実施した。
2）質的事例調査は日本学術振興会特別研究員奨励費（2007～08年度、研究代表若林敬子、外国人特別研究員馮文猛、課題番号19・07022）の助成を得て実施した。

本書の構成は主に以下の10の章からなっている。

第1章では、人口流動をめぐる理論と先行研究を紹介する。この章ではまずこれまで呈示された様々な人口流動の概念についての分析を踏まえて、本研究で用いる人口流動の概念について、時間的・空間的な面から定義する。そしてこれまでの人口流動の規律に関する研究の成果及び人口流動に関する先行研究をまとめて紹介する。これらの理論及び研究成果の分析を通じて、1章の末尾において中国に現行の戸籍制度があるがゆえに、これらの理論及び規律が中国国内の人口流動の研究にはそのまま適用できないことを指摘する。

第2章では、中国における戸籍制度について分析する。この部分はまず現行の戸籍制度の由来と推移・変化を紹介し、この制度がいかに中国国内の人口流動に影響を与え、中国都市・農村の二元的社会構造をもたらしてきたのかを説明する。この章の後半では北京、上海そして広東省の例を取り上げ、大都市で行われている戸籍制度改革の現状・課題及び今後の方向性について解説を行なう。

第3章では、マクロ的な視角から中国国内の人口流動及び都市化の進展状況を整理する。これらの論述を通じて、政府の"逆都市化"政策の影響により中国の都市化が世界水準よりも大きく遅れていたことを確認する。また2000年第5回人口センサスの分析を通じて、今日の流動人口の急激な増大と流入先の大都市化の現状と傾向とを明らかにする。

続いての第4章〜第10章は、本書の調査結果分析の主要な部分である。それぞれのオリジナルな実証調査結果に基づいて、今日大都市に流入した出稼ぎ労働者の生活実態及び彼らの意識、あわせて他方の人口流出が流出地農村コミュニティにどのような影響を与えたかについて全体的・多面的に明らかにする。

つまり、具体的には、第4章では2004年12月に上海市で実施した309人のアンケート調査の結果に基づき、上海市に流入した出稼ぎ労働者の経済状況、社会的適応、子女教育、老親扶養を中心に分析を行った。この章の末尾では調査結果を踏まえて"プッシュとプル理論"及び社会的ネットワークの相互作用によって、中国における特有の人口流動モデルの提示を試みる。

第5章では、2004年12月北京市で実施した303人のアンケート調査の結果に基づき、上海市2004年12月の調査結果と比較しながら、北京市に流入した出稼ぎ労働者の経済状況、社会的適応、子女教育、老親扶養を中心に分析を行い、出稼ぎ者の北京と上海との特色と差異を明らかにする。

　第6章では、2005年7月に広東省恵州市で実施した355人のアンケート調査の結果に基づき、出稼ぎ労働者本人の基本状況、仕事状況、権益保護、住宅事情、社区及び現地社会への融和についての項目を取り上げて、彼らの生活実態について解析を行う。

　第7章では、2005年7月に流出人口が最も多い四川省で実施した357人のアンケート調査に基づき、人口の流出が流出地農村・故郷に残した"留守老親"、"留守配偶者"、"留守子女"そして村の地域社会に与えた具体的な影響について分析する。

　第8章では、2007年12月に北京で実施した100人への質的事例調査に基づき、出稼ぎ労働者の社会保障問題と流入先地で現地戸籍を有する北京市民との交流や社会的支持について分析を行う。

　第9章では、2008年5月に上海市で60人の出稼ぎ労働者の子供と20人の現地子供を対象とした質的事例調査に基づき、出稼ぎ労働者の子弟教育についてスポットをあてて分析をする。

　第10章では、2004年12月、北京及び上海で同時に実施した612人へのアンケート調査に基づき、今日大都市に流入した出稼ぎ労働者の定住意識及びその影響要因について、人的資本、経済資本、制度資本、流入地への適応、家族関係といった5つの点から分析する。

　以上、制度上の設定及びマクロ的な状況についての分析に加えて、上記の第4章から第10章までのオリジナルに実施した多面的総合的実証調査を通じて、本書は、今日の中国国内で発生し、新たな段階をきざみつつある人口移動とそれを取り巻く社会的現実を人口社会学の視点から明らかにしようとするものである。

目　次

推薦の言葉　i
はしがき　　v

第1章　人口移動をめぐる理論と先行研究　3
1．人口移動の概念　3
2．人口移動の規律に関する研究　6
3．人口移動に関する経済学的な解釈　12

第2章　中国における戸籍制度　21
1．戸籍制度の由来と変化　21
2．現行の戸籍制度と二元的社会　26
3．大都市における戸籍制度改革　31

第3章　中国国内の人口流動におけるマクロ分析　45
1．中国における都市の概念と都市化の展開　45
2．中国における人口移動の現状　59

第4章　流入先地における出稼ぎ労働者の生活実態─上海市2004年調査　71
1．はじめに　71
2．先行研究と調査方法　72
3．調査の結果　74

第5章　流入先地における出稼ぎ労働者の生活実態─北京市2004年調査　87
1．はじめに　87
2．調査方法　87
3．調査の結果　88

4．結　論　100

第6章　流入先地における出稼ぎ労働者の生活実態—広東省2005年調査…103
　1．研究の背景と目的　103
　2．先行研究、研究仮説、研究方法と使用データ　105
　3．調査の結果　109
　4．結論と今後の課題　126

第7章　人口流出による農村家族及び村落への影響—四川省2005年調査………129
　1．研究の背景と目的　129
　2．先行研究・課題の設定と研究方法　130
　3．調査の結果　134
　4．結論と今後の課題　148

第8章　出稼ぎ労働者の権益保護：社会保障……………………151
　　　—2007年北京市の事例調査をもとに
　1．中国社会保障制度の概要と特徴　151
　2．研究目的と調査方法　156
　3．調査の結果　157
　4．結　論　169

第9章　出稼ぎ労働者の権益保護：子弟教育………………177
　　　—2008年上海市の事例調査をもとに
　1．はじめに　177
　2．先行研究と研究目的　177
　3．研究方法と調査方式　180
　4．調査の結果　181
　5．結　論　193

第 10 章　出稼ぎ労働者の都市定住意識とその要因分析……………195
　　　── 2004 年北京・上海の調査より

　　1．研究の背景と目的　195
　　2．分析枠組と仮説　197
　　3．分析方法と使用変数　200
　　4．序数回帰分析結果　203
　　5．考察と今後の課題　207

結　論 …………………………………………………………………211

　　参考文献　217
　　謝　辞　225
　　事項索引　227
　　人名索引　229

■図表一覧

表1-1	1982・1990・2000年人口センサスにおける流動人口の基準	6
表2-1	中国における都市人口と農村人口の割合：1949・1979年	24
表2-2	中国における人口及び産業構造：1978年	24
表2-3	流動人口の必要証明書とそれを取得するための費用	29
表2-4	上海市における流動人口の常住人口に占める比率の推移：1955～2000年	35
表3-1	鎮制施行基準の変化：1955・1963・1984年	46
表3-2	中国における鎮の数及び人口の推移：1953～2000年	47
図3-1	都市人口の前年との増減：1950～2007年	49
表3-3	都市・農村別人口の推移：1949～2007年	50
図3-2	中国における都市・農村別人口割合の推移：1949～2007年	52
表3-4	産業別にみるGDP及び就業人口の割合：1952～2004年	54
表3-5	郷鎮企業数及び就業人口の推移：1978～2007年	56
図3-3	中国における郷鎮企業数の推移：1978～2002年	58
表3-6	企業類型別にみる農村就業人口の推移：1990～2004年	58
表3-7	各人口センサスにおける流動人口関連項目の比較：1990・2000年	60
表3-8	各人口センサスにみる戸籍の状況：1982・90・2000年	62
表3-9	省・市・自治区別国内人口移動	63
表3-10	流動空間別にみた流動人口の内訳：2000年	64
表3-11	地域別にみた流動人口の流動方向	65
表3-12	省・市・自治区別にみた人口流動の空間分布	66
表3-13	2000年第5回人口センサスにおける省間流動人口の分布	67
表3-14	主な流入地と流出地にみる省間流動人口の分布	69
表4-1	移動時の家族形態別にみる流出期間	75
表4-2	移動動機・要因	76
表4-3	上海市を選んだ理由	77
表4-4	回答者の就業構造	77
表4-5	回答者と上海市民との交流	79
表4-6	困難な時に相談相手になってくれる人	79
表4-7	あなたは差別を受けたことがありますか？	80
表4-8	回答者の子弟が通う学校の種類	81
表4-9	子供への差別について	82
表4-10	移動時の家族形態別にみる故郷への送金	83
表4-11	親が病気になった時に世話をしてくれる人	84
表4-12	親の医療費用の負担者	84
表5-1	移動時の家族形態別にみる流出期間と北京市での滞在期間	89
表5-2	移動動機・要因	90
表5-3	就業ルート	91
表5-4	回答者の就業構造	92
表5-5	回答者と北京市民との交流	93
表5-6	困難な時に相談相手になってくれる人	94
表5-7	あなたは差別を受けたことがありますか？	94
表5-8	子供を北京まで連れてきた理由について	95
表5-9	回答者の子弟が通う学校の種類	96
表5-10	子供への差別について	96

表 5 − 11	親が病気になった時の主な介護者	99
表 5 − 12	親の医療費用の主な負担者	99
表 6 − 1	性別にみた教育程度	110
表 6 − 2	性別にみた移動理由	111
表 6 − 3	教育程度別にみた移動理由	112
表 6 − 4	性別にみた職種の分布	112
表 6 − 5	流入先選択と就職ルート選択	113
表 6 − 6	性別にみた仕事に対する満足	116
表 6 − 7	教育程度別にみた仕事に対する満足	116
表 6 − 8	住宅種類別にみた収入	120
表 6 − 9	婚姻状況別にみた住宅類型	120
表 6 − 10	恵州市での滞在期間別にみた住宅類型	121
表 6 − 11	住宅類型別にみた住宅事情に対する評価	122
表 6 − 12	住宅類型別にみた近隣とのつきあい頻度	122
表 6 − 13	住宅類型別にみたつきあい相手	123
表 6 − 14	住宅類型別にみた社区活動への参加頻度	123
表 6 − 15	住宅類型別にみた現住社区の安心感に対する評価	124
表 6 − 16	性別にみた恵州市での生活満足度	126
表 7 − 1	年間現金収入の内訳	136
表 7 − 2	年間現金支出の内訳	137
表 7 − 3	家族成員流出前後における村落内での自家収入ランク	139
表 7 − 4	留守老親の回答にみる家族成員流出前後における最も重要な農業担い手の変化	140
表 7 − 5	留守配偶者の回答にみる家族成員流出前後における最も重要な農業担い手の変化	140
表 7 − 6	親が病気・要介護になった時に介護してくれる人	142
表 7 − 7	子女の流出前後における老親の主要労働の内容変化	143
表 7 − 8	労働負担の変化：留守老親と留守配偶者	145
表 7 − 9	誰が家族の重要なことを決定するか？	145
表 7 − 10	村落の変化	148
図 8 − 1	中国における社会保障制度の構成	152
表 8 − 1	職種と各保険への加入率	161
表 8 − 2	戸籍・学歴と各保険への加入率	161
表 8 − 3	戸籍別にみる出稼ぎ労働者のソーシャルサポーター	166
付録：対象者特徴一覧		172
表 9 − 1	調査学校の基本状況	180
表 9 − 2	宝鋼新世紀学校の生徒数	183
表 9 − 3	対象者の家計状況について	183
表 9 − 4	友達の数（平均値）について	188
表 9 − 5	生活上の悩みに関する相談相手	191
表 9 − 6	自己評価について	192
表 10 − 1	分析枠組と変数	202
表 10 − 2	プラムー序数回帰（PLUM − Ordinal Regression）結果	204

中国の人口移動と社会的現実

第1章　人口移動をめぐる理論と先行研究

　中国の人口移動・出稼ぎ労働者をめぐる研究を行うにあたり、これまでの人口移動に関する主要な理論と研究成果を紹介し整理する。理論の適応性は、地域あるいは時代の変化によって異なり、必ずしも広く一般に通用するとは限らないが、少なくともこれまでの理論や研究成果の蓄積が新たな研究構築に寄与することは間違いない。

1．人口移動の概念

1）人口移動概念の多様性
　人口移動に関する研究は、1885年イギリスのラベンスタイン（Ravenstein, E.G.）の古典的研究以来、多くの業績が発表されている（若林, 1993, 777）。しかし、人口移動という概念は世界的に共通のものとしては確定されず、国・地域の違い、あるいは時代の変化に伴い、人口移動に対して様々な基準が示されてきた（Bohning, 1978, 8）。
　これまで用いられた主な基準には、居住地の変更（Lee, 1969, 282-297）、社会（文化圏）の変更（Mangalam and Schwarzweller, 1970, 5-21）、自然的あるいは社会的な距離（Speare, 1974, 84-94）、転移「displacement」の継続期間（Thomas, 1968, 292-300［1年以上］）、移動の自発的な性格（Thomas,1975,441-472）、生産要素としての労働力の空間的な転移（Bohning, 1978, 8）などがあげられる。

2）日本における人口移動の定義
　日本の人口研究者は、地域間の人々の移動について、狭い意味での「常住

地の変更を伴う移動」を意図する場合と、広い意味での「常住地の変更を伴わない移動」を意図する場合に分かれるが、一般に人口移動は、前者の意味で用いられている（河邉, 2002, 593）。また、実際の研究の際に、行政地域に基づく人口移動統計に依存しなければならないことから、この概念は「常住地の変更を伴う、行政地域の境界を越える人々の動き」（Shryock, 1973）として認識されてきた。さらに、この概念は、出発地と到着地という2つの地域に関連する人口現象であることを示しているので、社会的な地位の変更などを示す「社会的移動」（social mobility）と区別するために、「地域間移動」あるいは「空間的移動」と呼ぶことがある（河邉, 2002, 594）。

なお、日本の社会学分野での「人口移動」は、以下のように定義される。人口移動は、人口の地域間移動を言う。人口の地域間移動にはいろいろな種類があり、通勤・通学のための、いわゆる「振子移動」（commuting）、出稼ぎなど「季節的移動」（seasonal movement）などがあるが、一般的には、居住している常住地を空間的に変更する永続的移動に限定されて使われる（若林, 1993, 776）。

以上述べたように、人口移動の概念に対し、日本の人口学と社会学の分野の研究者たちはほぼ同じ理解を示している。両者の研究に用いられる「人口移動」は、常住地の変更と転移の継続期間を強調している。また、この概念に基づき、移動の形態には、国境を超える国際人口移動（international migration）と一国内の国内人口移動（internal migration）の区分、あるいは単身か家族単位か（従属移動も含めて）、あるいは過疎地の集落移転にみられるような集団的移住かの区分、さらに、都市・農村間、地域圏間か地域圏内か（日本でいわゆる府県間か府県内か、市町村間か自市町村内か等々）、遠距離・近距離かなど様々なケースがあることは、この2つの分野で一致している。

3）中国における人口移動の概念定義の特異性

前述したように日本及び欧米諸国での人口移動に関する研究や概念の定義は、基本的に人々が自由に移動できることを前提として展開されてきたが、中国は世界の大部分の国と異なり、現在の戸籍制度によって人口の自由な移動を管理してきたために、こうした人口移動に関する研究及び概念の定義と

使用において一層複雑になっている。

　今日の中国における戸籍制度の主な特徴は、農村住民と都市住民とを区別して取り扱っていることである（馮，2004,32）。戸籍は、基本的に生まれた地域によって決められ、この戸籍制度によって、住民たちの自由移動は強く制限されている。この戸籍制度があるため、中国における人々の地域間の動きには戸籍登録地の変更を伴う「遷移」と、戸籍登録地を変えないまま地域間を移動し滞在する「流動」とがある。「遷移」は進学、転勤、軍隊などの服務の理由で、常住地の変更を行うと共に戸籍も新たな住所の行政機関で登録される。公安部門の戸籍管理によりその実態は比較的容易に把握できる。

　他方、戸籍登録地の変化を伴わない「流動」は把握しにくい状況に置かれている。また数からみると、「流動」する人口の数は「遷移」する人口よりもはるかに多いため、一般に研究者たちは研究の対象を「流動人口」だけと限って、多くの場合に「流動人口」を「移動人口」と同じ意味で使っている。また人口移動の形態には、農村から都市への流動が農村間あるいは都市間の流動よりはるかに多いため、中国人の研究者たちの間では「農民工」を「流動人口」と同じ意味で用いられる場合もある。

　このように「移動人口」、「流動人口」と「農民工」がほぼ同じ意味で使われるのは、中国の人口移動における研究の特性のひとつといえるだろう。本研究では、多くの中国研究者の使い方に沿い、「人口移動」は「人口流動」とし、地域間を移動する人々は「流動人口」として位置づけて以下分析を進めていきたい。

　中国の流動人口に対する定義は、日本の人口移動とほぼ同じように常住地の変更と転移の継続的期間に注目している。しかし、時代の変化によってこの具体的な基準も変わってきた。これまで中国では1953年に第1回、1964年に第2回、1982年に第3回、1990年に第4回、2000年に第5回、合計5回の人口センサスが行われてきたが、きちんとした統計学を利用しはじめて近代的センサスを実施したのは1982年の第3回の人口センサスの時からである。

　表1－1は近代的統計方法を使って実施した3回の人口センサスにおける流動人口の基準を示したものである。この表で分かるように、2000年第5

表1−1　1982・1990・2000年人口センサスにおける流動人口の基準

	1982年	1990年	2000年
空間基準	県または市	県または市	郷・鎮・街道
時間基準	1年	1年	半年

注：中国の行政単位は上から下まで、省・直轄市・自治区（以下省・市・自治区で統一）、市・県、街道・郷・鎮、居民委員会・村の4つの段階に分かれている。
出所：各人口センサスより作成

回人口センサスの時点で流動人口に関する空間基準と時間基準は共に変更された。

　まず、空間基準については、従来の県または市の代わりに、郷・鎮・街道間を越えて移動する人々は流動人口とされる。また時間基準は、従来の1年から半年に縮小した。したがって、2000年第5回人口センサスの時点では郷・鎮・街道を超えて移動し、戸籍登録地ではない場所で半年以上を経過した人々は流動人口と定義される。このような変化の目的は、今日中国国内で発生する大量の人口移動の状況をより正確に把握しようとしたためであるが、正確な比較が出来ないという限界がある。

2．人口移動の規律に関する研究

　人口の地域間移動は移動者本人及びその家族の社会経済的地位の変化のみならず、流出地域と流入先地の社会経済にも大きな影響を与える（Bohning, 1978）ため、これまで人口学、社会学、経済学、経済地理学などの分野で数多くの研究者たちがこの問題に関心を示し、膨大な理論及び研究成果を蓄積してきた（Bilsborrow et al., 1984）。本書では人口移動に関する各分野の理論を全て紹介することは出来ないが、これまでの主な理論について以下検討していきたい。

1）ラベンスタインの法則

　ラベンスタイン（Ernest G. Ravenstein, 1834-1913）は、イギリスの1871年と1881年の人口センサスの出生地別集計結果を分析し、1885年に「移動の法則」と題する論文をイギリスの王立統計学会誌に発表した。当時、人口移動にお

いては法則が無いという認識が学者の中でも普通であったが、彼はこの論文の中で、こういった視点を反駁し、イギリス国内の人口移動について、以下の6つの方向性・原則を示した（馬，1994，20）。

①移動者の多くは短距離を移動するにすぎない。
②一定の時期において、移出者によってできた地域の空隙が、別の地域からの移入者によって埋められる。
③移動流には反流（還流）を伴う。
④長距離移動者の多くは大都市へ向かう。
⑤都市生まれの者は、農村生まれの者より移動することが少ない。
⑥女子人口は男子人口よりも移動率が高い。

さらに、1889年には、ラベンスタインは世界29カ国の人口センサスの出生地別人口の集計結果に基づき、もう1つの論文を発表した。この論文の中で以下の7つの原則・方向性が指摘された（馬，1994，20）。

①移動者の多くは短距離を移動するにすぎない。
②成長する都市へはこれを取り巻く農村部の住民が移動し、これによってできた空隙は、より遠方からの移動者によって補充される。このプロセスによって、大都市の人口吸収力は、国土の縁辺部にまで順次及ぶことになる。人口吸収地への流入者は、そこからの距離に従って減少し、出身地の人口に比例する。
③人口の分散過程と吸収過程とは類似する。
④主要な移動流にはそれを補うべく反流（還流）を伴う。
⑤長距離移動者の多くは大商工業中心地へ向かう。
⑥都市生まれの者は、農村生まれの者より移動することが少ない。
⑦女子人口は男子人口よりも移動率が高い。

以上述べたように、ラベンスタインの移動距離、移動方向、さらに移動者の特徴についての論述は、地理学研究の視点から人口移動にみられる一般的な規則性の存在を指摘し、人口移動に関する最初の体系的研究であったといってよい。

2) リーの移動量、移動方向、移動選択に関する規則

　リー（Everett S. Lee）も 1966 年にイギリスの『人口学』（Demography）という雑誌で人口移動理論と題する論文を発表し、人口移動の規則について論述した。彼の理論は以下の 3 つの部分からなっている。

(1) 人口移動量
①人口移動量は地域の自然地理条件や社会経済発展条件によって異なる。
②人口移動量は地域の人口構造によって異なる。若者が高い割合を占める集団は移動することがより多い。
③移動量は移動過程において仲介障害の有無によって異なる。
④衰退期より経済繁栄期の人口移動量の方が多い。
⑤強制的移動を除いて、人口移動量と移動率は徐々に増える傾向にある。
⑥人口移動量と移動率はその国家または地域の発展に伴って変化する。

(2) 移動流と反流
①移動流は大規模な人口移動である。1 つの移動流にはそれを補充する反流を伴う。
②移動流に対する流出地の主な影響がマイナスである場合に、移動流の反流に対する比率は高くなる。
③流出地と流入地の状況が類似する場合に、移動流の反流に対する比率は低くなる。
④仲介に障害がある場合には移動流と反流の比率に大きく影響する。
⑤衰退期より経済繁栄（高度経済成長）期の移動流対反流の比率は高くなる。

(3) 移動者の特徴と選択
　リーの理論によると、移動は人々が様々な側面において流出地と流入地を比較した結果であり、それらの選択に示された規則は以下の通りである。
①流入地の各プラス要因に対し、移動者は主に積極的な選択意欲を示す。
②流出地の各マイナス要因に対し、移動者は主に消極的な選択意欲を示す。
③移動者全体をみると、彼らの選択は二重パターン（Bi-Model）を示す。

④プラスの選択意欲は仲介障害の減少に伴って増加する。
　⑤ライフサイクルの特定時期において、移動者の志向は移動の選択に重要な影響を与える。
　⑥移動者は流出地人口と流入地人口との両者の特徴をもつ。

3) プルとプッシュ理論

　今日人口移動要因をめぐる研究において、プル（pull）とプッシュ（push）理論は重要な役割を果たしている。移動要因に関する論述はラベンスタインまで遡ることが出来るが、この理論についての最初の系統的な論述は1950年代のボーグ（Bogue D. J.）によるものである（Bogue, 1969,753-754）。この理論は人口移動の分析に際して、人口送り出し地域で働く人口の定着阻害要因をプッシュ要因、受け入れ側に存在する人口の流入促進要因をプル要因とし、それぞれの要因の内容、強度を分析する方法であった。

　この理論によると、流出地における自然資源の減少、農業生産コストの高騰、農業余剰労働力の発生、比較的低い経済収入などは人口移動のプッシュの要因となり、それに加えて、流入地の比較的多くの就業機会、より高い収入、良好な生活レベル、比較的より良く多くの教育機会、文化施設などは移動のプル要因となっている。

　19世紀産業革命の進展に伴い、欧米諸国で生じた新たな商業中心地が大量の就業機会を提供するようになり、いわゆる人口移動のプル要因となった。それに加えて、農業機械の使用による大量の余剰労働力の発生は、当時人口移動のプッシュ要因とされた。第2次世界大戦後、多くの発展途上国では人口、とりわけ都市人口が急増してきた。この現象は主に農村地域における過剰人口の圧力に伴うプッシュの要因による人口移動の結果とされる（林, 1976）。

　上述したように、1つの理論として完全なものとはいえないが、実際に人口移動要因の解釈に大きく寄与していることから、プルとプッシュ理論は1950年代から今日にかけてずっと広く引用され、使われてきた。

4) ゼリンスキーの移動転換仮説

　1970年代、欧米の人口移動の解釈にあたって、ゼリンスキー（W.Zelinsky）

は、人口の空間的流動性のプロセスの変化を人口転換や社会の近代化と結びつけて移動転換仮説と名づけた理論仮説を発表した（Zelinsky, 1971）。彼の移動転換仮説は以下の5つのステージ（歴史的段階）からなっている。

①前近代社会：地域的にもまた量的にも、ごく限られた人口移動と人口の交流がみられるのみの社会。

②初期転換社会：急速な出生力とその結果としての人口増加が起こることによって広範な人口移動、特に農村から都市への移動、あるいはフロンティアや植民地への植民がみられ、地域間の交流も活発化し始めた社会。

③後期転換社会：自然増加率の低下によって、上述した3つの型の人口移動の増加が鈍り、逆に多様な型の人口流動の量的な増加、つまり移動形態の複雑化がみられる社会。

④成熟社会：さらに低下した自然増加率と、農村から都市への人口移動や植民などの伝統的な人口移動の減少、都市間人口移動と都市内部の人口移動の多い社会。

⑤将来の成熟社会：成熟社会にみられた人口移動がさらに強まる社会。都市間移動の内容は変化する。

上述したように、ゼリンスキーのこの仮説は、当時の欧米諸国の大都市のいくつかで顕著となっていた反都市化の傾向を踏まえて、いわゆる出生率と死亡率の変化に関する人口転換と同様に、人口移動も変化するというものであるが、その変化を社会の近代化と結びつけたという点では新鮮であった。しかし、時代区分の曖昧さ、成熟社会やその将来に対する人口移動の予測されたパターンに対し、また、人口移動を理解するにはあまりにも抽象的であるという批判を浴びた（河邉, 2002, 598）。

5）黒田俊夫の移動転換理論

日本の国内人口移動をめぐる理論の中で最も注目を受けたのは黒田俊夫の移動転換理論であった。黒田は、1970年、日本の国内人口移動において大都市圏から非大都市圏への移動、いわゆるUターンと呼ばれる移動流が増大し、その逆の移動流を上回る勢いをみせ始めたことに注目し、欧米の都市人口の変化と人口移動数の変化を参照し、日本における人口移動の変化とそ

の結果である人口分布の将来を予測する見解を発表した（黒田，1970,15-30）。さらに、1976年に、その見解を補強した著書を発表した（黒田，1976）。

　黒田の理論について、河邉宏は以下のような論述と詳細な評価を行った（河邉，2002, 598）。黒田の人口移動転換理論は、人口移動は「人口の順応と均衡化のための必要な要素」で、それを「経済機能的」にみれば、「生活水準の地域分布あるいは生活水準の地域格差に対する人口分布の均衡運動」であって、「経済、社会の変動に順応しようとする個人行動のマクロ的産物」であるが、「社会の高度的発展に伴って、人口移動のチャンネルも単純なものから、複数のチャンネルをもった移動形態への変化、複雑化していく可能性がある」という。こうした観点にもとづき、第2次世界大戦後日本の急激な出生率の低下によって、それまで相対的に高い水準を保ってきた農村の出生率が都市の出生率を下回るようになったことから、過去の人口移動の源泉であった農村での移動ポテンシャルの縮小、高度成長期にみられるようになった人口移動の変化を指摘した。つまり、1964年頃から総移動率の上昇が見られなくなると共に、地方から大都市圏への人口移動が1964年頃を境に減少傾向をたどり始めた。それと対照的に大都市圏から地方への反流（還流）移動が、1961年頃から一貫して増加傾向をたどるようになり、大都市圏の流入超過が著しく収縮するに至った。

　さらに大都市圏内の人口移動量、特に大都市圏中心部からその縁辺地域への移動が急速に増大したことなどをよりどころとして、戦後日本の急激な出生率と死亡率の低下に示された人口転換に続いて、人口移動（したがって人口分布）にも転換の兆候がみられるに至ったと指摘した（黒田，1970,15-30）。

　黒田は、人口移動の結果として、人口分布の均衡化（分散化）がみられるようになると主張したが、その後の日本の人口状況をみると、人口分布は分散化の方向に向かってはいないといわざるを得ない（大友，1996）。また、その後の移動調査は、移動理由が新規就職などの経済的な理由によるものが依然として第1位を占めると共に、生活条件の改善のために地方へ帰還移動するなど、黒田による新しい理由の移動は、それほど多くなっていないことを明らかにしている（河邉，1985）。

　さらに出生コーホート別にみた人口移動研究では、少なくとも1935～40

年の出生コーホート（1950年に10〜14歳）以降のコーホートでは、確かに帰還移動はいずれのコーホートでもみられるが、その数が10〜14歳当時の流出数を上回るほどのレベルからはほど遠く、帰還移動が人口分散化の方向へと向かうほどの影響力をもっていないことが明らかになった（河邉, 1985）。以上のように、その後の研究は、黒田が予測した人口移動と人口分布の変化を必ずしも証明したとはいえないだろう。

3. 人口移動に関する経済学的な解釈

人口移動に関しては、経済学の学者たちもマクロ的とミクロ的な視角から数多くの研究成果を挙げてきた。本節ではこれまで人口移動研究について経済学分野での主な視点、発表した成果について紹介し検討する。

1）ルイス（W.A.Lewis）の二重経済構造モデル

発展途上国で示された大量の農村労働力の都市部への移動を解明することを目指して、1950年代にルイスは二重経済構造モデル（無限の余剰労働力モデルとも呼ばれる）を提示し、一国の経済発展及び労働力移動について論述した（Lewis, 1954, 139-191）。

ルイスの二重経済構造モデルによると、一国の経済は自給自足の伝統的農業部門と都市を中心とする近代的工業部門からなっている。伝統的農業部門では、土地の有限性、遅れている生産技術と人口の持続的な増加によって、限界労働生産性が低下しつつある。それに加えて農村地域では人々の行動を支配するのが共同体の平等原理（Communality Principle）であるため、増加する人口が新たな生産価値を追加することが難しくなり、結果として多くの限界労働生産性がゼロに近い余剰労働力が多く存在する。それに対して、近代的な工業部門では生産資源の再生性、優れた技術の応用などによって生産の増加が人口増加を上回り、限界生産性が次第に高まり、人々の平均収入も増えつつある。こうして伝統的農業部門と近代的工業部門の経済構造格差と収入の格差は、農村余剰労働力が都市部における近代的工業部門へ移動することをもたらした（Lewis, 1954, 139-191）。

また、ルイスは発展途上国が農村地域に存在する大量の余剰労働力を吸収し、低下する限界生産性を高めて、一国の経済が停滞する状況から持続的な成長を導くために、近代工業を発展させる必要があることを指摘した（Lewis, 1954, 139-191）。

ルイスのモデルは、農業部門と工業部門の構造の格差には農村労働力の都市部への移動の要因があると指摘し、高く評価されてきた。しかしながら今日の途上国の現実は、ルイスの二重経済構造モデルの説明とは大いに異なっている。発展途上国である中国では、1990年代国有企業の改革に伴って都市部で大量の失業者が生じたにもかかわらず、農村からの労働力の都市部への移動が一層激しくなっている。また、ルイスのモデルの中の限界生産性が、ゼロ余剰労働者の定義とその算出には不十分な点も存在している。季節性がある農業部門の労働力及び生産性の計算には、工業部門で用いる労働日及び労働時間の計算方法がふさわしいとはいえないし、また先進技術をあまりに使用していない発展途上国の農業生産性について、先進国の中で用いられる基準を使って計算するのは妥当ではない（Schultz, 1964, 53-70）。

2）フェイーラニスモデル（Fei-Ranis Model）

ルイスモデルに基づき、フェイ（John C.H. Fei）とラニス（Gustav Ranis）が理論の修正と補充を行い、新しいモデルを作ったのは1960年代であった。フェイとラニスは、ルイス理論の不十分な点は、農業労働生産性の向上や余剰農産物の増加が農業労働力の近代工業部門への移動において重要な役割を果たしたことを無視したことにあると指摘し、その上で農業と工業との関係の変化からこの2部門の経済発展を3段階に分けて分析を行った（Fei & Ranis, 1964）。

第1段階では、農業部門の限界労働生産性がゼロのため、無制限の余剰労働力が農業部門に存在し、彼らの工業部門への移動が農業生産に影響を与えていない。しかも、こうした移動により生じた農業部門の余剰農産物は、工業部門に入ってきた新たな就業人口に食料の供給を提供してきた。したがって工業部門の最低賃金は従来の通りに維持されてきた。

第2段階では、農業部門の限界労働生産性が上昇しつつ、しかし制度的賃

金より依然として低いために労働力は引き続き農業部門から工業部門へ移動する。この段階の移動者が第1段階の単なる農業部門の余剰労働力から農業部門で隠れた失業者へと変わりつつある。しかし、この段階での農業総生産の増加が工業部門の労働力の増加に追いつかないため、食料不足が生じ、農産物価格も上昇した。従来と同じ数量の食料消費を維持するために、工業部門の賃金上昇が求められてきた。

第3段階では農業部門の限界労働生産性が制度的賃金を上回るようになり、農業部門の余剰労働力が消滅した。この段階での農業部門の労働者の収入が前述した第1と2段階での制度的賃金の代わりに、農業の限界労働生産性によって決められるようになって、いわゆる農業の商品化（commercialization of agriculture）の時代を迎えた。こうした農業部門での上昇した収入を受けて、労働力の供給を求めるために、工業部門の賃金水準も上昇してきた。

以上に述べたこの3段階の外に、フェイとラニスが一国の経済成長の沈滞を避けるために、農業部門と工業部門との均衡のとれた発展を必要とすることも強調した（Fei & Ranis, 1964）。この意味で農業部門と工業部門の発展は競争的ではなく、むしろ農業部門の発展は工業部門発展にプラスの役割を果たしてきたといえるだろう。

フェイーラニスモデルは一国の二重経済構造変化の3つの段階と農業余剰労働力が近代工業部門へ移動する前提条件を説明し、従来のルイスモデルより大きく修正された。しかし、一部の研究者が指摘したように、このモデルは基本的に先進国の経済成長の歴史的経験に基づいて作られたものであり、今日の発展途上国の状況を確実に解釈するために更なる修正が求められている。また、技術の発展によって、一国の経済が労働力集約型の発展から技術または資金集約型の発展へと変わりつつあり、工業部門が提供できる就業先の数は、従来に反して減少する傾向を現してきた。これらの新しい変化は、フェイとラニスモデルの修正と補充を求めている。

3）費用便益（Cost-benefit）モデル

伝統的な人的資本の理論によると、学校教育や健康維持は個人の労働生産性を高めるための投資に相当する効果をもち、個人の能力がより発揮できる

ような職業間、産業間、地域間の移動も労働の生産性を高める投資とみなすことができる（T.W.Schultz, 1961, 1-17）。こういった観点から、Sjaastad（スジャースタッド）は人々の地域間の移動に対し、投資に相当する移動の費用と移動による利益を比較し、費用便益分析を行った（Sjaastad, 1962,80-93）。

具体的に言えば、人々の移動にかかる費用は投資コストであり、移動によって得たユーティリティは移動の利益である。人々が便益の最大化と費用の最小化を同時に求める合理的な経済人であることを前提として、移動は流入地の平均収入が流出地の平均収入と移動過程にかかる費用の合計を上回った結果と考えられる（Sjaastad, 1962,80-93）。移動を通じて移動者が実現した純便益は以下のような方程式１－１で書くことができる（馬，1994, 27）。

$$PV = \{[L_j - L_i]/rd_i\} - G_{ij}$$

この方程式中 PV は移動者が実現した純便益である。
$[L_j - L_i]$ は流入地 j の収入と流出地 i 収入の格差である。
rd_i は i 地収入の割引率である。
G_{ij} は流出地 i から流入地 j までの移動にかかる費用である。

上の方程式は個人の移動行為を説明するものであり、この方程式から、移動の総人口数は以下のような方程式１－２で書くことができる（馬，1994, 28）。

$$M_{ij} = f[PV]$$

この方程式中、M_{ij} は i 地から j 地までの移動人口の数である。
f は関数である。
PV は移動者が実現した純便益である。

上の方程式は、主に収入と費用から個人の移動を説明したものである。しかし、近代社会における移動の歴史をみると、便益が決して現金収入だけでなく、近代的なアメニティや都市の便利さなどからえられる満足感も含まれ

る。一方、移動費用は交通費や空間移動と就職活動に伴う機会費用のほかに、新しい環境への適応、家族や友人との別離などに生じるマイナスの効用も考慮される。こうした個人の移動行為は、経済的に賃金の格差と精神的に得られる満足感の上昇が共に作用した結果と考えられる。時代の発展に伴い、その後の経済学者たちが新たな要因を入れて移動者の行為を分析してきたが、基本理念としては、移動に伴うコストと移動による得られる利益の比較にほかならない。

4) トダロ（Todaro M. P.）の労働力移動モデル

　発展途上国の経済発展の中で、農村から都市への大規模な労働力移動が行われるものの、都市と農村間の賃金または所得格差は縮小しない。また都市部では高い失業率の存続と、スラムの拡大を特徴とする過剰都市化が大きな問題となっている。このような状況をみて、トダロは農村と都市間の労働力移動の経済行為モデルを系統的に説明し、農村移動人口の都市部での就職可能性と都市部での労働力需要及び供給に関する要因と合わせて、整合性の高い説明モデルの提示を試みた（Todaro, 1969, 138-148）。

　トダロの理論によると、都市に移動した農村余剰労働力の就職は2つの段階に分けることができる。第1段階では、都市部に流入したばかりの農村からの流入者はサービス業や建築業などのいわゆる"都市部の伝統的部門"に就職する場合が多い。時間が経つにつれ、こうした流入者が都市の現代的工業部門に就職を見つけ、第2段階に入る。また、トダロは農村労働力の都市への移動決定が、都市と農村経済構造の格差と移動に伴うコストと効用を比較した結果であり、移動を決定するにあたって、人々は農村と都市間の実際の賃金格差ではなく、都市部で得られる期待賃金と農村部に留まる場合の農業賃金との比較で決定を行うと主張する（Todaro, 1969, 138-148）。

　具体的には、人々が農村から都市に移動するか否かは、都市部での期待賃金（平均賃金×仕事を見つける確率）と、農村に留まった場合の農業賃金との比較に依存すると彼は指摘した。すなわち、都市農村間における労働力移動の条件は、$PW_u - W_r > 0$（P：都市部で就職の確率；W_u：都市部の平均賃金；W_r：農村の平均賃金）である。

トダロによれば、都市に移動した農村人口と都市人口の比率が以下のような方程式1－3で書くことが出来る。

$$M(t)/S(t) = F\{[W_u(t) - W_r(t)]/W_r(t)\}$$

この方程式の中、
M（t）は時期tに都市に流入した農村余剰労働力の数
S（t）は時期tに都市の現住人口の数
W_u（t）は過去の平均収入に基づいて予測した都市のt期平均収入
W_r（t）は過去の平均収入に基づいて予測した農村のt期平均収入

もし、α（t）は予測した都市と農村の平均収入格差の比率とすれば、すなわち、α（t）＝[W_u（t）－W_r（t）]/W_r（t）である場合に、方程式1－3は以下のような方程式1－4になる：

$$M(t)/S(t) = F\{\alpha(t)\}$$

上の方程式1－4に示されるように、予測した農村都市間の収入格差率α（t）が高ければ高いほど、都市部に移動した農村人口と都市従来人口の比率がより高くなっている。

都市と農村間の収入格差を除いて、農村人口の移動に影響を与えるもう1つの要因が前述した就職の可能性であるとトダロは強調した。就職の確率は以下のような方程式1－5で書くことができる。

$$P(t) = \gamma N(t)/[S(t) - N(t)]$$

この方程式の中、P（t）は就職の可能性（確率）
γは近代部門の就業成長率
N（t）はt期に近代部門の就業人口
[S（t）－N（t）]はt期に都市伝統部門の就業人口

方程式1－5中の就職の確率P（t）が低い場合に、都市と農村間の収入格差が存在するにもかかわらず、農村労働力が自分の移動により慎重な態度をとるのは一般的に見られる現象であるとトダロは指摘した（Todaro, 1969, 138-148）。

　農村と都市間の労働力移動の分析において、トダロは上述したこの2つの要因の外に、都市部人口の自然増加率βの影響も考えなければならないと指摘した。この3つの影響要因を入れて、整合性が高い労働力移動に関するモデルを以下の方程式1－6のように提示した（馬, 1994, 30-31）。

$$M（t）/S（t）= \beta + P（t）\cdot F\{\alpha（t）\}$$

　ルイスあるいはフェイーラニスモデルと異なり、トダロモデルの注目点は都市と農村間の実際の収入格差ではなく、予測した都市と農村間の収入格差に置かれている。また、前者のモデルの補完として、トダロは流入先都市部での就職の確率と都市部人口の自然増加率もモデルの中に入れて、発展途上国の農村と都市間の労働力移動において総合的な分析を行った。これらはトダロモデルの主な貢献といえよう。

　トダロは整合性の高いモデルを用い、発展途上国の農村と都市間の大量の人口移動の分析を通じて、以下のような結論を導いた。都市部の高い失業率は、都市部近代部門の就業成長率γの上昇だけによっては改善できない。農村労働力の都市部の失業問題を解決し、都市部の伝統的就業部門を縮小するために、農村と都市間の収入格差の縮小と農村住民の収入の上昇が最も重要な課題である（Todaro, 1969, 138-148）。

　トダロの分析結論の中からいくつかが、今日の中国の国内人口移動に重要な参考になるだろう。彼が指摘した都市部に移入した農村労働力の就職の2段階論は、既に今日の中国国内人口移動の研究の成果に反映された。また、農村労働力の大量移動を減少させるために、農村住民の収入を高めることに力を入れるのが不可欠だとの指摘も、今日の中国の国情にふさわしいといえよう。

以上の理論部分をまとめてみると、人口移動研究においては、これまで多くの理論とモデルが出されてきた。これらの理論と成果が今日の中国の国内人口移動にとって重要な先行研究となることは間違いない。しかし、これらの理論の間の相違に示されたように、1つの理論やモデルは特定の時代または地域の産物であり、決して他の地域や時代にもそのまま通用することは出来ない。そのために、現代中国における国内人口移動を研究するに際し、今日の中国独自の国情を無視することが出来ない。つまり、これまで中国の国内人口移動に最も影響を与えてきたのは現行の戸籍制度であると考えられるので、第2章では現行の戸籍制度について説明していきたい。

第2章　中国における戸籍制度

　本章では、現代中国における人口移動の動向と中国に特有な戸籍制度の変化との関係について検討する。特に、今日の中国の人口移動とこれまでの戸籍制度の変化とを分析した上で、現行戸籍制度の抱える問題とその今後の行方を探索していきたい。

1. 戸籍制度の由来と変化

　戸籍登録制度は中国社会で決して新しいものではないが、今日の戸籍制度が社会管理の面において歴史上最も厳しい実行の1つだといえよう。1949年に中華人民共和国が設立してから今日にかけての半世紀余の間に、中国の戸籍制度の変化について研究者の区分は様々である。

　ここで筆者は以下の4つの段階に分けて紹介していきたい。この4つの時期は1949年〜1957年の自由移動期、1958年〜1978年の厳格規制期、1978年〜2001年の小城鎮を中心とする改革期、及び2002年から今日までの大都市を中心とする戸籍改革期である。

1) 自由移動期（1949〜1957年）

　長い間続いた戦争と内戦から脱した中国は1949年に中華人民共和国を設立した。この時には当然のことながら、法整備は未整備の状況にあり、法律整備の一環として、政府は戸籍管理に力を入れた。1951年7月に公安部が実施した『城市戸口管理暫行条例』（都市戸籍管理臨時条例）は建国後の最初の戸籍に関する法規である。この条例の実施により、全国範囲での都市戸籍

登録制度が統一的に運用されるようになった。また1955年6月国務院が『関于建立経常戸口登記制度的指示』（戸籍登録制度の設立に関する指示）を公布して、全国の全ての都市、農村において戸籍登録制度の設立を要求し、全国都市農村の戸籍登録を統一した。

　この時期の戸籍制度の特徴は以下の通りである。戸籍登録制が設立されたものの、社会管理においてあまりにも機能せず、人口移動に対する制限が基本的に存在していなかった。1949年の『全国第一次政治協商会議共同綱領』と1954年に第一次全国人民代表大会（日本の国会にあたる）で可決成立した『中華人民共和国憲法』の中では、自由に移動することは国民の基本的権利の1つであると明確に規定されている。こうした憲法上の規定もあって、戸籍制度が実施されたため、この時期において都市と農村の間の人口移動は制限されず、人々の遷移（戸籍の移動を伴う人口移動）も盛んに行われた。1954年に流出・流入者数は2,200万人であったが、1955年は2,500万人、1956年は3,000万人まで達した。1949年から1957年にかけて市鎮人口（都市人口）の増加の7割ないし8割は農村から都市に移住した人口とみられる。

2）厳格規制期（1958～1978年）

　1958年から中国の経済発展の方針が大きく変わり、大躍進と人民公社の時期に入った。こうした経済発展の方針変化に伴い、人口移動に対する政府の姿勢も大きく変わることとなった。上述した1954年の『憲法』で国民の自由移動が基本的権利の1つであることが明記されたにもかかわらず、政府はこの時期において国内の人口移動、とりわけ農村地域から都市部への移動に対する厳しい制限を実施してきた。この背景には政府の重工業優先発展戦略が挙げられる。世界の各国の産業構造及び当時のソビエト（Soviet）の発展戦略を受けて、政府は積極的に重工業を発展させようという方針をとった。

　1952年から1978年までの間に、重工業生産額の増加率は軽工業生産額増加率の2.86倍まで達した。重工業優先発展という方針を実現するために、以下の3つの制度が導入された。

　まず第1に、農産品価格を抑制するために、政府は主要農産品に対して、同一の価格で購入し、販売するという政策を出した。これは都市と農村の間

で商品が自由に流通ができなくなり、都市と農村といった二元社会をもたらした最初の一歩となった。

さらに第2に、農村地域の生産要素をより有効に農業生産活動に投入するために、政府は人民公社といった生産組織を通じて、農村地域にある生産要素及び労働力を完全に農村地域内に収めて、農村と都市の間の生産要素の自由流通に障壁を設けた。

第3に、全国的な戸籍制度を導入したことがあげられる。この戸籍制度によって、都市と農村人口の分布が決められた。農民たちにとって、仕事及び住所の変更は不可能なこととなった。

具体的な政策をみると、この時期の戸籍制度管理に対する姿勢は以下のように変化してきた。1953年、中央政府は、はじめて『関与勧止農民盲目流入城市的指示』（農民たちの盲目流動を抑制するための指示）を出して、1957年、再び同じ指示を強調した。1958年中国全国人民代表大会で「中華人民共和国戸籍登録条例」は可決成立された。これによって戸籍に関する管理がはじめて法律として明確に規定した。1964年8月に国務院は公安部が提出した『関于処理戸口遷移的規定（草案）』（戸籍異動に関する規定）を許可し、全国の行政機関に通達した。この規定の中心には次の2つの制限があげられる。その第1は農村人口の都市部への移動を厳しく制限すること。第2は都市間の移動、特に小都市から中大都市への移動を厳しくコントロールすること。この規定に示されたこの2つの原則が今日の中国戸籍制度の中心政策となり、その後の中国の戸籍管理に長期間にわたって影響を与えてきた。

この規定の実施と同時に、1975年に修正した『憲法』及びその後の『憲法』の中で、自由に移動することが国民の基本権利の1つであるという規定が削除されるようになった。この一連の指示及び条例の実施によって、都市と農村人口の隔離といった戸籍制度管理体制が確立された。

この一連の政策をうけ、1958年から1978年改革開放までの間に、人口移動は全国的に停滞し続けた。**表2－1**に示されるように、全国人口に占める都市人口の割合は1949年に10.6％であったが、30年後の1979年には19.0となり、30年間の間に都市化の成長率がわずか8.4％に止まった。

表2－1　中国における都市人口と農村人口の割合：1949・1979年

（単位：％）

	都市人口	農村人口
1949年	10.6	89.4
1979年	19.0	81.0

出所：国家統計局編『中国統計年鑑1988年版』より作成

3) 小城鎮（small town）を中心とする戸籍改革期（1978～2001年）

1950年代から70年代における重工業優先発展の戦略の実施に伴い、重工業が急速に発展したのに比べ、農業及び農村地域の発展はかなり遅れた。**表2－2**は改革開放を始めた当時の各産業の就業人口構成及び国内総生産（GDP）に占める割合を示している。この表に示されるように、1978年に、第二次産業は就業人口においてわずか17.3％を示したが、国内総生産において既に48.2％といった大きな割合を占めていた。他方、第一次産業（農業）の就業人口は全国総就業人口の70.5％を占めていたが、国内総生産にはわずか17.3％しか貢献していなかった。これは長い期間、中国政府の重工業優先発展戦略による結果にほかならない。こうした産業間の格差及び農村地域の経済停滞問題を解決し、従来の重工業一極発展の戦略を是正するために、1980年代以来、中央政府は新たに積極的に郷鎮企業を発展させようという方針を打ち出した。

またこの時期において農村地域においても大きな変化が生じた。1980年代に入ってから人民公社の廃止、農産品に対する自由価格の実施、生産請負制度の導入によって農村地域の生産力は著しく上昇してきた。それに伴い、農村地域において大量の余剰労働力が生じ、彼らは新たな職及び収入源を獲得するために、都市部に流入し始めた。

上述した農業余剰労働力の自発的な流動をうけ、農村経済振興を図るために、政府が従来の戸籍制度に対してもより緩やかな姿勢を示してきた。1984

表2－2　中国における人口及び産業構造：1978年

（単位：％）

	第一次産業	第二次産業	第三次産業
GDPに占める割合	28.1	48.2	23.7
就業人口に占める割合	70.5	17.3	12.2

出所：国家統計局編『中国統計年鑑2004年版』より

年に国務院が『関与農民進入集鎮落戸問題的通知』（都市部に入る農民の戸籍登録に関する通知）を公表し、食糧の供給を自分達で解決することを条件[1]に、農民たちの小城鎮への移動を認めた。これは戸籍制度管理の緩和への最初の転換信号と考えられる（李澍卿, 2005, 431）。

その後、1992年に公安部の『関与実行当地有効城鎮戸口制度的通知』（都市有効住民戸籍制度を実施するための通知）から、2001年に国務院は公安部が提案した『関与推進小城鎮戸籍管理制度改革的意見』（小城鎮戸籍制度改革の推進に関する意見）を許可し、全国の行政機関に通達するまでは、戸籍制度改革が全国の400あまりの小城鎮で試験的に行われてきた。また2001年10月1日から中国全土の2万あまりの小城鎮に重点を置く戸籍制度改革が広がっていった。この改革は流動人口が流入先地（主に小城鎮）の戸籍を得るための具体的な2つの条件を明確に提示した。その1つは安定した住所があること。もう1つは合法的な収入があることである。

またこの時期の特徴には、政府の戸籍改革と平行して行われた流動人口に対する管理があげられる。前述した1984年の「自理口糧戸口」（食料を個人レベルで調達し、国からの配給を受けないことを条件に、小城鎮への戸籍移動を認められる戸籍）の新設、及びその後の小城鎮の常住戸籍を獲得するに必要な2つの条件の明確化が現行の戸籍制度に対する改革の進展といえる。が、一方で「身分証制度」（身分証明書制度）の実施、後述する流動人口に関する管理強化などが実施され、一方的に人口流動が緩和されたわけではない。1985年に公安部が公布した『関於城鎮暫住人口管理的暫行規定』（都市暫住人口管理に関する臨時規定）では流動人口に対する管理がかなり詳細に規定されている。この規定によって、それまで「常住戸口」[2]地の県（市）を離れ3日以上県外等に居住する場合には、暫住居住地の登記機関に暫住登録をしなければならないという規定内容であった。それが、この規定以降は原則として就業を目的に1カ月以上県外に居住する場合は暫住登録の際に「暫住証」あるいは「寄住証」の発行を受け、外地に居住する限りこれの携帯が義務づけられるというものに変更された。いうまでもなくこの措置は流動人口の管理強化のためにとられたものである。

4）大都市における戸籍改革（2001年～）

上述したように、国の政策の変化及び流動人口の発生に伴い、従来の戸籍制度をめぐる論争・改革は盛んに行われてきた。2001年の改革は、普及率及び影響する人数の面において、今日の戸籍制度の実施以来最も大きな変化だと考えられる。また、市場メカニズムの導入に伴って、戸籍管理制度を補強していた諸規則も大きく変化してきた。従来配給によってしか入手できなかった食糧、住宅のいずれも市場で売買される対象となり始めた。1990年代後半から始まった国有企業及び公務員制度などの改革により、制度上、小城鎮における流動人口と現地住民との格差が徐々に解消しつつある。しかし、膨大な人口を抱える大都市の管理問題に加えて、各部門の間に異なる利害が存在するため、今日の大都市での戸籍制度改革における大きな進展・変化は依然として見られない。大都市での戸籍制度の現況及びそれに関連する問題を解明するに際して、現行の戸籍制度の性格及びその影響をより詳しく分析しなければならないため、大都市での戸籍制度改革は本章の第3節の課題とし、次節では現行の戸籍制度の特徴について分析していきたい。

2．現行の戸籍制度と二元的社会

特定の社会に置かれている個人（individual）に標識記号を与え、彼らの個人としての行動を取り込んだ社会全体の機能をよりスムーズに調整することによって、個人の効用及びその社会全体の福祉を高めることが、近代社会における戸籍制度の主旨である。この主旨の実現を目指して、世界各地で異なる制度（institution）が実施されてきた。しかし今日世界各国の現状を見る限り、近代的な戸籍制度の主な社会機能は、社会の個人を特定することにあると考えられる。ここでの特定は社会個人の年齢、性別などの人口学的な特徴が示されており、それ以外の価値をつけることはほとんど見られない。しかし、上述したように今日中国の戸籍制度はもともと国内の人口移動を抑制するために実施されてきたため、他国の戸籍制度との乖離・相異は避けられない。

1) 戸籍制度の社会機能

今日における中国戸籍制度の社会機能は、概ね以下の4つにまとめることができる（丁, 1989）。①国民の身分を証明すること。②社会的治安を維持すること。③都市人口、特に大都市人口の社会成長をコントロールすること。④関係する部門に人口資料を提供すること。この4つの機能の中で機能①、②と④は他国でも求められるため、近代社会の戸籍制度において共通の機能だといえよう。しかし、機能③はあくまでも中国特有のものであり、他国の戸籍制度の社会機能の上にもう1つの追加された社会機能である。この機能③が実際的にどのように行われていることを解明するために、戸籍に関する様々な規定を以下説明しておきたい。

今日の中国の戸籍には2つの種類がある。その1つは農業戸籍であり、もう1つは非農業戸籍である。基本的には、農村地域に暮らしている農業従事者が農業戸籍をもつのであり、他方、都市部に住む住民の戸籍は非農業の性格をもっている。ここで基準とされているのは決して住民の現住所ではなく、住民の原住所である。言い換えれば、都市部に流入した農民の現住所が都市部になったものの、本人の戸籍は依然として原住所で登録した時の農業戸籍である。またこの戸籍の区分には主に以下の4つの特徴が挙げられる。

①継承性。子供の戸籍が親の戸籍によって決められる。親の戸籍が農業戸籍である場合に、子供の戸籍も農業戸籍となる。また農業戸籍者と非農業戸籍者が結婚して生まれた子供は母親の戸籍と同じ性格をもつこととなる（2003年以降は父親または母親の戸籍と同じ戸籍をもつことが自由に選択できるようになった）。

②価値性。前節で説明したように、今日の戸籍制度の基本思想は中央国家指導型の計画経済時期に作られた。生産資源及び消費物質などの配分が全てその地域又は組織に所属した人口を対象に行われてきた。個人の戸籍は上述のようにその配分の基準となった。しかし異なる地域では資源、総生産、国の政策などにおいてかなり多様化しているため、異なる地域の戸籍がその後ろに隠れたその地域の提供できる価値を反映することになる。1つの例を挙げると、今日の中国社会保障制度は基本的に都市部だけで実施されており、農村地域における社会保障は空白の状況のまま

である。したがって都市戸籍をもつ人々は社会保障を受けられるが、農村地域の人々はたとえ都市部に入っても、社会保障を一切受けられない。こうして、中国の農村戸籍、都市戸籍、そして各都市ごとの戸籍が異なる価値を示すことになった。こうした戸籍の価値性が、今日における中国国内の人口移動に大きな影響を与えているのである。

③固定性。前述したように、今日の戸籍制度は農村と都市間及び都市間の人口移動を抑制することを目的としたものである。そのため、政府は大都市から小都市へ、都市部から農村への人口移動を積極的に奨励してきたが、逆に農村から都市部へ、そして小都市から大都市への住民の戸籍の移動を厳しくコントロールしてきた。しかし、国民はより良い生活を求めるために、農村から都市部へ、また小都市から大都市へと移動することは、広く一般的に見られる現象である。こうして政府の方針と国民の願望との対立により、国内の人口移動は原則として進行しない状況におかれてきた。結局、出生時に登録した個人の戸籍はその後の変更が出来なくなり、固定化してきたわけである。

④等級性。戸籍の価値性及び固定性と関連して、戸籍が実際的に級別性をもつようになった。異なる地域の戸籍がその地域の供給する物質の種類及び数量と関わり、そして異なる生活レベルも示している。つまり、農村戸籍と比べて、都市戸籍はより多くの資源供給、より高い生活レベルを現すことになる。したがって農村戸籍よりは都市戸籍がより高い社会ランクに置かれている個人の標記符号を示す。こうして戸籍が国民の住所（農村、都市）及び職業（農業、非農業）だけではなく、個人の社会的地位をも反映している。

　上述したように、中国の戸籍制度は社会の中に置かれている個人に社会的資源の提供水準を定め、制度的に社会的地位を国民全員につけてそれを固定する機能を果たしてきた。したがってこの国で個人の社会的地位を評価する時には、本人の戸籍を入れて行う必要がある。また、戸籍の継承性からみれば、戸籍は個人の生得的要因（ascribed factor）と考えられる。こうした生得的要因が人々の生活・社会的移動に大きな影響を与えていることは、近代社会の普遍的流れとは異なり、現代中国の特有の現象といわざるを得ないだろう。

2)"二元的社会構造"の出現

　上述した戸籍制度が実施されたために、都市と農村間の人口移動が長期間にわたって停止したままで、地域間の交流が行われてこなかった。都市住民と農村住民は異なる社会の中で暮らしているようになった。こうした都市と農村という二元的社会構造が、中国の戸籍制度の影響により生じてきた。また長期間にわたって中国政府による政策の重心が都市部に置かれてきたために、農村と都市の格差は一層拡大してきた。これは前述した戸籍の等級性を強化し、都市戸籍をもつ人々から農村戸籍をもつ人々への社会的差別をもたらしてきた。この差別は都市住民だけではなく、地方都市政府の政策の中でも反映されてきた。

　表2-3は流動人口が北京市で就職するために必要な証明書の種類及び費用の内訳についてである。この表に示されるように、現地で就職するためには、流動人口に高額の支出が求められている。管理費用だけで計算すれば、1人の出稼ぎ者が毎年450元～490元を支払わなければならない。この金額は都市住民の立場からみれば多くないかもしれないが、遅れている地域からの出稼ぎ労働者にとっては高額の負担といわざるを得ない。こうして流動人口は現地住民の受けている住宅、医療、教育などのあらゆる面において対象外に置かれている上に、流入地政府には高額の費用も支払っている。この一連の制度が出稼ぎ労働者らに"外来者"の符号を明確につけ、彼らに心理的

表2-3　流動人口の必要証明書とそれを取得するための費用

証明書	発行部門	必要費用（元）	管理費用（元／年）
流動人口証	戸籍登録地	―	50～80
暫住証	流入先地	8	180
就業証	流入先地	5	180
健康証明書	流入先地	―	40～50
生育（出産）証明書	流入先地	5	―
職業資格証明書	流入先地	4	―
計		22	450～490

注：生育証明書は出産適齢期にある女性のみを対象とする
出所：『北京市外地来京務工経商人員管理条例』などにより作成

な孤立感をももたらし、戸籍制度の実施により生じた都市農村二元的社会構造を強化してきた。それに関連して、都市部において出稼ぎ労働者への不公平な扱いをめぐる報道も中国の国内、そして海外のマスコミでしばしば取り上げられている。また出稼ぎ労働者の流入先地での窮境について、研究者たちが都市部内で生じた"もう1つの二元的社会"という概念を用いて、様々な側面から説明してきた。

以上の分析に示されたように、市場経済の進行に伴い、商品及び生産資源としての労働力の自由移動は、中国政府にとって今日の重要課題となってきた。しかし、従来の体制の強い影響及び様々な団体間の利害があるため、1950年代に作られた3つの政策の最後としての戸籍政策の改革はなかなか進まない状況に置かれており、二元的社会構造は依然として今日の中国社会構造の大きな特徴である。

3) 戸籍制度と人口移動

上述したように、戸籍制度は中国国内の人口移動に大きく影響を与えてきた。具体的な影響は以下のいくつかの点で示されると推測できる。

まず第1に、出稼ぎ労働者の流入先地での就業活動への影響である。今日の戸籍制度による移動人口の就業に関する障害を、李強は以下のように指摘した。「都市住民と比べて流動人口の就業障害は主に4つの側面に現れている。これらは、就職に関する手続きの複雑さ、正式な労働力市場加入の拒否、低い収入及び都市住民の社会福祉への拒否である。」(李, 2003, 125-136)。さらに、李強は「この一連の問題の中心となったのは、戸籍制度にほかならない」と強調した(李, 2003, 126)。表2－3の中で北京市の流動人口就業に必要な費用について説明したが、これらの必要書類を作るのはいろいろな行政部門と関係して、金銭面だけでなく、時間的にも大変な作業である。また、現実には労働市場においてかなりの職業には現地の戸籍が必要なので、出稼ぎ労働者は都市部の正式の労働市場に参入できず、いわゆるインフォーマル部門に限られている。

第2に戸籍制度の出稼ぎ労働者の意識への影響については、長い間にわたって戸籍制度が実施されてきたため、出稼ぎ労働者の意識の中でも都市住

民と異なる世界に暮らすことは当然なこととして受け入れられてきた。そのため、都市に流入してお金を稼いだ後、流出地に戻ることは一般的なパターンである。

オグバーン（Ogburn F. William）の文化遅滞理論によると、社会変動においては、物質文化[3]は、科学・技術の急速な進展に伴って、人間のそれへの適応を規制する非物質文化よりもずっと速いスピードで進展し、適応文化の変動は物質の変動によって引き起こされるとしても、時間的な遅滞を伴うのである（Ogburn, 1922）。前述した1980年代以来の戸籍制度をめぐる改革が進展をみせたが、長い間に形成された移動パターンを変えることは、現実的に言えば難しいだろう。したがって、長期間にわたって出稼ぎ者のUターン者数は多くは存在せず、また彼らへの社会的な差別も解消できていない。

第3は、出稼ぎ労働者の家族生活への影響である。家族を連れて移動するのは他国では一般的にみられる現象であるが、戸籍制度があるため、中国の出稼ぎ者は自分の将来を流出地に置き、家族を連れて移動する割合は極めて少ない。こうして出稼ぎ者の流出は流出地に残した配偶者の生活に大きく影響を与えており、さらには家族の老親扶養機能及び子供の教育にも影響を及ぼしている。

上述の3つの影響は、現行の戸籍制度の性格から推測したものである。これらが正しいかどうかは、後の章の中でマクロ的及びミクロ的な面から検証していきたい。

3. 大都市における戸籍制度改革

これまで現行の戸籍制度の由来、変化について論じたが、大都市における戸籍制度改革の現状をこの節の単独課題として取り上げるのは以下の2つの理由によるものである。

その第1は、後述するように、今日中国国内の流動人口の集中地が80年代の小城鎮から大都市に移行したことによって、全国流動人口に占める大都市への流動人口割合が徐々に増えつつある。そのため、大都市に流入した出稼ぎ労働者をめぐる管理の重要さも増大し、政府としてはより慎重な姿勢を

とらなければならなくなっていることである。

　第2は大都市での戸籍改革が中国現行の戸籍制度改革で最も複雑な部分であり、その改革が数多くの部門の膨大な利益にも関わり、そのため大都市での戸籍改革は今日中国国内の戸籍制度改革において最も遅れた部分でもある。今日流動人口の主な集中地は北京、上海及び広州周辺の珠江三角洲地域であるため、以下にこの3つの地域の戸籍制度に関する改革の状況をそれぞれ紹介し、分析していきたい。

1）北京市における戸籍制度改革

　中国の首都である北京市は政治・文化の中心として位置づけられるため、戸籍制度改革に対し、一貫して慎重な姿勢をとってきた。北京市政府からみれば、現行の戸籍制度を維持する最大の要因は都市建設（生活関連社会資本）の不足であった（若林, 2005, 268-274）。交通輸送、水道、電気供給の負担増大、社会治安や秩序の維持が困難となり、都市部全体としての犯罪率が高まることは、北京市のマスコミが流動人口に対してしばしば提起した非難課題の原点であった。

　特に、2005年頃からの電気、水の使用料金の上昇は、北京市民の人口流動による社会増加に更なる警戒をもたらした。2006年1月に提案した『関於北京市国民経済和社会発展第十一個五年規劃綱要的報告』（2006年～2010年における北京市の経済・社会発展の計画）の中では、市常住人口数を2010年までに1600万以内に抑えるという目標が含まれた。この提案は最終的には撤回されたが、こうした人口数に関する提案の提出自体が北京市民の流動人口の増加に対する緊張感を示したと考えられる。近年の北京市における戸籍制度改革には以下のような特徴がある。

（1）小城鎮戸籍制度改革

　北京市が小城鎮における戸籍制度改革を始めたのは1995年であった。最初の試験地区は8カ所と限られたが、2001年までに26カ所まで大幅に増加した。具体的な試行方法としては以下の通りである。これらの試験地区に一定程度の投資を行い、2つの居室以上の広さのマンションを買うことを条件

として、流動人口及び共に居住する直系親族は現地の城鎮（非農業）戸籍を獲得することができる。この制度によって2001年11月までに6,699世帯、計15,836人が現地の非農業戸籍を獲得することとなった（李若建ら, 2005, 367）。

(2) 投資納税による戸籍の獲得

2001年10月に、北京市政府が『関於外地来京投資開弁私営企業人員弁理北京市常住戸口試行弁法』（北京市に流入し、投資を行い、私営企業を起こした外来人口の北京市戸籍を取得する方法に関する通知）を公表し、現地非農業戸籍を獲得するための必要条件と納税の金額を具体的に規定した。この中で規定した金額または条件が高すぎるため、この規定の施行は大した成果をあげられなかった[4]。

(3) 人材輸入計画による戸籍の獲得

1996年、北京市人事局は、外地大学の卒業生が北京で就職するために1人あたり10万元（150万円）の"城市増容費"を納めることを規定した。この政策の実施によって外地大学の卒業生が北京に入ることが難しくなり、いわゆる"知識移民"も北京市に流入することができなくなった。この政策は資源の優先配置原理に反して、社会の中でいろいろな批判を受けたため、1999年には排除されるようになった。1999年6月24日に、北京市政府が『北京市引進人材和弁理「北京市工作寄住証」的暫行弁法』（北京市における人材吸収と「北京市仕事寄住証」の発行に関する臨時的な規定）を公表し、2種類の人材の基準を規定した[5]。2001年に北京市が高度先端技術者の流入に対して、発行した「寄住証」という名称は「居住証」へと変わり、より緩やかな政策を提供してきた。

(4) 直系親戚の戸籍獲得

2001年5月までに、戸籍管理制度では母系主義がとられていたので、子供の戸籍はその母親の戸籍によって決められていた。2001年5月以降からは、子供の戸籍は両親のうちのどちらかの戸籍を選択することが可能になった。

ただし、この政策は1つの家族に1名の子供と限定された。また2002年4月には、北京市労働・社会保障局が『関於工人単調進京有関問題的通知』(北京市に入った単身赴任者に関する通知)を公布し、直系親族(子女・配偶)の北京市への移住について一連の緩和政策を提示した。

(5) 農業戸籍から非農業戸籍への変化

2002年1月には、東城、西城、崇文及び宣武という従来内城4区で農業戸籍をもつ住民を対象として改革が試験的に行われた。具体的には、この4区に住む全ての農民の戸籍を非農業戸籍へと変え、従来の土地使用権がそのまま残るようにした。また2004年9月には北京市労働と社会保障局は『北京市整建制農転居人員参加社会保険試行弁法』(北京市における農業戸籍から非農業戸籍へ転換した人々の社会保険に関する試行規定)を公表し、こうした戸籍を変えた住民を対象に、具体的な社会保障制度を規定した。その後、他の区でも前述したような改革が広がっていった。

上述した改革をまとめてみると、北京市における戸籍制度改革は以下のような特徴を示している。改革の範囲においても、改革の強度においても、まだ大きな進展があるとはいえないが、前述したように、都市管理には北京市の現住人口が既に大きな圧力をかけている。こうした現況からみると、北京市の戸籍制度に徹底的な改革を行うことは、近い将来においては容易ではないと思われる。

2) 上海市における戸籍制度改革

市場経済の進行に伴い、新たな経済・金融の中心地として上海市は流動人口にとってますます魅力的な流入先となってきた。**表2－4**は上海市における流動人口と常住人口に占める比率の推移についてである。この表でみてわかるように、上海市に流入した流動人口は徐々に増えつつあり、上海市の発展に重要な役割を果たしてきた。上海市における戸籍制度改革は主に以下の側面において行われてきた。

(1) 藍印戸籍(青色戸籍)[6]制度の実施

表2-4 上海市における流動人口の常住人口に占める比率の推移：1955～2000年

年	流動人口A（万人）	常住人口B（万人）	割合A/B（%）
1955	8.0	523.7	1.5
1960	26.6	609.8	6.1
1965	9.4	643.1	1.5
1971	21.1	570.7	3.7
1975	19.0	557.1	3.4
1979	17.9	591.5	3.0
1980	21.5	601.3	3.6
1981	25.9	613.4	4.2
1983	50.0	1,194.0	4.2
1984	70.0	1,204.8	5.8
1985	134.0	1,216.7	11.0
1986	165.0	1,232.3	13.4
1988	106.0	1,262.4	11.2
1993	251.0	1,294.7	21.7
1997	237.0	1,305.5	18.2
2000	387.0	1,640.8	23.6

注1. 1955～1981年のデータは上海市区のみであり、上海公安局戸政所編『1949～1984年上海市人口資料匯編』より作成
2. 1984～2000年の常住人口のデータは『上海統計年鑑』各年版より作成
3. 流動人口のデータは『90年代上海流動人口』華東師範大学、1995年
4. 1997年のデータは『上海流動人口的現状与展望』華東師範大学、1998年
5. 2000年のデータは上海市第5次人口センサス公報より作成
出所：中国人民政治協商会議上海委員会主編『人口与発展論壇（上海）』2003年、133頁より作成

　1993年12月に上海市政府は『上海市藍印戸口管理暫行規定』を公表し、翌年の2月から正式に実施するように決定した。この規定の目的は、これまで事実上放任状態に近かった出稼ぎ労働者を「正規の労働者」として認め、法の網をかぶせることによって管理しやすくすること、同時に上海市の経済発展に必要な人材や資金を呼び込むために、戸籍をもたない流動人口に現地市民と同様の行政的・社会的サービスを提供することである。その対象となるのは以下の3種の人々である。
　①投資家とその家族[7]；
　②海外向け商品住宅[8]を購入した外国人とその家族；
　③特定の条件を満たす他省・市の出身者で招聘されて上海市へきた人員[9]。

1998年には上海市政府が上述した『規定』を修正し、投資金額や住宅面積などにおいてより緩やかな政策を示した。こうした藍印戸籍制度は、上海市の経済発展に有用な資金と人材を集めることに貢献し、特に上海市の住宅市場の発展に大きく貢献してきた。しかし、その後藍印戸籍申請者の数が急速に増加しており、上海市の人口総合管理に大きな圧力となってきた。2002年6月には、上海市政府が『関与本市停止受理申弁藍印戸籍的通知』を公表し、こうした藍印戸籍制度の実施を停止した。

(2) 人材誘致戦略の実施

人口の成長を制限することと、人材の誘致を制限しないことの両立を目指して、上海市は様々な側面において人材誘致の戦略を導入してきた。1996年末、上海市教育委員会、計画委員会、人事局が共同通知を出し、上海市の大学卒業生の就職活動に"人材高地"計画の一環として力を入れた。また1998年になると、上海市人事局の規定により専門技術者または管理層の人員が「工作寄住証」を申請し、社会保障、医療、子女教育などの生活面において上海市民と同じ権利をもつようになった。1999年5月に上海市人事局が『上海市吸引国内優秀人材来滬工作実施弁法』(上海市の国内他の地域からの優秀な人材を誘致するための措置) を公表し、5つの条件[10]のいずれかを満たす人員及び配偶者や子供の上海市への流入を認めた。また上海市政府は上海市で仕事を見つけて正式な契約を結んだことを条件にして、上海市以外の大学卒業生にも戸籍を与えると規定した。この制度の影響により、2000年に上海市に入った人口数は前年の1999年よりも34.5%の増加を示し、その内、上海市の出身者でない大学卒業生は6.7万人に達した。こうした人材誘致における積極的な姿勢は上海市の経済発展に重要な役割を果たしてきた。

(3) 「居住証」制度[11]の実施

藍印戸籍制度の廃止と共にそれにあわせて、2002年6月から上海市では居住証制度が正式に導入された。大学卒業以上か特殊才能をもつ国内外の人材と戸籍や国籍を変えずに上海市で就業・創業する人材に対し、上海市政府は「上海市居住証」を与え、社会保障、医療、住宅などの面において市民待

遇を提供するようになった。こうした措置は従来の戸籍制度の規定を大きく変え、優秀な人材を上海市に集めており、上海市の経済社会発展に大きく貢献してきた。

(4) 農転非（農業戸籍から非農業戸籍への変化）

上海市で、条件を満たす農民の子供の戸籍を、農業から非農業へと転換できるのは 2002 年の前半になってからであった。これは北京の「農転非」（農民戸籍を非農業戸籍にかえること）制度の実施に比べ、大幅に遅れている。それはこの制度が上海市の戸籍制度改革の中で大きな役割を果たしていなかったからである。

上海市では従来の戸籍制度に対し、様々な角度から改革を行ってきたが、その措置の大部分は、優秀な人材に限られており、普通の出稼ぎ労働者に対する改革・改善はあまり見られなかった。以上の措置をまとめてみると、上海市における戸籍制度改革の特徴もまた慎重な姿勢であるといわざるを得ない。

3) 珠江三角洲地域における戸籍制度改革

周知の通り、広州、深圳などの大都市を中心とする珠江三角地域は、今日の中国経済における最も発達した地域の1つである。1990年代の高度経済成長は多くの雇用機会を生み出しており、大量の流動人口を珠江三角地区によびこんでいた。2000年第5回人口センサスでは広東省に流入した省間流動人口の数は1,506万人に達し、全国の第1位を占めた。この地域における戸籍制度の改革は1980年代半ばから始まり、1990年代以降は新たな時期段階を迎えてた。具体的な政策には以下のような4点が含まれている。

(1) 小城鎮戸籍制度改革の試行

1992年11月に、広東省政府は省公安局が提案した『関与調整戸口遷移若干政策的請示的通知』(戸籍異動に関する政策の調整に関する通知)を許可し、省内の各行政部門に通達した。この通知は小城鎮への農村人口流動に対し、緩やかな政策を示し[12]、具体的な決定権を省内の各県・市に与えた。1998年

2月には広東省政府が前述した条件を修正し、より緩和的な姿勢を示した[13]。また1999年から広東省は中山市の南頭鎮で試験場（中国語で「試点」という）として小城鎮戸籍制度改革を行ってきた。このような改革は現地の経済発展に大きく貢献してきたが、現地人口中の「農転非」問題に取り組んでいなかったため、現地住民の間に大きな批判を浴びた（李，2005）。

(2) 藍印戸籍の実施

1996年1月から深圳市は「藍印戸籍」政策を導入し始めた。この政策により、深圳市の宝安区と龍岡区に流入した外来人口は、住宅の購入に伴い、3個ないし4個の藍印戸籍指標を獲得できるようになった。また藍印戸籍を獲得してから1年以上を経過した場合には、現地の常住戸籍を申請することが可能である。1999年になると、藍印戸籍を獲得する基準は住宅購入に加えて、投資、人材招聘の側面においても適用できるように拡大していった。

(3) 人材誘致戦略の実施

より多くの人材をこの地域に誘致するために、現地政府の関連政策はほぼ毎年更新されてきた。2000年2月には広州市政府が修士卒の新卒業生に対し、4つの「無制限」政策を公表した。この4つの無制限とは、①出身地無制限、②大学の専攻無制限、③就職する部門無制限、④時間無制限である。この政策の実施により、外地出身者の卒業生は広州市で就職することがより容易になった。また広州市政府は広州市出身の大学生がよその地域で就職することに対し、積極的な支援政策を出し、彼らの戸籍を本人の意志に従って広州市に残すことを認めた。広州市の例をみて深圳市も人材の流入により緩和した政策を打ち出し、いわゆる人材誘致政策の柔軟性を示した。

(4) 「農転非」の実施

前述したように、小城鎮戸籍制度改革は外来者に重心をおいたために、現地の住民からの非難を受けてきた。こうした政策上の不均衡を是正し、現地都市化の進展を促すために、現地政府は現地の「農転非」問題にも力を入れてきた。特に"城中村"（都市中の村）の改造問題に対し、2002年3月には

広州市政府が具体的な措置を公表し、2段階計画案を明確に規定した。しかし、"城中村"改造には現地住民の様々な利益と関係するため、この政策の実施は多くの問題を抱えていたため、予想通りの成果を挙げたとはいえなかった[14]。

上述の措置以外にも、現地政府は一連の政策を打ち出した。2001年11月には、広東省政府は広東省公安局が提案した『関与我省進一歩改革戸籍管理制度的意見』(戸籍制度の更なる改革に関する意見)を許可し、省内の各行政部門に通達した。その内、最も注目されるのは農業戸籍と非農業戸籍の区分をなくし、住民の実際居住地に基づいて戸籍登録を行うという規定である。しかし現実的には、様々な部門との利害対立が存在するために、広東省の全域内で農業、非農業、自理口糧戸籍及びその他の戸籍類型をなくし、都市と農村を問わず統一した居民戸籍の実施はまだ実現されていない(李若建ら、2005, 372)。

4) 3つの大都市圏における戸籍制度改革の差異と課題

以上、戸籍制度改革におけるこの3つの大都市圏の具体的な政策を概説すると同時に、それらの差異も示唆した。まとめると以下の3つの点が挙げられる。

第1に、各地の改革の開始期間及び改革の強度が異なり、全国統一の政策は示されなかったこと。

第2は、戸籍の獲得に必要な条件が、地域によって大きく異なっていること。

第3は、改革実施の範囲についてみると、北京市と、広東省を中心とする珠江三角地域は小城鎮に改革の中心をおき、次第に市区部に推移することに対し、上海市の戸籍改革は主に市区部において行われていたこと。

以上の差異があるものの、この3つの大都市圏における戸籍制度改革には共通の特徴も見られる。これらの特徴は以下のようにまとめられる。

①基本的に政府主導型であり、政府の政策方向転換を示したものであること。

②改革は各地域の現状に基づいて進行されてきたこと。

③これらの大都市における戸籍制度改革は、従来の戸籍制度の抜本的な見

直しを行わず、一部の流入人口に対するより緩やかな措置をとったに過ぎなかったこと。

④外来人口の中で有能な人材とされる人々に対しては、多くの政策や措置は導入されたが、農村地域からの普通の出稼ぎ労働者たちを対象とする改革はあまりにも少なかったこと。

⑤住宅購入や投資などの規定に示されたように、外来人口個人の経済力は大都市の戸籍獲得に大きく影響していたこと。

上述した戸籍制度改革の特徴と関連し、今日の大都市及び全国における戸籍制度の改革は、以下のような問題を抱えていると考えられる。

その第1は、広東省の戸籍制度改革の中で示しように、戸籍制度改革の目標はこれまでの農業戸籍と非農業戸籍の区別をなくし、実際の居住地に基づく戸籍の登録を全国的に実施することにあるが、各大都市の現状をみる限り、都市と農村分離の二元的戸籍制度は依然として根強く存在しており、この目標の実現は、楽観視できない状況に置かれている。

第2は、現行の戸籍制度には柔軟性が欠如するため、人口流動の進行に伴い、社会管理における現行戸籍制度の機能が次第に失われている。戸籍制度には国民としての身分の確認や現地人口統計資料の提供などの社会管理面において重要な機能が求められている。しかし、現行の中国戸籍制度が多くの人口移動を伴う戸籍変更を認めなかったために、戸籍登録を流出地に残したまま、人口の流出が行われてきた。

他方、流入地に入り込んだ流動人口は経済的な負担（前述した各種類の証明書の発行に伴うコスト）を避けるために、何の登録もしないまま働く場合が少なくない。こうした"人戸分離"（個人の存在と自分の戸籍登録の分離）現象が多く存在するため、現行の戸籍制度は期待された機能をうまく発揮することが出来ず、制度としての存在の正当性を失ってしまう。

第3は、大都市における現行の改革は、「人材」と普通の労働者を区別する措置をとっており、これにより都市と農村間の貧富格差は一層拡大する可能性が高い。前述した分析の中で示されたように、大都市における戸籍制度改革は、現地の経済発展に必要な資金と人材を誘致するために、打ち出されたものである。他方、外来者の多くを占めている流動人口への配慮はあまり

にも見られなかった。こうして人材や資金は徐々に大都市に集中して、中小都市そして農村地域の発展の遅延をもたらした。周知の通り、これまで中国の経済発展の重心は都市部におかれていたため、農村地域の発展が大幅に遅れたのである。

1985年には1人当たり年間収入において都市が農村の1.9倍であったが、2004年になると、この比率は3.2倍まで上昇した[15]。こうした農村と都市間の地域格差の増大は、既に中国社会にとって大きな課題となっているものの、現行の大都市における戸籍制度改革は、この既存の格差をさらに拡大させる機能を果たしてきたと考えられる。

第4は、これまでの改革は主に大都市の戸籍を如何に獲得するかに集中してきたが、戸籍制度と関連する社会保障制度の改革は大幅に遅れてきた。前述した中国戸籍制度の特徴の中で記したように、「農業戸籍」と「非農業戸籍」の区分の意味は、主にその戸籍と関わる社会福祉を中心とする制度上の公共利益にあると考えられる。そのため、「農業戸籍」を「非農業戸籍」へと変えることより、現地住民が受けている社会福祉を得ることが流動人口にとってより大きな意味をもつと考えられる。しかし現実的には社会保障における改革は戸籍制度の改革と並行していないし、また農村地域における社会保障は依然として空白のままである。その上で非農業戸籍に関わる特権の存在は否定できない。これらの問題に関する抜本的な改革がない限り、戸籍制度の改革が成功することは考えられないだろう。

以上、第2章では今日の中国の戸籍制度の変移、現状及び抱える問題を紹介してきた。これらの分析に示されたように、現行の戸籍制度が中国国内の人口移動、そして社会構造に大きな影響を与えてきた。1980年代からの戸籍制度改革の推進は多くの成果をあげたが、大都市での戸籍制度改革は依然として厳しい状況に置かれている。戸籍制度の存在は市場経済の柱の1つとしての労働力移動の自由化、かつ共通労働市場の形成に大きな障壁となり、今後中国経済のさらなる発展により大きなマイナスの影響を与えることが予測されている（馮, 2004, 33）。

それだけでなく戸籍制度による「農民工」への差別などの問題は1990年

代以来徐々に現代中国社会の特徴となり、社会全体の安定と福祉の上昇にも大きく影響している。市場経済の進行に伴い、現行の戸籍制度を徹底的に改革し、新たな時代にふさわしい戸籍制度を制定することは中国政府にとって緊急な課題として迫られている。

参考：戸籍制度に関する年表

1958年　戸籍遷移の審査許可制度と証明書に基づく登録制度が正式的に確立された。
1963年　国家が計画した商品糧をもらえるかどうかを条件に、公安部は戸籍を「農業戸籍」と「非農業戸籍」に分けた。
1975年　修正された『憲法』が公表され、国民の遷移自由という条文が廃止された。
1977年　農村から小城鎮への遷移及び小城鎮から大都市への遷移に対するコントロールが確立された。
1980年　遷移に関する指標及び政策の二重コントロールが確立された。
1984年　国務院は食糧の供給を自分達で解決する事を条件に、農民たちの小城鎮への移動を認めた。
1992年　国務院戸籍制度改革条例起草委員会が設立された。
1993年　国務院は戸籍制度改革問題に関する会議を開き、小城鎮戸籍制度改革が始まった。
1998年　国務院は公安部が提案した夫婦の従属移動などの問題の解決を目的とする「現時点戸籍制度管理の中のいくつかの重要問題の解決に関する意見」を許可し、全国行政機関に通達した。
2001年　国務院公安部が提案した「小城鎮戸籍管理制度改革の推進に関する意見」を許可し、全国行政機関に通達した。小城鎮戸籍制度における改革が全国的に広がった。

注

1　このように流動した農民たちに「自理口糧戸籍」（食糧の供給を自分で解決する

第 2 章　中国における戸籍制度　43

戸籍）という特別の戸籍を与えた。
2　後述するように、戸籍管理上、中国国民は必ず一カ所の経常的に居住する地域を常住戸地としてみとめなければならない。これは出生地となるのが一般的である。
3　人間の生み出す文化は大別して精神文化(非物質文化)と物質文化に二分できる。前者は宗教などにみられるように物質の形をとらない。後者は道具にみられるように物質の形をとる（Bock, 1974）。
4　例えば、この規定の第4条の中で納税金額について以下のように規定した。企業は連続3年以上の年納税額が80万元（1,200万円）、または最近3年間の納税総額が300万元（4,500万円）であること。企業は連続3年以上の年納税額が80万元（1,200万円）、または最近3年間の納税総額が300万元（4,500万円）であること。
5　この2種類の人材には輸入する人材と「工作寄住証」を獲得できる人材が含まれている。輸入する人材とは、45歳未満、健康、学士以上の学位をもつ高級専門技術者または管理層人員；国内外修士以上学位を保有する専門技術者または管理層人員である。また「工作寄住証」を獲得できる人材とは、35歳未満、健康、学士学位をもつ成績優秀者；中級専門技術者；海外の大学で学士学位をとって研究蓄積をもつ留学人員である。
6　中国の戸籍書が赤色であるのに対し、藍印（青色）戸籍という制度はカナダ、アメリカ、シンガポールなど外国の移民受入制度を参考にして作られたもので、中国国内版グリーンカードのようなものといえよう。この制度はもともと1980年から上海市の人口資質を向上させるために技術者に導入、適用していた制度であった。それを1996年秋から住宅購入と結びつけたものである。
　具体的に技術者を外地から入れる場合、地方から来る者には4万元(約60万円)、郊外から都市内に入る者には2万元（約30万円）遠郊から来る者には1万元（約15万円）を市が徴収していた。この金は受入組織が支払っていた。
　この青色戸籍と従来の紅印（赤色）戸籍との差異は、上海市のすべての福祉を受けられる点は同一だが、選挙権が藍印戸籍にはないだけの差であるという（若林, 2005）
7　ここでの投資額については、国外、香港、マカオ、台湾の出身者で上海市への投資額が20万USドルに達した者、あるいは国内投資家で上海市への投資額が100万元（約1,500万円）に達した者（第4条）。
8　ここの基準は建築面積100 m²以上である（第5条）。
9　ここで条件となるのは、
　　①高卒以上の学力を有すること；
　　②管理能力あるいは技術能力を有し、かつ招聘組織が必要と認めること；
　　③一カ所の組織に連続3年以上招聘され、かつ実績があること；
　　④上海市内に固定の合法住所を有することである。
10　この5つの条件は以下の通りである。
　　①35歳未満、学士学位を有し、上海市社会経済発展に必要とされる人材であること；
　　②学士学位を有し、上海市先端技術企業に必要とされる人材であること；
　　③博士学位を有する専門技術者であること；

④高級専門技術者資格を有し、上海市に最も必要とされる人材であること；
　　　⑤特別の才能を有する人材であること。
11　「上海市居住証」制度とは、2002年6月に藍印戸籍の廃止に伴い、外来者に対する新しい居住管理方式である。これは上海市に住み、働いている証明書で、本人の基本的状況や居住地の変更状況などが記入されている。「居住書」の取得者は科学技術活動従事、上海市での企業創設、子女の進学、特許の実施、出入国手続きなどの市民の待遇を受ける。納税後の外貨所得を海外に送金できる。住宅積立金をため、住宅を購入できる。また「上海市居住証」を申請する第一の条件は「能力」で学士以上の学歴、または特殊な才能をもつことが求められる。居住証の所持者は戸籍を移さず、国籍も変えなくてよい。有効期間に学歴による差がある。具体的には建築は6ヵ月、1年であり、大卒の人材導入は3年、5年の長期間である。(若林, 2005)
12　この通知により、以下の6つの条件のうちの1つを満たす農村人口に対して小城鎮への流動を認め、現地の非農業戸籍を獲得できる。それらは、
　　　①現地市民の直系親戚であり、固定の住所があり、安定した収入を有する農村人口；
　　　②現地の住宅を購入した人員及びその直系親戚；
　　　③現地へ投資を行い、工場、企業などを有する人員；
　　　④海外、香港、マカオ及び台湾の出身者が創立した企業で就職し、固定の住所を有する管理人員または専門技術者；
　　　⑤現地で住宅を有し、華僑、香港、マカオや台湾同胞の親戚であり、介護を受けている人員；
　　　⑥「自理口糧戸籍」をもち、安定した住所を有し、現地で働く人員である。
13　例えば、子供の戸籍については従来の母型に属という制度を変えて、親のどちらかを選択できるようになった。また夫婦別居問題を解決するため、親が子供と同居するための戸籍変動などについてもより緩やかな措置を示した。
14　"城中村"改造の問題に関して、李培林は広州市の7つの村の調査に基づき、詳細の分析を行い、「城中村改造が、土地の権利の再定義や社会ネットワークのリストラを伴い、地縁、血縁、宗族、民間慣習などと関わり、「農転非」と工業化だけによって解決できないだろう。」と指摘した (李, 2003)。詳細は李培林「村落の終焉－都市内の村落に関する研究」、若林敬子編著・筒井紀美訳『中国　人口問題のいま―中国人研究者の視点から』2006年、ミネルヴァ書房、pp.161-186を参照。
15　この数値は都市農村居民1人当たりの実際収入により計算した。またこの間の都市農村間の消費者物価指数（CPI）の変化をみると、1985年の比率を1とする場合に、2004年の都市農村間の消費者物価指数の比率は1.1倍となった。したがって都市農村間の物価上昇率の相対数値を入れて分析しても、この間の都市農村間の生活レベルの格差は拡大したという結論も導かれる。

第3章 中国国内の人口流動におけるマクロ分析

　周知の通り、1980年代からの経済改革[1]及び市場経済の導入により、中国の経済は著しく成長してきた。一国の経済発展に伴って、産業別の生産額及び就業人口は、第一次産業から第二次産業へ、さらに第二次から第三次産業へとその比重が増大していくペティー・クラークの法則（Petty-Clark Law）が広く知られている。そして工業化に特徴づけられる経済の近代化は該当国の都市化の進行を伴うことも一般的な経験法則である。しかし、前述したように中国では独自の戸籍制度が実施されていたため、人口流動や都市化は必ずしも経済の急成長と同時平行に進行していない。本章ではマクロ的な視角から、中国における都市化及び人口移動の展開、現状を分析し、それらの特徴を明らかにしたい。

1．中国における都市の概念と都市化の展開

1) 都市人口の概念

　中国の各種『統計年鑑』をみると、中国人口には城鎮人口と郷村人口との二種類が含まれている。ここでの城鎮人口は都市人口とされ、郷村人口は農村人口とされたので、都市化率はその地域の総人口に占める城鎮人口の割合を現すこととなる。この2つの概念に示されるように、中国の都市概念は市と鎮（町）からなっている。

　1949年から今日までの間に、政府は市鎮の標準について計6回の調整を行った（王、2003, 733-746）が、その中で鎮の基準の変化に重要な影響を与えたのは表3－1にまとめた3回の調整であった（若林、2005, 238-239）。こう

表 3 − 1　鎮制施行基準の変化：1955・1963・1984 年

年	規定名称	規定内容
1955 年 6 月	市・鎮制の施行に関する決定	常住人口 2,000 人以上で、非農業人口が 50％以上；常住人口 1,000 〜 2,000 人で、非農業人口が 75％以上。
1963 年 12 月	市・鎮制の調整と都市郊区の縮小に関する指示	常住人口 3,000 人以上で、非農業人口が 70％以上；常住人口 2,500 〜 3,000 人で、非農業人口が 85％以上。
1984 年 10 月	鎮制の基準の調整に関する報告の承認	県レベルの地方国家機関の所在地；郷の総人口 2 万人以上で、郷政府所在地の非農業人口が総人口の 10％以上；郷の総人口 2 万人以下、非農業人口が 2,000 人以上

出所：『中国人口年鑑』1986 年版より作成

した鎮の基準の調整により、鎮の数は著しく増加してきた。1983 年には 2,781 であったのが、1984 年末となると、鎮の数は 6,211 に達し、1 年間の成長率は 123.3％を記録した。その後も鎮の数は増加しつつあり、2000 年までは 12,158 となり、1980 年から 2000 年にかけての 20 年間に鎮の年間増加率は 7.5％であった。

また、**表 3 − 2** に示されるように、人口は、1980 年の 5,693 万人から 2000 年の 39,703 万人となり、年間 10.2％の増加率を示した。しかし鎮の人口の内訳をみると、非農業人口の割合は 1980 年の 77.6％から 2000 年の 19.8％まで減少したことが明らかである。これは鎮制の基準の変化により鎮人口数の急拡大に伴い、多くの農村人口が都市人口（市鎮人口）へと変わったことを反映している。

都市化の定義をめぐってしばしば提供された議論の 1 つに、都市化の概念の問題がある。日本のでは、この定義について 2 つの異なる理解が示された（若林，2006）。その 1 つは生活様式の変化である。すなわち農村住民の生活方式が都市住民へと変化することが都市化の推進とされたことである。もう 1 つは市町村の合併に伴って用いられた行政区分である。つまり、行政の区分により従来の「町・村」が「市」へと形式上区域拡大したことである。このことを都市化の進展とみるかどうかであるが、行政区分により「市」になっても生活様式が農村のまま残る場合に、本当の意味での都市化とはいい難いため、行政区分の変化を基準にして都市化を判断することは適当ではない（若林，2005）。こうした都市化をめぐる論争からみれば、前述したように 1980

表 3 − 2　中国における鎮の数及び人口の推移：1953 〜 2000 年

(単位：万人、%)

年	鎮の数	人口	その内の非農業人口の数	非農業人口の割合（％）
1953	—	3,372	—	—
1954	—	2,481	—	—
1955	—	2,401	—	—
1956	—	2,842	—	—
1957	—	3,047	—	—
1958	—	3,363	—	—
1959	—	4,446	—	—
1960	—	—	—	—
1961	4,429	4,408	3,517	79.79
1962	4,219	3,964	3,210	80.98
1963	4,032	4,025	3,326	82.63
1964	2,877	3,633	2,941	80.95
1965	2,902	3,793	3,083	81.28
1966	—	3,919	3,137	80.05
1967	—	4,004	3,388	84.62
1968	—	4,251	3,258	76.64
1969	—	4,587	3,343	72.88
1970	—	4,576	3,412	74.56
1971	—	4,664	3,364	72.13
1972	—	4,571	3,539	77.42
1973	—	4,736	3,662	77.32
1974	—	4,820	3,710	76.97
1975	—	4,925	3,769	76.53
1976	—	5,040	3,836	76.11
1977	—	5,154	3,890	75.48
1978	2,850	5,316	4,039	75.98
1979	—	5,555	4,275	76.96
1980	2,874	5,693	4,415	77.55
1981	2,845	5,839	4,492	76.93
1982	2,819	6,214	4,579	73.69
1983	2,781	6,231	4,483	71.95
1984	6,211	13,447	5,228	38.88
1985	7,511	16,633	5,721	34.39
1986	8,464	20,369	5,963	29.27
1987	9,121	23,666	6,143	25.96
1988	8,614	23,988	6,035	25.16
1989	9,088	25,493	6,236	24.46
1990	9,321	26,676	5,638	21.14
1991	9,308	27,171	6,537	24.06
1992	10,587	33,659	6,769	20.11
1993	10,472	32,654	6,683	20.46
1994	10,401	31,612	6,488	20.52
1995	10,601	33,036	6,630	18.91
1996	10,871	34,770	6,879	19.78
1997	11,122	35,653	7,045	19.76
1998	11,524	36,733	7,230	19.68
1999	11,777	37,637	7,474	19.86
2000	12,158	39,703	7,850	19.77

出所：中国社会科学院人口与労働経済研究所編『中国人口年鑑』2001 年版、pp.341-342 より作成

年代以後の中国の鎮人口数の急成長は、生活様式の変化によるものではなく、制度上の区分の変化によるものにすぎない。そのため、こうした鎮人口の増加は都市化の進展をどこまで反映するのかが問われよう。

2) 中国における都市化の展開

鎮制度の基準の変化による鎮人口数の急増をもって、中国の都市化の実態を確実に把握するには、統計数値の問題点がある。とはいえ、マクロ的視角から一国の都市化状況を分析するために、統計数値の利用は避けられないことである。

表3－3は、1949年から2005年にかけて中国の都市・農村別人口の推移を示したものである。この表で分かるように、1949年から1958年までの10年間に、都市化率は10.6％から16.3％へと変わり、5.7％の増加率を示した。しかし1958年から1978年までの20年の間に、都市化率は16.3％から17.9％となり、ほぼ変わらないままに止まっていた。これは前述した1958年からの戸籍制度の実施により都市化が進展しない状況におかれていたことを示す。こうして戸籍制度の実施はスピード面において都市化の停滞をもたらしたのみならず、中国都市化の進み方にも強く影響してきた。

先進地域における都市化の発展をみると、各地域の都市化の初期において、都市人口の自然増加よりは人口移動の社会増加の方がより大きな役割を果たしてきたことが明らかである。中国では独自の戸籍制度があるために、都市化の進展は異なる進み方を示したのである。つまり、中国の都市化初期において都市人口の自然増加は人口移動による社会増加と比べ、より大きな寄与を果たしてきたのである（段, 2005, 532-549）。

図3－1は、中国都市人口の前年との増減を示し、また**図3－2**は中国における都市化の進展がいくつかの段階をたどってきたことをより明確に示している。この2つの図をあわせてみると、1949年以来、中国の都市化の進展は1950年代の高度成長期から1960年代～1970年代の停滞期を経過して1980年代から再び高度成長期に入ることが明らかである。つまり、1949年から中国における都市化の展開は、以下のような5段階に分けて説明できよう。

第1期は1949年から1957年にかけての都市化の高度成長期である。この

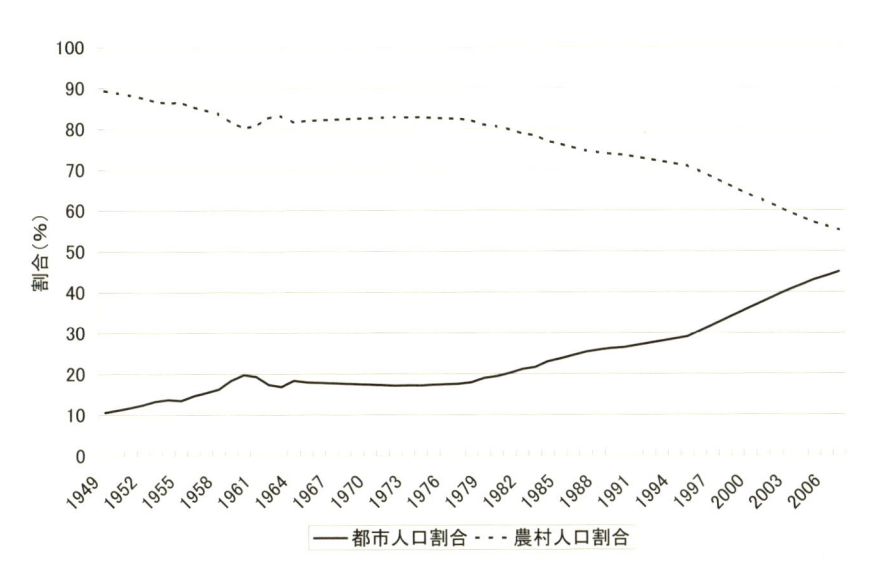

図3−1　都市人口の前年との増減：1950〜2007年

出所：国家統計局編『中国統計年鑑』各年版より作成

時期には国民経済回復及び第一次5年計画の実施により、国の経済状況は大きく改善され、都市化率は10.6％から15.4％へと上昇した。また増加した都市人口の内訳をみると、44.0％は都市人口の自然増加とされるが、残りの56.0％は農村からの人口移動による結果であった（段，2005）。こうしてこの時期における都市化の進展には、都市人口の自然増加よりも人口移動による社会増加の方がより大きな役割を果たしたことが明らかである。

　第2期は1958年から1960年にかけての都市化の過度成長期である。この時期には「大躍進」の経済方針が実施されたため、都市部の経済発展を加速させることを目指して、より多くの労働力が必要となり、3年間の都市増加人口数は2,352万人に達した。そのため、都市化率は著しく上昇し、1960年には19.8％となり、年間1.4％の高い成長率を示した。

　第3期は1961年から1965までの「逆都市化」時期である。「大躍進」時期に発生した過度の都市化を是正することを目指して、この時期には増加した都市人口の約2,000万人が農村地域に強制的に送還させられた。このため、都市人口は図3−1が示すように1961〜63年の3年間に連続してマイナス

表 3 - 3　都市・農村別人口の推移：1949 ～ 2007 年

(単位：万人、%)

年	総人口	都市（市鎮）人口	総人口に占める割合	農村 人口	総人口に占める割合	都市人口前年との増加分
1949	54,167	5,765	10.64	48,402	89.36	
1950	55,196	6,169	11.18	49,027	88.82	404
1951	56,300	6,632	11.78	49,668	88.22	463
1952	57,482	7,163	12.46	50,319	87.54	531
1953	58,796	7,826	13.31	50,970	86.69	663
1954	60,266	8,249	13.69	52,017	86.31	423
1955	61,465	8,285	13.48	53,180	86.52	36
1956	62,828	9,185	14.62	53,643	85.38	900
1957	64,653	9,949	15.39	54,704	84.61	764
1958	65,994	10,721	16.25	55,273	83.75	772
1959	67,207	12,371	18.41	54,836	81.59	1,650
1960	66,207	13,073	19.75	53,134	80.25	702
1961	65,859	12,707	19.29	55,152	80.71	△ 366
1962	67,295	11,659	17.33	55,636	82.67	△ 1,048
1963	69,172	11,646	16.84	57,526	83.16	△ 13
1964	70,499	12,950	18.37	57,549	81.63	1,304
1965	72,538	13,045	17.98	59,493	82.02	95
1966	74,542	13,313	17.86	61,229	82.14	268
1967	76,368	13,548	17.74	62,820	82.26	235
1968	78,534	13,838	17.62	64,696	82.38	290
1969	80,671	14,117	17.50	66,554	82.50	279
1970	82,992	14,424	17.38	68,568	82.62	307
1971	85,229	14,711	17.26	70,518	82.74	287
1972	87,177	14,935	17.13	72,242	82.87	224
1973	89,211	15,345	17.20	73,866	82.80	410
1974	90,859	15,595	17.16	75,264	82.84	250
1975	92,420	16,030	17.34	76,390	82.66	435
1976	93,717	16,341	17.44	77,376	82.56	311
1977	94,974	16,669	17.55	78,305	82.45	328
1978	96,259	17,245	17.92	79,014	82.08	576
1979	97,542	18,495	18.96	79,047	81.04	1,250

1980	98,705	19,140	19.39	79,565	80.61	645
1981	100,072	20,171	20.16	79,901	79.84	1,031
1982	101,654	21,480	21.13	80,174	78.87	1,309
1983	103,008	22,274	21.62	80,734	78.38	794
1984	104,357	24,017	23.01	80,340	76.99	1,743
1985	105,851	25,094	23.71	80,757	76.29	1,077
1986	107,507	26,366	24.52	81,141	75.48	1,272
1987	109,300	27,674	25.32	81,626	74.68	1,308
1988	111,026	28,661	25.81	82,365	74.19	987
1989	112,704	29,540	26.21	83,164	73.79	879
1990	114,333	30,195	26.41	84,138	73.59	655
1991	115,823	31,203	26.94	84,620	73.06	1,008
1992	117,171	32,175	27.46	84,996	72.54	972
1993	118,517	33,173	27.99	85,344	72.01	998
1994	119,850	34,169	28.51	85,681	71.49	996
1995	121,121	35,174	29.04	85,947	70.96	873
1996	122,389	37,304	30.48	85,085	69.52	2,130
1997	123,626	39,449	31.91	84,177	68.09	2,145
1998	124,761	41,608	33.35	83,153	66.65	2,159
1999	125,786	43,748	34.78	82,038	65.22	2,140
2000	126,743	45,906	36.22	80,837	63.78	2,158
2001	127,627	48,064	37.66	79,563	62.34	2,220
2002	128,453	50,212	39.09	78,241	60.91	2,148
2003	129,227	52,376	40.53	76,851	59.47	2,164
2004	129,988	54,283	41.76	75,705	58.24	1,907
2005	130,756	56,212	42.99	74,544	57.01	1,929
2006	131,448	57,700	43.90	73,742	56.10	1,488
2007	132,129	59,379	44.94	72,750	55.06	1,673

注：△はマイナスの意味で都市人口の減少を示す。
出所：国家統計局編『中国統計年鑑』各年版より作成

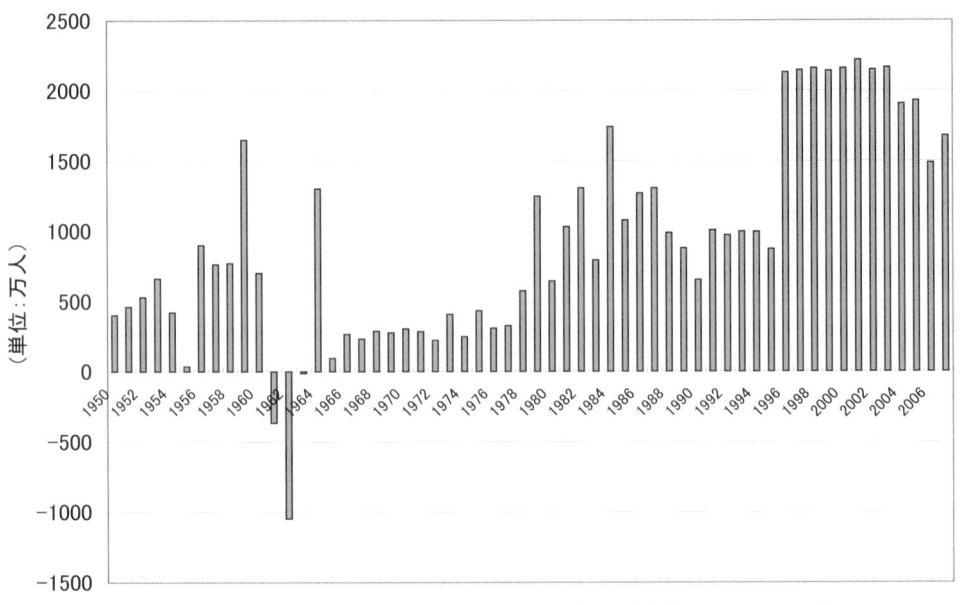

図3－2　中国における都市・農村別人口割合の推移：1949～2007年

出所：国家統計局編『中国統計年鑑』各年版より作成

の成長を示した。いわゆる「逆都市化」現象が生じた。

第4期は1966年から1978年の停滞期である。この間には都市化率は17.0％前後を維持しており、大きな進展が見られなかった。こうした停滞局面には2つの要因が共に作用した結果と考えられる。その第1は、イデオロギー再教育、つまり都市と農村、労働者と農民、肉体労働と精神労働の「三大差別」の撤廃を目的とする"知識青年"の「上山下郷」政策の実施に伴い、多くの都市人口が農村地域に下放させられたこと[2]。第2は一部の農村人口が様々なルートを通じて都市人口になったこと。こうした2つの要因の作用が相互に解消した結果、この時期における都市化の停滞がもたらされた。

第5期は1978年から都市化の回復及び正常化発展の時期である。1977年に回復した大学・専門学校の入学試験が多くの農村人口の都市への移動に重要なルートを提供することになった。それに加えて、1978年10月～12月に全国知識青年「上山下郷」会議が開催され、政策の大転換が確定した。その結果として1979年の都市流入人口は大幅に増加し、1979年の1年間に

1,250万人の増加となった。また1982年末、人民公社の全面的崩壊後、前述した市・鎮基準の変更及び戸籍制度をめぐる改革は、後述する流動人口の大量発生を促し、都市化の進展も促進してきた。都市化率は1978年の17.9％から2005年の43.0％まで上昇し、25.1％の増加率を示し、年間0.9％の成長率であった。また図3－1をみると、1995年から2004年にかけての年間都市増加人口は2,000万人以上となり、前の時期より大幅に増加したことが明らかになる。しかしここで注意しなければならないのはこの数値が市鎮の区分変動からの影響を強く受けたため、一体どこまでその間の都市人口の増加数を確実に反映したのかが疑問である。

3) 中国における都市化の特徴

中国の都市化の歴史を踏まえてみると、中国の都市化には政府の認識及び実施した方針が強く影響してきたことが明らかである。これまでの進展を見る限り、政府が一貫して都市化の進展に対し消極的な姿勢をとってきたことは否定できない。具体的にこの都市化抑制政策には以下の3つの特徴がある。

① 重工業優先発展戦略を実行するために、都市部の消費を抑制してきた。そのため、都市の内需の拡大による都市の発展、いわゆる"内需型の都市化の進行は低い水準に止まっていた。

② 都市人口の増加を抑制し、農村地域からの人口移動を厳しくコントロールしてきた。これにより、社会増加によって都市化の進行も進まない状況におかれていた。

③ 工業化の進行と都市化進展の抑制の両立を目指して、一連の農村工業化政策が打ち出された。後述するように、1980年代の郷鎮企業の発展はその政策の効果を示した。

このような政策の実施は、中国の都市化の進展のみならず、経済・社会発展にも大きな影響を与えてきた。

表3－4は産業別の国内総生産（GDP）及び就業人口の割合の推移を示している。この表に基づいて、以下の2つのことが指摘できよう。

まず第1に、今日における産業別の国内総生産（GDP）の割合と就業人口の割合の間に大きな格差が存在することである。2004年の数値に第1次産

業（農業）には就業者の 46.9％が集中していたが、生産額としては国内総生産の 15.2％しか占めていなかった。このことは農村地域に大量の余剰労働力が潜在することを示している。

第2は、1952年から2004年にかけての産業別生産額割合の変化が異例の動きをとってきたことである。具体的には、1952年に第2次産業生産額の割合は 20.9％であったが、2004年になると 52.9％となり、52年間に 32.0％の増加率を示し、年間 0.6％のスピードで上昇したこととなる。他方、第3次産業生産額の割合は 1952年の 28.6％から 2004年の 31.9％へとほぼ変わらないままに止まっている。一国の経済発展につれて、第3次産業の生産額及び就業人口の割合が高くなることは一般的に見られる現象である。中国はまだ途上国とはいえ、こうした第3次産業発展の停滞は極めて異例なことといわざるをえない。

産業構造の変化をめぐる分析に示されたように、今日第1次産業中の余剰労働力に新たな就業先を提供し、そして第3次産業の発展を促進し、均衡を失った産業構造を是正するには都市化の更なる発展が求められている。

表 3 - 4　産業別にみる GDP 及び就業人口の割合：1952 〜 2004 年

(単位：%)

年	GDP 第1次産業	GDP 第2次産業	GDP 第3次産業	就業人口 第1次産業	就業人口 第2次産業	就業人口 第3次産業
1952	50.5	20.9	28.6	83.5	7.4	9.1
1957	40.3	29.7	30.1	81.2	9.0	9.8
1962	39.4	31.3	29.3	82.1	8.0	9.9
1965	37.9	35.1	27.0	81.6	8.4	10.0
1970	35.2	40.5	24.3	80.8	10.2	9.0
1975	32.4	45.7	21.9	77.2	13.5	9.3
1978	28.1	48.2	23.7	70.5	17.3	12.2
1979	31.2	47.4	21.4	69.8	17.6	12.6
1980	30.1	48.5	21.4	68.7	18.2	13.1
1985	28.4	43.1	28.5	62.4	20.8	16.8
1990	27.1	41.6	31.3	60.1	21.4	18.5
1995	20.5	48.8	30.7	52.2	23.0	24.8
2000	16.4	50.2	33.4	50.0	22.5	27.5
2004	15.2	52.9	31.9	46.9	22.5	30.6

出所：国家統計局編『中国統計年鑑』各年版より作成

4）小城鎮と大都市をめぐる論述

　前述の通り、都市化の更なる発展の重要性が明らかになったが、中国の都市化の途をめぐる論争はしばしば提起されている。この論争は概ね中国都市化の将来が小城鎮にあるというものと、大都市にあるというものの2つの主張に分かれている。

　小城鎮（small town）理論の代表者は社会学者の費孝通である。小城鎮について、彼は以下のように指摘した。「小城鎮（small town）は、合理的に人口の集まることのできる場であり、"人口の貯水池"である。この人口にして2～3万人の貯水池をふさいでしまったら都市と農村の両方が膨張しないはずはない。将来全国にある6万余りの小城鎮が整備され、各鎮が5,000人の人口を各々追加・吸収するとなれば、3億人の新しい居住地が開拓されることとなる。人口問題解決の2つの途として、少数民族地区と並んでこの小城鎮建設が豊かな可能性をもっている。」（費，1986）　費孝通が提起したこの小城鎮理論の狙いは、農村内で非農業部門に"転移"しながらも、居住地パターンの変化を伴わない農業外就業への転換という"離土不離郷"（離農しても離村せず）政策の推進であった（若林，2005）。

　こうして都市化の進展を行わずに農村工業化を積極的に推進するために、1980年代から中国政府は小城鎮で建設された郷鎮企業の発展に力を入れ、様々な支援政策を打ち出した。これにより、農村地域の郷鎮企業は著しく成長し、小城鎮の発展も大きな成果を挙げてきた。**表3－5**は1978年から2007年までの郷鎮企業の発展及びそこに吸収された就業人口数についての推移である。この表に示されたように、郷鎮企業の数は1978年の152.4万から1994年にピークを迎えて2,495.5万となり、年間100.2％増の高い数値を記録した。また農村労働者に占める郷鎮企業就業人口の割合も1978年の9.2％から2004年の28.5％まで上昇した。こうした顕著な成果を遂げた小城鎮政策は都市化における中国の独自の発想といわれ、国内外で高く評価されてきた。

　しかし1990年代後半から、小城鎮政策に対する批判が次々に現れてきた。批判の背景にはいくつかの要因が挙げられる。まず第1に、経済成長モデル

表 3 − 5　郷鎮企業数及び就業人口の推移：1978 〜 2007 年

年	郷鎮企業数（万）	農村労働者の数(万人) A	郷鎮企業就業者数(万人) B	農村労働者に占める郷鎮企業就業者の比率（%） B/A × 100
1978	152.4	30,638.0	2,827.0	9.2
1979	148.0	31,025.0	2,909.3	9.4
1980	142.5	31,836.0	3,000.0	9.4
1981	133.8	32,672.3	2,969.6	9.1
1982	136.2	33,866.5	3,112.9	9.2
1983	134.6	34,689.8	3,234.6	9.3
1984	606.5	35,967.6	5,208.1	14.5
1985	1222.5	37,065.0	6,979.0	18.8
1986	1515.3	37,989.8	7,937.1	20.9
1987	1750.2	39,000.4	8,805.2	22.6
1988	1888.2	40,066.7	9,545.5	23.8
1989	1868.6	40,939.0	9,367.0	22.9
1990	1850.4	47,708.0	9,265.0	19.4
1991	1908.9	48,026.0	9,609.0	20.0
1992	2079.2	48,291.0	10,625.0	22.0
1993	2452.9	48,546.0	12,345.0	25.4
1994	2494.5	48,802.0	12,017.0	24.6
1995	2202.7	49,025.0	12,862.0	26.2
1996	2336.3	49,028.0	13,508.0	27.6
1997	2014.9	49,039.0	13,050.0	26.6
1998	2003.9	49,021.0	12,537.0	25.6
1999	2070.9	48,982.0	12,704.0	25.9
2000	2084.7	48,934.0	12,820.0	26.2
2001	2115.5	49,085.0	13,086.0	26.7
2002	2132.7	48,960.0	13,288.0	27.1
2003	—	48,793.0	13,573.0	27.8
2004	—	48,724.0	13,866.0	28.5
2005	—	48,494.0	14,272.0	29.4
2006	—	48,090.0	14,680.0	30.5
2007	—	47,640.0	15,090.0	31.7

注：1．1978 〜 83 年までの企業数は郷以下であるが、1988 年以降は郷鎮企業の全部を含む
　　2．2003 年より「郷鎮企業の数」の項目は『中国統計年鑑』から削除され、数値は不明。
出所：国家統計局編『中国統計年鑑』各年版より作成

の変化である。経済グローバル化の影響の拡大に伴って、今日の経済成長のモデルは従来の労働力集約型から技術・資金集約型への転換を余儀なくされた。しかし、小城鎮で興した郷鎮企業のほとんどは労働力コストの安さを武器にする労働力集約型の生産企業であるため、資金・技術面において不利な状況に置かれており、企業の拡大や更なる発展が容易ではない。

第2の要因としては1990年代以来の環境保護意識の高まりである。周知の通り、郷鎮企業では資金、技術及び人材の不足により、生産性が比較的低レベルに止まっている。そのため、生産資源の有効利用が出来ず、様々な環境問題を起こしやすいことが、多くの郷鎮企業でみられた。1990年代前半までに中国国内では環境問題に対して余り重視されていなかったが、1990年代後半からの環境意識の高まりに伴い、環境保護団体のみならず、周辺地域の居民からの批判も殺到してきた。また、政府のより厳しい基準の実施により、環境保護に関わる高額の費用は今日企業の生産活動の一環として欠かせない負担となった。大企業の規模の経済性と異なり、こうした環境保護に関わる費用は多くの郷鎮企業にとって吸収できない負担となり、企業の閉鎖・倒産が相次いだ。

図3－3に示すように、郷鎮企業の発展は1980年代の好調期を経過して大きな成果を挙げたが、1994年の後になると、急に落ちて伸び悩んでいる状況になった。また表3－6に示すように、1990年から2004年までの間に、私営企業は1691.1％の増加率を示したのに対し、郷鎮企業はわずか49.7％の増加率にとどまった。これは今日の農村地域における私営企業の台頭及び郷鎮企業の苦境の一面を反映していよう。こうした経済の基礎としての郷鎮企業の衰退が小城鎮発展の停滞をもたらしたことは間違いないだろう。

上述した1990年代後半からの小城鎮発展の停滞に反して、大都市はこの間に大きな進展を遂げてきた。既に説明したように今日経済成長モデルの変化は資金、技術、そして人材の集まる場である大都市の発展につながった。日本の東京一極集中の発展と同じように、今日中国では前述した3つの大都市圏が既に現れた。また1990年代からより多くの流動人口が従来の小城鎮の代わりに、大都市に入り込んだ。こうした流動人口が自らの判断で大都市に集まったことは、小城鎮発展の限界、及び大都市の魅力を示したといえよ

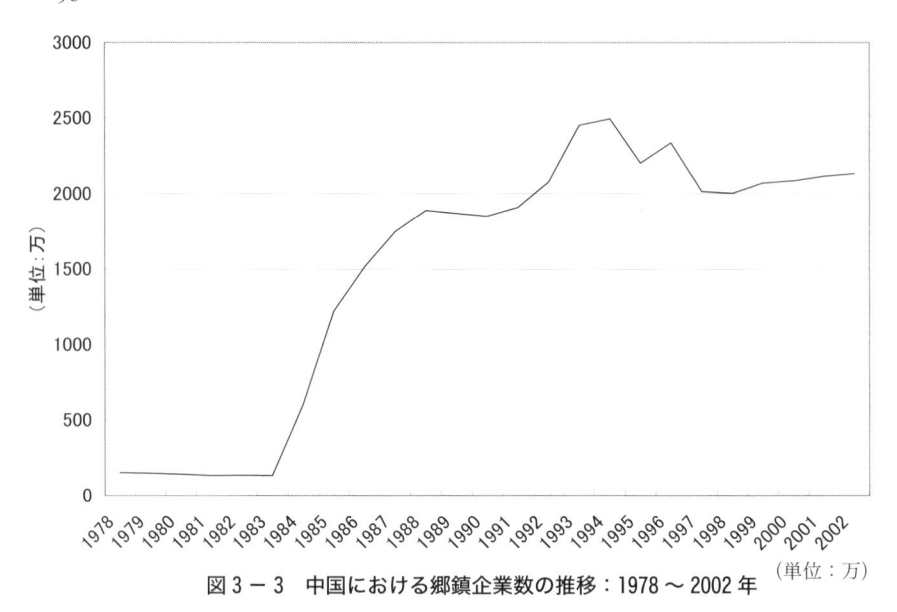

図3-3 中国における郷鎮企業数の推移：1978～2002年 (単位：万)

出所：国家統計局編『中国統計年鑑』各年版より作成

表3-6 企業類型別にみる農村就業人口の推移：1990～2004年

(単位：万人)

年	郷鎮企業	私営企業	自営業
1990	9,265	113	1,491
1991	9,609	116	1,616
1992	10,625	134	1,728
1993	12,345	187	2,010
1994	12,017	316	2,551
1995	12,862	471	3,054
1996	13,508	551	3,308
1997	13,050	600	3,522
1998	12,537	737	3,855
1999	12,704	969	3,827
2000	12,820	1,139	2,934
2001	13,086	1,187	2,629
2002	13,288	1,411	2,474
2003	13,573	1,754	2,260
2004	13,866	2,024	2,066

出所：国家統計局編『中国統計年鑑』2005年版より作成

う。また前述した中国の産業構造についての分析の中で示されたように、産業構造において第3次産業の発展は大幅に遅れている。こうしてサービス業を中心とする第3次産業の振興には小城鎮よりも大都市の役割がより大きく期待されている。

　以上の分析をまとめてみると、中国の都市化をめぐって、以下のことが指摘できよう。小城鎮政策の実施は1980年代の郷鎮企業の急速な発展をもたらし、当時中国都市化の進展に重要な役割を果たしてきた。しかしその後、経済発展の変化及び環境保護意識の高まりによって、小城鎮政策は今日中国の社会発展及び都市化の進展にはあまり適当ではない。中国都市化の将来は大都市にあると予測できる。

　しかし大都市での戸籍制度改革の現状に関する分析に示されたように、今日大都市での現行戸籍制度は依然として人口流動に大きな壁をつくっている。こうした制度上の障害、いわゆる「逆都市化」の政策を一日も早く撤廃することは、中国都市化の進展、そして社会全体の福祉の上昇にとって重要な課題であると筆者は考えている。

2．中国における人口移動の現状

　1978年から中国農村地域で生産請負制の導入及びその後の人民公社の解体[3]によって農村地域の生産性は大幅に上昇してきた。これにより、従来人民公社内に隠されていた農業余剰労働力は土地への強制的拘束から開放されて、未曾有の規模で分解・流動しつつある。前述したように、その余剰労働力の流動先は1990前半までは多くの郷鎮企業を有する小城鎮に集中したが、その後になると、大都市とりわけ前述した3つの大都市圏への流入が増えつつある。こうした農業余剰労働力の地域間・産業間の流動は中国の社会に大きな影響を与えてきた。

1）流動人口調査項目における2000年人口センサスの変化

　中国の流動人口をめぐる研究は多くなされてきたが、流動人口の全体像に

ついての把握は極めて困難である。これはその全体像を示す統計資料が公表された形では存在していない点に基本的な原因があると考えられる（大島, 1996）。これまでの統計資料をまとめてみると、流動人口の全貌をより正確に反映するのは国家統計局が実施した人口センサスの中の流動人口に関する項目に限られる。ここでは以下そのセンサスの結果に基づいて、中国における人口流動のマクロ的な状況を説明したい。

周知の通り、1980年代以降、中国は計3回の人口センサス（1982年、1990年、2000年）と3回の1％人口抽出調査（1987年、1995年、2005年）を実施した。各調査では人口流動に関連する質問が設けられたが、その内容がかなり変わってきた。ここでは1990年第4回人口センサス及び2000年人口センサスにおける人口流動関連の項目を比較し、検討しておこう。

表3－7は1990年及び2000年に実施した人口センサスの中で設置された人口流動関連項目の比較である。この表に示されるように、人口流動において1990年の第4回人口センサスと比べて、第5回人口センサスの変化は主に以下の3つの点に現れた。

その第1は、対象者の空間範囲の拡大である。1990年第4回人口センサスの中では流動人口とされた空間定義は市・県を越えて移動した人口であったが、2000年第5回人口センサスの中ではこの定義は郷・鎮・街道となった。つまり、2000年第5回人口センサスの中で流動人口は市・県内で移動した人口も含めた。

表3－7　各人口センサスにおける流動人口関連項目の比較：1990・2000年

	1990年人口センサス	2000年人口センサス
実施時期	1990年7月1日	2000年11月1日
対象者の空間規定	市・県	郷・鎮・街道
対象者の時間規定	1年間	半年間
出生地	なし	あり
現地に入った時間	なし	あり
前居住地類型	あり	あり
流動理由	あり	あり
5年前の常住地	あり	あり

出所：第4回全国人口センサス表、第5回全国人口センサス表（長表）より作成

第3章　中国国内の人口流動におけるマクロ分析　61

　第2は流動人口の期間定義は1990年第4回人口センサス時の1年以上から2000年第5回人口センサスの半年間へと変わった。
　第3は流動人口の出生地についての調査は、2000年第5回人口センサスの中ではじめて設置されるようになった。この項目の追加によって生まれた時から調査時点までに転居した者が全て観測されるために、ストックとしての「生涯流動人口」[4]に関する多くの情報が得られるようになった（張, 2005, 387；厳, 2005, 58）。
　上述した人口センサスにおける流動人口関連項目の変化は、今日急激に増加した国内人口流動の動向、及びそれが経済・社会に与えつつある大きな影響に対して、政府が深く認識し、より真剣に取り込もうとしている姿勢を示したといえるが、比較の限界も生じている。

2）人口センサスにみた流動人口集中地の構造

　住民戸籍状況については、人口センサスの中で5つの類型に分かれている。
　第1は戸籍登録地に居住している者。
　第2は現住地に半年以上（第5回センサス以前は1年）居住し、戸籍が現住地以外の者。
　第3は現住地に居住して半年未満（第5回センサス以前は1年）で戸籍地を離れて半年以上（第5回人口センサス以前は1年）の者。
　第4は他地域に戸籍がなく現住地で戸籍取得を待っている者。
　第5は国外に勤務または留学で戸籍がない者。流動人口は上述した第2と第3類型の人口からなっている。
　表3－8は住民戸籍における1982年、1990年及び2000年の人口センサスの結果である。この表に示されたように、1982年第3回人口センサス及び1990年人口センサスの時、流動人口（前述した第2と第3類型の計）がそれぞれ全国人口の0.66％、1.89％を占めたのに対し、2000年人口センサスの時、この数値は急に11.62％まで上昇した。言い換えれば、全国人口における流動人口が1982年に152人中1人、1990年に53人中1人、2000年には9人に1人と急増した。また全国人口数が一貫して増加した一方から、流動人口の相対数そして絶対数は1980年から、とりわけ1990年代以降急速に増

表 3 - 8　各人口センサスにみる戸籍の状況：1982・90・2000 年

(単位：%)

	1982 年	1990 年	2000 年
戸籍登録地居住	98.86	97.37	87.67
現地に半年（1年）以上居住し、戸籍は他地域にある	0.64	1.75	10.81
現地に居住して半年（1年）未満で戸籍地を半年（1年）以上は離れている。	0.02	0.14	0.81
現地に住んでいるがまだ戸籍がない	0.47	0.72	0.65
国外に勤務または留学で戸籍がない	0.01	0.02	0.06
計	100.00	100.00	100.00

注：各類型の割合をより正確に表示するために、この表の中で小数点は2位とした。
出所：各人口センサスより作成

加したことが明らかである。

　表 3 - 9 は各省・市・自治区における 1990 年と 2000 年人口センサスの結果に占めた流動人口の割合と各地域の 2000 年の 1 人あたり国内総生産（GDP）である。この表に示されるように、流動人口の割合において上位 3 位は 1990 年第 4 回人口センサスの時点で広東 5.28％、北京 4.78％、上海 4.06％であったが、2000 年人口センサスでは北京 34.18％、上海 32.82％、そして広東 29.69％となった。また増加した変動割合を見ると、北京 29.40％、上海 28.76％、広東 24.41％と高く、天津を除いて他の省・市・自治区の増加率をはるかに上回ることが明らかである。

　先述したように、この 3 カ所は今日中国の三大都市圏のそれぞれの中心であり（天津も京・津・唐といった北部の大都市圏に位置している）、こうした高割合は多くの流動人口が大都市に集中してきたことを示した。また 2000 年の各地域の 1 人あたり国内総生産（GDP）の数値をみると、この 3 カ所はいずれも中国国内で経済の発達地域に位置することが明らかである。これは経済力が人口流動に大きく影響することを示した。しかし該当地域の経済発展は人口流動の全てを説明できるわけではない。

　表 3 - 9 に示されたように、1 人あたりの GDP において広東省と並ぶ省は遼寧、江蘇、浙江、福建といった 4 つの地域は存在しているが、流動人口の割合において広東省との間にかなりの差が存在することが読みとれる。これは経済を除いて他の要因も人口流動に影響していることを反映している。これらの要因を解明するには後述する人口流動におけるミクロ的な分析の課

表3-9 省・市・自治区別国内人口移動

	1990年人口センサス流動人口比率（%）A	2000年人口センサス流動人口比率（%）B	割合の変化 B-A	2000年1人あたりGDP（元）
全国	1.91	11.62	9.71	8,134
北京	4.78	34.18	29.40	17,936
天津	2.07	22.15	20.08	16,377
河北	1.19	7.32	6.13	7,546
山西	2.64	11.46	8.82	4,986
内モンゴル	2.85	16.41	13.56	5,897
遼寧	2.08	15.50	13.42	11,017
吉林	2.07	11.00	8.93	6,676
黒龍江	3.57	10.40	6.83	8,818
上海	4.06	32.82	28.76	27,187
江蘇	1.94	12.46	10.52	11,539
浙江	1.74	18.72	16.98	12,906
安徽	1.37	6.06	4.69	5,076
福建	2.65	17.34	14.69	11,293
江西	1.56	8.33	6.77	4,838
山東	0.99	8.30	7.31	9,409
河南	1.07	5.70	4.63	5,551
湖北	1.73	9.59	7.86	7,094
湖南	1.22	6.95	5.73	5,733
広東	5.28	29.69	24.41	11,181
広西	1.46	7.38	5.92	4,567
海南	3.35	12.94	9.59	6,588
重慶	—	8.60	—	5,143
四川	1.13	8.09	6.96	4,814
貴州	1.41	6.85	5.44	2,819
雲南	1.46	9.14	7.68	4,559
チベット	2.85	8.17	5.32	4,483
陝西	1.47	6.69	5.22	4,607
甘粛	1.42	6.20	4.78	3,838
青海	4.10	10.82	6.72	5,088
寧夏	2.12	12.26	10.14	4,725
新疆	3.80	15.33	11.53	7,088

出所：国家統計局編『中国人口統計年鑑』『中国統計年鑑』2001年版より作成

題としたい。

3) 2000年第5回人口センサスにみる人口移動

前述したように第5回人口センサスでは、前回より流動人口の空間かつ時間的な統計定義が大きく変わった。この変化によって、流動人口の数は前回人口センサスより多く増加し、その内訳もより鮮明になった。

(1) 流動人口の概況

2000年第5回人口センサスの結果によると、全国の流動人口数は1億4,439万人であり、全国総人口の11.6%を占めている。**表3－10**は流動人口の流動空間を示したものである。この表に示されたように、県・市内で発生した流動人口は最も多く全流動人口の45.5%を占めており、省内の県・市間の人口流動よりも省間の人口流動の方がより多い。流動人口の規模と流動空間(距離)との間にマイナスの関係が存在することは前述した諸理論の中で指摘されたが、中国の人口流動がそれと異なった結果を示したことは要注意である。

表3－11は地域別に流動人口の流動方向を示したものである。この表に示されたように、流動方向における農村から城鎮(都市)への流動は全国流動の40.7%を占めており、最も高い割合を示した。続いて城鎮(都市)から城鎮(都市)へとの都市間の流動も多く、全国人口流動の37.2%を占めるに至った。こうした都市間の流動はほとんど小城鎮から規模のより大きい都市、特に大都市への流動とみられ、前述した小城鎮発展の停滞と大都市の吸収力とを反映している。また異なる地域における流動方向の相違もこの表で示された。

表3－10　流動空間別にみた流動人口の内訳：2000年

流動空間	人口数（万人）	割合（％）
郷・鎮・街道を越えて県・市内での流動	6,563	45.4
県・市を越えて省内での流動	3,634	25.2
省を超えた流動	4,242	29.4
計	14,439	100.0

出所：2000年第5回人口センサスより作成

表 3 － 11　地域別にみた流動人口の流動方向

(単位：万人、%)

	全国	東部地域	中部地域	西部地域
城鎮から城鎮へ	37.2	36.5	41.8	34.4
城鎮から農村へ	3.9	2.8	5.0	5.5
農村から農村へ	18.2	15.7	18.8	23.6
農村から城鎮へ	40.7	45.0	34.4	36.5
計	100.0	100.0	100.0	100.0

出所：2000年第5回人口センサスより作成

(2) 省・市・自治区別にみた流動人口の内訳

表3－10は全国流動人口における流動空間を示したが、各省・市・自治区の地区別における人口流動の空間分布は大きく異なっている。**表3－12**は各地区別にみた流動人口の流動空間の内訳を示したものである。この表に示されたように、流動空間において、高い省間流動人口の割合を示した上位5位は、それぞれ広東59.5％、上海58.2％、北京53.1％、チベット50.8％と新疆49.9％の順である。それに対して、安徽、江西、湖南、四川と河南省では省外からの流動人口は低い割合にとどまり、省内で発生した流動人口はそれらの省の総流動人口の9割以上を占めている。

(3) 省間流動人口の分布

2000年第5回人口センサスで省間流動人口が4,242万人に達し、全国流動人口の3割を占めたことが明らかになった。経済改革の深化に伴い、省間流動人口も徐々に増えつつあり、今日中国国内人口流動の分析はより重要となり、特別の注意を支払う必要があるといえよう（鄭, 2005,444-463）。

表3－13は各省・市・自治区別にみた省間流動人口の状況を示したものである。この表に示されたように、常住人口に占める省間流動人口の流入率において、上位3位の地域はそれぞれ上海19.1％、北京18.2％と広東17.7％である。そしてこの3つの地域の割合は他の地区と比べて、はるかに高いことも読み取れる。また流入人口の絶対数をみてわかるように、広東省に流入した流動人口は最も多く、1,506万人に達しており、全国省間流動人口の35.5％を占めている。それに対し、流入率が最も低い地域には、安徽（0.4％）、

表3-12 省・市・自治区別にみた人口流動の空間分布
(単位:％)

	県・市内	省内県・市間	省間
全国	45.46	25.17	29.38
北京	43.86	3.03	53.11
天津	63.75	2.56	33.69
河北	56.33	24.61	19.06
山西	60.77	21.29	17.94
内モンゴル	53.67	32.02	14.31
遼寧	64.42	19.46	16.12
吉林	67.98	21.55	10.46
黒龍江	41.61	37.34	10.26
上海	19.03	22.75	58.22
江蘇	44.97	27.15	27.88
浙江	36.89	20.21	42.90
安徽	66.73	26.80	6.47
福建	35.60	28.11	36.29
江西	70.03	22.45	7.52
山東	64.02	22.15	13.84
河南	61.31	29.53	9.16
湖北	60.75	28.56	10.69
湖南	59.73	32.34	7.94
広東	16.80	23.67	59.53
広西	43.01	43.75	13.24
海南	33.13	27.84	39.03
重慶	66.30	18.34	15.36
四川	58.77	33.19	8.04
貴州	48.13	34.96	16.91
雲南	35.11	34.81	30.08
チベット	28.35	20.81	50.84
陝西	55.99	26.00	18.01
甘粛	53.97	31.39	14.64
青海	40.93	35.26	23.81
寧夏	45.52	25.95	28.53
新疆	32.25	17.88	49.87

出所:2000年第5回人口センサスより作成

第3章 中国国内の人口流動におけるマクロ分析　67

表3－13　2000年第5回人口センサスにおける省間流動人口の分布

	常住人口数(万人)	外省からの流入人口			外省への流出人口		
		人口数(万人)	流入率(％)	分布(％)	人口数(万人)	流出率(％)	分布(％)
全国	124,261	4,242	3.41	100.00	4,242	3.41	100.00
北京	1,357	246	18.15	5.81	9	0.68	0.22
天津	985	74	7.46	1.73	8	0.84	0.19
河北	6,668	93	1.40	2.19	122	1.83	2.87
山西	3,247	67	2.06	1.57	31	0.94	0.72
内モンゴル	2,332	55	2.35	1.29	50	2.16	1.19
遼寧	4,182	105	2.50	2.46	36	0.87	0.85
吉林	2,680	31	1.15	0.73	61	2.27	1.43
黒龍江	3,624	39	1.07	0.91	117	3.24	2.77
上海	1,641	313	19.11	7.39	14	0.87	0.34
江蘇	7,304	254	3.47	5.98	172	2.35	4.04
浙江	4,593	369	8.03	8.70	148	3.23	3.49
安徽	5,900	23	0.39	0.54	433	7.33	10.20
福建	3,410	215	6.29	5.06	81	2.38	1.91
江西	4,040	25	0.63	0.60	368	9.11	8.68
山東	8,997	103	1.15	2.44	110	1.23	2.60
河南	9,124	48	0.52	1.12	307	3.36	7.24
湖北	5,951	61	1.02	1.44	281	4.71	6.61
湖南	6,327	35	0.55	0.82	431	6.81	10.15
広東	8,523	1,506	17.68	35.51	43	0.51	1.01
広西	4,385	43	0.98	1.01	244	5.57	5.76
海南	756	38	5.05	0.90	12	1.58	0.28
重慶	3,051	40	1.32	0.95	101	3.30	2.37
四川	8,235	54	0.65	1.26	694	8.42	16.36
貴州	3,525	41	1.16	0.96	160	4.53	3.76
雲南	4,236	116	2.75	2.75	34	0.81	0.81
チベット	262	11	4.15	0.26	2	0.76	0.05
陝西	3,537	43	1.20	1.00	80	2.27	1.90
甘粛	2,512	23	0.91	0.54	59	2.33	1.38
青海	482	12	2.58	0.29	9	1.97	0.22
寧夏	549	19	3.50	0.45	9	1.64	0.21
新疆	1,846	141	7.64	3.33	16	0.85	0.37

出所：2000年第5回人口センサスより作成

江西（0.6％）、河南（0.5％）、四川（0.7％）及び甘粛（0.9％）が含まれており、いずれも１％未満の数値にとどまっている。これらの地域はすべて経済がなお低発達の省であり、こうした低い数値は経済要因の人口流動に与える影響を同じようにここでも反映している。

　また流出した人口の分布をみると、流動人口を生み出した地域は主に６つの省に集中していることがわかった。この６つの省及び割合は、それぞれ四川16.4％、安徽10.2％、湖南10.2％、江西8.7％、河南7.2％及び湖北6.6％である。この６つの省からの流動人口の計は全国省間流動人口の６割以上を占めている。常住人口に占める省間流動人口の流出率をみると、江西は9.1％と最も高い。続いて四川省8.4％、安徽7.3％、湖南6.8％、広西5.8％、湖北4.7％及び貴州4.5％などの地域がみられる。これに対し、経済の発達した地域においては、人口の流出が比較的低いことも読み取れる。ここで経済の低発展の地域とされるチベット、新疆及び雲南が経済の発達した上海、北京、広東と並ぶ低い人口流出率を示したのはこれらの地域の大都市圏との遠距離、そして少数民族人口の集中居住地などによって生じた結果と考えられる。

　表３－14は主な流入地である上海、北京、広東に流入した人口の流出地の分布と、主要流出地とされる四川、安徽と湖南からの流動人口の流入先の分布を示したものである。この表に示されたように、広東省に流入した人口は主に湖南、広西及び江西との近隣三省と、人口流出が最も多い地域である四川省からの流出人口である。上海に流入した人口の６割近くは近隣の安徽と江蘇省からの流出人口である。他方、河北、河南、山東からの流動人口は北京に流入した人口の43.8％を占めている。こうした地理上の近隣関係は人口流動にプラスの影響を与えることが窺える。また人口流出地域における上位三位の四川、安徽と湖南省からの省間流動人口の流出先分布をみると、四川省からの流出人口の41.0％、湖南からの流出人口の77.3％が広東省に流入し、そして安徽からの流出人口の67.8％が近隣の江蘇、上海と浙江省に入ったことが明らかである。

　これまでの分析を通じて、中国の国内流動人口のマクロ的な状況が明らかになった。経済成長と比例して、省間流動人口が増大しつつあり、また従来の小城鎮に代わって、大都市圏が既に今日の流動人口の主な流出先となって

表3－14　主な流入地と流出地にみる省間流動人口の分布

(単位：％)

	流入地			流出地		
	上海	北京	広東	四川	安徽	湖南
北京	0.14	0.00	0.08	2.42	5.28	0.87
天津	0.07	0.73	0.04	0.47	1.36	0.13
河北	0.67	22.53	0.23	1.53	1.16	0.29
山西	0.27	2.69	0.13	1.57	0.65	0.19
内モンゴル	0.13	2.78	0.09	0.37	0.29	0.06
遼寧	0.29	2.22	0.22	0.83	1.30	0.14
吉林	0.32	1.92	0.20	0.20	0.33	0.07
黒龍江	0.63	3.65	0.33	0.17	0.52	0.06
上海	0.00	0.17	0.08	3.32	23.78	0.96
江蘇	23.92	5.73	0.99	4.33	25.92	1.15
浙江	9.98	3.77	0.92	8.20	18.07	4.59
安徽	32.81	9.27	2.39	0.23	0.00	0.14
福建	2.80	1.83	1.75	7.85	3.95	2.18
江西	6.07	1.89	10.70	0.20	0.58	0.88
山東	2.09	7.68	0.66	0.71	2.17	0.23
河南	3.99	13.58	6.67	0.83	1.17	0.27
湖北	2.61	4.26	9.72	1.78	0.74	1.41
湖南	1.32	1.52	22.10	0.56	0.26	0.00
広東	0.59	0.93	0.00	40.99	8.31	77.29
広西	0.20	0.32	14.69	0.58	0.33	3.07
海南	0.04	0.10	0.60	0.81	0.25	1.24
重慶	1.05	0.86	2.14	3.34	0.15	0.23
四川	7.34	6.81	18.88	0.00	0.23	0.36
貴州	1.02	0.51	3.92	2.81	0.12	1.09
雲南	0.23	0.20	0.44	6.68	0.34	2.19
チベット	0.02	0.05	0.01	0.99	0.03	0.05
陝西	0.50	2.01	1.56	0.99	0.44	0.19
甘粛	0.39	1.15	0.32	0.44	0.22	0.10
青海	0.07	0.17	0.03	0.29	0.13	0.05
寧夏	0.06	0.22	0.03	0.18	0.25	0.03
新疆	0.41	0.44	0.09	6.15	1.68	0.47
計	100.00	100.00	100.00	100.00	100.00	100.00

出所：2000年第5回人口センサスより作成

きた。これらの出稼ぎ労働者を中心とした流動人口は大都市で一体どのような生活状況に置かれているのか。そして、彼らの流出は自らの故郷にどのような影響を与えているのかという問題解明は、以下の章の課題として論を進めていきたい。

注

1 この改革には主に 1978 年からの農村における農業生産請負制の導入を契機とした農村改革と、1985 年からの国有企業を主とした都市改革といった 2 つの部分が含まれている。
2 この時期における下放された都市人口について、若林は人口の数及び具体的状況を詳しく論述した（詳細は若林敬子著『中国の人口問題と社会的現実』ミネルヴァ書房、pp. 246-247 を参照）。
3 1983 年 10 月に中国共産党中央委員会と国務院は「政社を分離して郷政府を設立することに関する通知」を全国の行政機関に通達し、人民公社制度に対する改革を本格的に始めた。この分離は 1984 年末に完了した（若林、2005）。
4 この概念と関連して存在した他の 2 つの概念は「暫住流動人口」と「期間流動人口」である。「暫住流動人口」とは戸籍登録地から離れて他の地域に住んでいる人のことを指し、戸籍の転出入を伴わない農民出稼ぎ労働者はその主な構成部分である。また 5 年前の常住地を基準にして流動した全ての人のことを意味し、戸籍の転出入を伴う遷移人口と暫住流動人口の両方が含まれる。

第4章 流入先地における出稼ぎ労働者の生活実態
―上海市 2004 年調査―

　前章までの分析は、流動人口の流入先が上海、北京、広東などの大都市圏に集中していくことを示したが、彼らの大都市でおかれている状況について究明することは極めて重要である。本章は上海市での実証調査の結果を分析し、そこに流入した出稼ぎ労働者を中心とする流動人口の生活実態を明らかにしたい。

1．はじめに

　1980 年代以降中国農村地域の経済改革、戸籍制度の緩和及び都市部経済の高度成長は、農村余剰労働力を主とする大量の流動人口を発生させることとなった。その後も年々流動人口は増加しており、2000 年 11 月 1 日のセンサス時点で全中国の流動人口数は 1 億 4,439 万人に達し、全国総人口の 11.6％を占めた。

　1980 年代から 1990 年代前半にかけて、小城鎮（small town）に集中する郷鎮企業は、農業部門からの余剰労働力である農民に多くの就業の場を提供した。そしてこの"小城鎮理論"は、中国の都市化の特有なモデルと考えられた（Fei, 1986, 9-61）。しかし、経済発展モデルの変化及びグローバル化の影響によって、郷鎮企業の労働力吸収能力が低下し、それに代わって、1990 年代後半からは大都市こそが流動人口に新たな就業先を提供する場と化してきた（白・何, 2003, 4-30）。

　また流動人口規模の増大及び都市での滞在期間の長期化に伴い、人口流動の形態において若干の変化が生じ始めた。従来の出稼ぎ労働者の多くは単身

で移動したが、1990年代になると、夫婦のみまたは夫婦と子供の家族ぐるみで流動する人口が増大してきた。これにより親と一緒に流動する子供の数も徐々に増えており、2000年第5回人口センサス時には全中国で1982万人に達した。この一連の新たな変化を踏まえ、大都市での出稼ぎ労働者の経済状況、都市環境への適応・融和, 子供の教育、故郷に残した親の扶養などの問題に関するより詳しい実態解明が望まれる。そこで本章は、2004年12月に上海市で実施したアンケート意識調査の結果に基づき、市内に流入した出稼ぎ労働者の経済状況、"上海市民"（もともと市内に居住し,上海戸籍をもつもの、"現地住民" と本章で呼ぶこともあるが、同義として以下用いる）との交流、子供の教育、故郷に残した親の扶養について等を調査分析し、上海市に流入した出稼ぎ労働者の生活実態、並びに戸籍制度改革の影響を究明しようとするものである。

2. 先行研究と調査方法

前述したように、人口移動に関するマクロ的な理論は、大きく分けて以下の3つのモデルが存在する。
1) 故郷との距離（distance）または吸収力（gravity）モデル（Ravenstein, 1885, 167-227; Stouffer, 1940, 845-867）；
2) プッシュとプル（push-pull）またはコストと利益（cost-benefit）モデル（Sjaastad, 1962, 80-93; Lee, 1969, 282-297; Todaro, 1969, 138-148）；
3) 社会学的な連鎖移動モデル（Macdonald and Macdonald 1964）（Bohning, 1978）である。

第1の吸収力モデルと第3の連鎖移動モデルは、基本的に解釈的(explanatory)ではなく、むしろ叙述的な（descriptive）理論である。したがって、この2つのモデルは人口移動の原因や移動のパターンについて十分な説明がされていない（Bohning, 1978）。第2のプッシュとプル理論は、前提が現実と乖離しているという問題点はあるが、研究者達、特に新古典経済学者の中でよく用いられるモデルである。しかし、中国においては戸籍制度の特異性により、典型的なプッシュとプル理論をそのまま適応することはできない（李強,

2003,125-136)。

　人口移動に関するミクロ的な研究は、主に社会学の社会的ネットワーク（social network）[2] の方法を用いて行われてきた。出稼ぎ労働者にとって最も重要なことは、新たな就業場所を探すことである。欧米のような典型的な市場経済では、求職者にとって弱い関係（weak tie）者からの情報が重要な役割を果たす（Granovetter, 1973, 1360-1380）が、中国では、強い関係（strong tie）者からの情報はより役に立つ（Bian, 1997, 266-285；李漢林・王，2001, 15-39；瞿，2003, 1-11）。例えば、血縁や地縁をもつ強い関係者からのサポートは、人口移動に関わるコストを節約するという役割を果たしている（李培林，1996）。

　既述したように、プッシュとプル理論を用いても、社会的ネットワークの分析手段を用いても、中国の人口移動においては他国と異なる結論が導かれる。中国の人口移動を解析するにあたり、1つのみの理論に結果を当てはめるのではなく、人口移動の過程を分析し、その上で理論あるいは結論を導く方がより合理的だといえよう。

　一般的に、人口移動が生じる主要因は、距離（故郷からの距離）（蔡，2000）、就業獲得の可能性、収入増加への期待（Todaro, 1984, 165-177; 馬，1994）、家族メンバーの生活改善（Rempel&Lobdell, 1978, 324-341）などである。本研究は、以上の人口移動に関する要因及び理論を念頭におきつつ、大都市に流入した出稼ぎ労働者を対象にその実態調査を行った。

　調査は中国の上海市で実施した。2003年8月1日の時点で、上海市の「外来流動人口」[3] は499万人に達し、市常住総人口の23.6％を占める。調査は上海社会科学院の協力を得て、2004年12月に行った。調査の対象者は、以下の2つの条件を満たすとする。1）本人の戸籍が、上海市にはないこと。2）上海市での居住期間が1ヶ月以上であること。

　調査対象者の選択は三段階の抽出を経て行った。まず第1に、これまでの研究を踏まえて調査実施の可能性を考え、上海市区と郊外の間にある浦東新区と閘北区を選んだ。2003年8月1日の時点でこの2つの区の「外来流動人口」は117.0万人であり、上海市全体の「外来流動人口」の23.5％を占めていた。そしてこの2区の政府部門の協力を得て、区内の各街道・居民委員会の状況を調べた後、「外来流動人口」が集中している浦東新区の新華居民

委員会、長清居民委員会と閘北区の彭浦新村街道を選択した。

　第2に、選定した街道と居民委員会の行政トップを通じて出稼ぎ労働者の数、職業構成、子供がいるか否か、故郷に親がいるか否かなどの状況を調べた上で、具体的な世帯（household）を選んだ。出稼ぎ労働者の中では単身者や子供を連れていないほうが多いので、子供の教育問題を調べるために、3分の1以上の対象世帯が子供を連れている世帯になるように調整した。また、故郷に残した親の扶養問題を究明するために、3分の1以上の対象世帯が故郷に50歳以上の親がいるように調整した。このようなコントロール条件は調査対象者の性別構成、家族類型の構成などの人口学的な特徴に影響を与えると予測しているが、今回の調査目的として出稼ぎ労働者の経済状況、社会適応、子供の教育、故郷に残した親の扶養問題を究明するために、このような条件を取らざるを得なかった。また抽出にあたり職業構成などにも配慮したため、このような調整は本調査の主目的達成に大きなマイナスの影響を与えることはない。

　第3に、抽出された世帯を訪れ、調査員による面接調査を行った。家に該当者が2人以上いる場合には、KISH表を使って具体的な対象者1人を選出した。

3．調査の結果

　調査は、出稼ぎ労働者本人及びその家族の基本状況、上海市での仕事内容、上海市民との交流、子供の教育と故郷に残した親の扶養の5項目について行った。今回実施した319票のうち、有効回収は309票、有効回収率は96.9％である。

1）回答者の人口学的な特徴

　回答者の83.5％は農業戸籍であり、残りの16.5％は非農業戸籍である。309人の回答者の性別は男156人、女153人である。最も若い対象者は16歳、最高は57歳、平均年齢は31.0歳である。また全回答者の76.4％は20～34歳の青年に集中する。教育レベルについては、最終学歴が中学校卒60.8％と高率を占めた。婚姻状況は、未婚者が27.2％、有配偶者が71.5％、離別者が

1.0%、死別者が0.3%である。

人口移動は、流出地と流入地との距離に緊密に関わっている。距離が長ければ長いほど、人口移動数は低減傾向となる（蔡, 2000）。本調査では、上海市周辺省の安徽、江蘇、浙江、江西、福建の5省からの流入者が計78.3%を占める。うち安徽と江蘇の2省からの流入人口は、全回答者の62.1%を占める。本調査の出稼ぎ労働者の8割を占めているのは農業戸籍の人口であるため、ここで各省の農業従事者の平均収入を利用し、省間の経済格差をみよう[4]。2003年の各地区農村居民の平均収入は上海市が6,654元、安徽2,128元、江蘇4,239元、浙江5,389元、江西2,458元、福建3,734元である。江蘇と浙江は上海市に隣接する。隣接する浙江よりも安徽からの出稼ぎ労働者のほうが多いのは、上海市との平均収入の格差に起因すると考えられる。他方、平均収入において江西よりはるかに高い江蘇は、上海市に隣接するという立地上の関係から、より多くの労働力が流入したと考えられる。このような出稼ぎ労働者の流出先構造は、経済収入の格差と地理的距離との相互関係を明確に反映している。

また表4－1に示されるように、出稼ぎ労働者の流出期間と上海市での滞在期間は、移動を共にした家族形態により異なっている。One-way ANOVAの分析によると、共に移動した家族形態の違いによる流出期間の差は統計的に有意（F=19.111,Sig.=0.000）であり、しかも上海市の滞在期間の差も統計的に有意（F=18.275,Sig.=0.000）である。これは流動時の家族形態がその後の流出期間と上海市での滞在期間に影響を与えたことを示す。つまり他の家族形態で流入した出稼ぎ労働者と比べ、夫婦と子供（子供連れの家族ぐるみ）で流

表4－1　移動時の家族形態別にみる流出期間

(単位：年)

	流出期間		上海市での滞在期間	
	平均	最高値	平均	最高値
単身	4.1	26.0	3.7	26.0
夫婦のみ	6.9	24.0	6.5	24.0
夫婦と子供	8.8	25.0	7.9	25.0
その他	8.5	31.0	7.7	31.0
回答者全員	6.7	31.0	6.1	31.0

入した出稼ぎ労働者の上海市での滞在期間は長期化する傾向にある。

2) 経済状況

多くの先行研究は人口移動の最大要因が流出地と流入先の経済格差にあると指摘するが、本調査においても移動動機と上海市を選んだ理由について、同様に検証された。**表4－2**は上海市に流入した出稼ぎ労働者の動機・移動要因について、**表4－3**は上海市を選んだ理由についての回答である。表4－2に示されるように、動機1、4、5は収入に関連しており、総じて73.2％の回答者が経済的要因によって故郷から流出したことがわかる。プッシュとプル理論で分析した場合、故郷の貧困及び耕地不足が人口流動のプッシュ要因であり、流入先地でのより良い仕事がプル要因と考えられる。

表4－3でも47.1％の回答者が、上海市への流入動機として、同市の経済力をあげている。ついでもう1つ注目されるのは、流出先の選択に対する社会的ネットワークの影響である。理由3、4、5を合計すると、32.8％の回答者が市内に家族、あるいは同じ地域出身の友達がいることをあげている。さらに、回答者の7.8％は、故郷との距離を選択要因にあげる。以上を総合すると、経済、社会的ネットワークと故郷との距離が、流入先の選択に大きく影響することが明らかである。

また本調査では、出稼ぎ労働者がどのように上海市で就業先を探したのかについても尋ねた。その結果、自営業（個体）を自ら始めたのは42.8％、親戚または友達の紹介を通じて探したのは37.8％で、概ねこの2つの方法で仕

表4－2　移動動機・要因

		実数（人）	割合（％）
1	故郷が貧しく収入を得るため	175	37.9
2	個人の知識を広げるため	64	13.8
3	子供の教育のため	38	8.2
4	故郷で耕地が少なく、やることがない	67	14.5
5	より良い仕事を探すため	96	20.8
6	その他	22	4.8
	計	462	100.0

表4－3 上海市を選んだ理由

	実数（人）	割合（%）
1 経済発達の大都市	145	47.1
2 故郷と比較的近い	24	7.8
3 家族が既に上海市にいた	21	6.8
4 親戚がいた	63	20.5
5 親戚・友達の紹介で	17	5.5
6 その他	38	12.3
計	308	100.0

事を始めている。他方、市場の正式ルートを通じて就業先を探したのはわずか16.4％にとどまっている。また本調査は、自営業（個体）を始めるにあたり、親戚または友達からの支援が重要な役割を果たしたことも明らかとなった。市場経済導入後、20年以上が経過したが、多くの先行研究が指摘するように、大都市の出稼ぎ労働者にとって労働市場の役割はまだまだ不十分である。

　出稼ぎ労働者の大都市への流動が流入先の大都市住民の就業機会に脅威を与えたか否かといった問題をめぐる論争が、しばしば見聞される。表4－4は回答者の就業構造を示しているが、これから上海市での出稼ぎ労働者の就業における2つの特色が読みとれる。その第1は、流入した出稼ぎ労働者の大部分が肉体単純労働者として働いていること。出稼ぎ労働者の仕事は一般に汚い、危険及び困難、いわゆる3Kと呼ばれる就業が多く、上海市民は好

表4－4　回答者の就業構造

（単位：%）

	現在	前回	最初
専門技術者	11.4	13.0	10.9
管理者層	0.0	2.2	0.0
事務人員	9.1	4.3	2.2
商業従事者	31.8	23.9	17.4
サービス業従事者	36.4	43.5	45.7
生産・運輸業従事者	6.8	13.0	19.6
建築業従事者	0.0	0.0	4.3
その他	4.5	0.0	0.0
計	100.0	100.0	100.0

まない。このような仕事は都市機能にとって不可欠であり、誰かが担わなければならないため、外部からの出稼ぎ労働者は、上海市民の就業市場に脅威を与えているのではなく、むしろ補完的役割を果たしていると考えられる。第2の特色は、上海市での滞在期間の長期化に伴い、出稼ぎ労働者の一部が肉体単純労働者からそれ以外の（頭脳労働を含む）労働者へと仕事を変えつつあることだ。地域間移動をすることにより、さらに職業を変えることにより、一部の出稼ぎ労働者は、自らの社会階層の転換・上層化をも実現した。出稼ぎ労働者の多くが農業余剰労働力であるため、このような変化は中国従来の都市農村の社会構造、とりわけ社会階層構造にも大なる影響を与えつつある。

　上海市民の平均月収は2003年2,275元である。本調査によると、出稼ぎ労働者の平均月収は1,154元である。T Testによると，出稼ぎ労働者と上海市民との収入格差が統計的に有意である（t=-15.921,Sig.=0.000）。これは、同じ上海市に居住している常住人口であるにもかかわらず、出稼ぎ労働者の収入が現地上海市民の収入をはるかに下回ることを示しているが、低収入が必ずしも家計の赤字につながるとは限らない。現在の収入に対し、回答者の82.8％が個人や家族の上海市での生活に十分だという認識をもっている。他方、生活を支えることができないという認識をもつ回答者はわずか9.7％にすぎない。こういった高い満足度は上海市に流入した出稼ぎ労働者の生活水準が上海市民より比較して低くとも故郷よりもよいと感じているからであろう。同時に、今後も出稼ぎ労働者は継続的に上海市へ流入してくるだろうとみるのが妥当だろう。

3）社会的適応

　従来の都市と農村二元的社会構造の影響により、農村住民と大都市市民の間には、生活意識や慣習において大きな相違がある。外から、とりわけ農村地域からの流入者が大都市市民とうまく融和できるか否かという問題は、今後の中国の流動人口研究の重要な課題の1つである。この問題をめぐっては相対立する2つの見方が存在している。その第1は、流入した出稼ぎ労働者と流入先地の現地市民はほとんど交流しないまま、いわゆる"二元的社会"

表4-5　回答者と上海市民との交流

	実数（人）	割合（%）
常にある	224	72.5
時々ある	52	16.8
なし	33	10.7
計	309	100.0

として存在し続けるとの悲観的な見方である（周, 2001, 304-326）。第2は、両者が交流を十分にし、双方に有意な情報を獲得しあっていくとの楽観的な見方である（渠, 2001, 40-70）。本調査では、出稼ぎ労働者と上海市民との交流を検証するため、以下3点の関連項目を設定した。

　表4-5は回答者と上海市民との交流頻度を集計した結果である。ここに示されるように、回答者の72.5％は常に上海市民との交流を行っている。逆に現地住民との交流は全くないという回答は1割にすぎなかった。こうした結果は従来の出稼ぎ労働者と流入先地の都市市民との二元的社会を即意味するものではない。しかしその交流内容についてみると、ほとんどが回答者の職場での交流に限られている。つまり、交流は仕事上の関係によるものと断定していいだろう。

　表4-6は困難な状況におかれた時の主な相談相手を尋ねてみた。困難な状況下では回答者の60.2％が自分の家族に頼っている。出稼ぎ労働者にとっては、上海市民の友達よりも同郷の友（上海市戸籍がない友達）への信頼の方が強いことが読みとれる。この結果は、出稼ぎ労働者と上海市民との間の心理的な距離感を明確に示す。

　この心理的な距離感をさらに検証するために、本調査は回答者の差別観の

表4-6　困難な時に相談相手になってくれる人

	実数（人）	割合（%）
家族の人	186	60.2
友達（上海市戸籍あり）	42	13.6
友達（上海市戸籍なし）	70	22.7
いない	21	6.8
その他	39	12.6

表4－7　あなたは差別を受けたことがありますか？

	実数（人）	割合（％）
常にある	40	12.9
時々ある	100	32.4
ない	169	54.7
計	309	100.0

有無について質問した。**表4－7**をみるように、54.7％の回答者は差別を受けたことがないというが、12.9％は常に差別を受けていると回答した。従来都市部で見られた出稼ぎ労働者への差別に比べ、本調査はどちらかというとより楽観的な結果を示しているといえよう。しかし、出稼ぎ労働者への差別消滅に向け、流入先の地域社会全体の努力が問われるところである。

4）子女の教育

　出稼ぎ労働者子弟の義務教育の空白問題はこれまで様々に指摘されてきた。戸籍制度がある故に、出稼ぎ労働者の子供が流入先地の公立学校に入学できないとか、入学できても高い学費を支払わなければならない（李路路, 2005, 129-154）といった問題が存在してきた。しかし人口流動の激化により、中国政府は戸籍制度改革を推進し始め、特に2003年以降、出稼ぎ労働者の子女教育問題の解決に力を注ぎ始めている。こうした背景により、本調査では、大都市に流入した出稼ぎ労働者の子女教育と戸籍制度改革の実施による新たな変化について質問した。

　調査対象者の子供数は男149人、女117人、計266人である。そのうち、調査時点で上海市内に就学している子供数は男61人、女51人、計112人であり、回答者の全子供数の42.1％を占める。従来の研究では、出稼ぎ労働者の子供に対する進学意識は男児選好の傾向にあった（段・梁, 2003, 133-160）が、本調査結果はそのような傾向は示さない。実際のところ上海市内に就学している子供の性比は女100に対し男120であるが、回答者全子供の性比は127であることを鑑みると、この120という性比は進学における出稼ぎ労働者の男児選好をとりたてて反映するものではなく、むしろ子供の出生時における男児選好を証明しているとみてよいだろう。また子供が上海市内で就学する

理由について、回答者の36.9％は上海市の高い教育水準をあげたが、親自らのそばにおけば教育しやすいという見方をもつ回答者も41.7％と高い。

　表4－8は回答者の子女が調査時点で通っている学校の種類である。これでみるように、子女の76.7％は、上海市の公立学校に入学し、しかも上海市民の子供と同じクラスで勉強している。従来の民工子弟学校に代わり、公立学校が今日の出稼ぎ労働者の子供に教育場所を提供するようになっていることが、ここに明らかとなった。具体的な学校選別の理由についてみると、45.6％が住まい（家のある居住地）に近い学校、34.0％が教育水準の高い学校を理由にあげている。他方、学費によって選んだのはわずか6.8％にすぎない。これは、公立学校に入学するにあたり出稼ぎ労働者の子供が戸籍のある市民の子供より多額の学費を払わなければならないという、これまでの社会制度上の障害の撤廃を意味する。すなわち大都市である上海市で、出稼ぎ労働者の子供も平等に、流入先地の公立学校に入学できるよう徐々に改善されつつある。

　このように、出稼ぎ労働者の子女が流入先地の公立学校に入学できるようになりつつあるのは大きな進展である。しかし、従来の戸籍制度による出稼ぎ労働者の子女への社会的な差別は、公立学校入学制限の緩和に伴いすべてがなくなったといえるのか否か。本調査では、この問題も質問に取り入れてみた。表4－9は回答者の子供への差別に関して集計した結果である。この表から出稼ぎ労働者の子供への差別は、依然存在していることが窺われる。また学校によって出稼ぎ労働者の子供への差別状況が異なるのは興味深い。上海市民の子供と異なるクラスにいる出稼ぎ労働者の子供たちが差別を受けたことがないという状況は、学校における出稼ぎ労働者子女への差別の消滅

表4－8　回答者の子弟が通う学校の種類

	実数（人）	割合（％）
公立学校の異なるクラス	8	7.8
公立学校の同じクラス	79	76.7
民工子弟学校	11	10.7
私立学校	5	4.9
計	103	100.0

表 4 - 9　子供への差別について

(単位：％)

	ある	ない	知らない	計
公立学校で異なるクラス	0.0	87.5	12.5	100.0
公立学校で同じクラス	6.4	73.1	20.5	100.0
民工子弟学校	0.0	55.6	44.4	100.0
私立学校	0.0	100.0	0.0	100.0
すべての学校	5.0	74.0	21.0	100.0

ではなく、むしろ学校の制度により、出稼ぎ労働者の子女と上海市民の子供との人的接触が制限された結果と考えるのが妥当だ。

差別が存在するものの、今日の出稼ぎ労働者の子女教育状況は、戸籍制度改革が始まる前よりもかなり改善されている。しかし、中国の義務教育は中学校で終了するため、彼らの進学も流入地では中学校卒までに制限されてしまっている。その後、大部分の子女は高校進学にあたり、故郷へ帰ることを余儀なくされているのが大方の現状である。

5）故郷に残した親の扶養

中国の農村地域では、社会保障制度の普及が不十分のため、親の扶養は依然として家族内負担の上に成り立っている（梁, 2000）。農村人口の激しい流出が家族の親の扶養に大きなマイナスの影響を与えることはいうまでもない。伝統的な老年学によると、家族構成員の一部の流出は、親の扶養に対する家族貢献に低下をもたらす（Cowgill, 1974, 123-145）。また流出した個人と比べて流出した家族の親の扶養への経済的な支援が減少する（Rempel&Lobdell, 1978, 324-341）。今日、中国においても人口移動と親の扶養との関係は関心の深い分野である。他国と比べても、中国の出稼ぎ労働者が故郷へ送金する金額の収入に対する割合は高いといわれ、残された家族の経済状況の改善や親の扶養にとって重要である（李強, 2001）。流出したメンバーがいない家族より、流出者がいる家族の住宅の方がより改善されているという調査結果もある（杜, 1997, 130-132）。こうした研究を踏まえ、本調査は今日における上海市に流入した出稼ぎ労働者の親の扶養に関する意識、並びに親の扶養について、故郷に残っている兄弟と流出者本人との間に生じた新たな状況について

考えてみたい。

「親の扶養は子女が責任を負うべきか」という質問に対し、99.7％が「非常に同意する」ないし「同意する」と回答した。また「親の扶養は親からの恩を返すことであるか」という質問に対し、94.8％が「非常に同意する」ないし「同意する」と回答した。中国の伝統的な扶養意識にそい、故郷から離れても出稼ぎ労働者たちが依然として親の扶養問題を強く課題視していることがわかる。

表4－10は移動家族形態別にみた故郷への送金についてである。夫婦のみで故郷を離れ移動した回答者の送金する人の割合が最高比を示している。他方、夫婦と子供で流動した回答者の送金する人の割合は最も低い。データの集計結果によると、移動家族形態と故郷への送金状況との関係は統計的に有意である（$\chi^2 = 12.531$, Sig.=0.006）。このことは夫婦と子供の家族ぐるみで流動したパターンでは、故郷への送金に対する意識が他よりも弱いことを示す。

表4－11と表4－12は親が病気になった時に介護をする人と医療費の支払い者が誰かを示す。これから、親が病気になった時に介護するのは故郷に残った息子か娘である場合が多いが、医療費負担においては流出した息子や娘の貢献度が高い。親の病気に際し、故郷の兄弟に実質的な介護を頼み、経済的に貢献することで埋め合わせる出稼ぎ労働者の実態が浮かびあがる。これによって、親の扶養における兄弟間のバランスが保たれているとみてよいだろう。

本調査結果をふまえて以下の結論を導いた。

第1は、上海市に流入した出稼ぎ労働者の大部分は近隣地域よりはより貧

表4－10　移動時の家族形態別にみる故郷への送金

(単位：％)

	送金する	送金しない	計
単身	67.5	32.5	100.0
夫婦	68.2	31.8	100.0
夫婦と子供	63.5	36.5	100.0
その他	38.6	61.4	100.0
すべての類型	62.1	37.9	100.0

表4－11　親が病気になった時に世話をしてくれる人

	実数（人）	割合（％）
いない	1	1.1
親が互いに世話をしあう	43	46.6
故郷に残った息子	24	26.1
故郷に残った娘	8	8.7
流出した息子	7	7.6
流出した娘	3	3.3
故郷に残った息子の嫁	2	2.2
流出した息子の嫁	3	3.3
隣人または親戚	1	1.1
計	92	100.0

表4－12　親の医療費用の負担者

	実数（人）	割合（％）
親が自己負担	32	34.8
故郷に残った息子が負担	6	6.5
故郷に残った娘が負担	―	―
流出した息子が負担	18	19.6
流出した娘が負担	2	2.2
息子達が平均して負担	12	13.0
娘達が平均して負担	2	2.2
子供全員平均して負担	13	14.1
その他	7	7.6
計	92	100.0

しい農村地域からの農村労働者であること。彼らの移動は盲目的な行為ではなく、流出地と流入先の収入格差、社会的ネットワークの有無、及び故郷との距離などの要因が相互に絡んでの合理的な結果である。

　第2に、故郷からの出稼ぎ労働者は、上海市での滞在が長期化につれ、彼らの一部が転職を実現し、下層からそれよりも上層の社会階層への転換をも実現する傾向にあること。職場での交流を通じて出稼ぎ労働者と上海市民との社会的な距離感が近づいているが、心理的な距離感はいまだ残存している。今後もしばらくは大都市・上海市において流入した出稼ぎ労働者と市民とい

う二元的社会の存在はそう容易には解消されないだろうと推察できる。

第3は、戸籍制度改革に伴う教育の平等化。従来存在した社会的な障害が減り、出稼ぎ労働者の子女が流入先地の公立学校に平等に入学できるようになりつつある。しかし高校進学や出稼ぎ労働者子女への差別は依然として存在しており、一層の改革が今後必要である。

第4は、親の扶養において実質的な介護と医療費の支払いとの間に、流出した出稼ぎ労働者と故郷に残っている兄弟との間のバランスはうまく保たれている。

第5は、出稼ぎ労働者の移動家族形態が流出期間と故郷への送金意欲に影響していること。夫婦が子連れで移動した出稼ぎ労働者は送金に消極的な傾向が見られ、かつ流入先地での滞在が長期化する傾向にある。本調査で示されたように、戸籍制度改革の推進により、上海市における出稼ぎ労働者子女の教育問題は改善されつつある。この改善に伴い、今後もより多くの出稼ぎ労働者が子連れで上海市に流入することが予想される。子連れの出稼ぎ労働者の増加は、上海市での長期滞在ないし定住をさらに促進し、反面故郷の親の扶養に問題を投げかける。以上2つの現象は今後に慎重な対応が求められる課題である。

最後に、本調査結果と中国における特有の移動事情を配慮し、中国における人口流動のモデルを以下のようにまとめた。経済状況の改善を目指す農村地域の余剰労働者を主とする流動人口が、自身の社会的ネットワークを利用して大都市に流入する。この過程において社会的ネットワークと戸籍制度改革がプラスの要因として機能し、距離がマイナスの要因として移動に影響を与えている。流入した人々が故郷の家族を中心とする第一次的社会的ネットワークを保持しながら、大都市で新たな社会的ネットワークを建設すること[5]により、自身の社会階層の上昇移動を実現、またはその可能性に途を開く。自身の移動を貫徹した出稼ぎ労働者は故郷の労働力にも経済的な刺激を与え、社会的ネットワークを強化し、新たな人口流動を促進する。

注

1 この調査は若林敬子代表、平成16年度日本文部科学省科学研究費助成金「基盤研究（B）(1)（課題番号16402025)、上海社会科学院の項目基金の助成を得て実施した。

2 社会的ネットワークは個人間、集団間、地位間などの社会関係のことである（井上，1993,644-645)。本章でこの分析概念は、個人が他者ととり結ぶ関係性の総体と規定し、諸個人の行動を、個人の周囲に広がるネットワークの性質・内容・構造によって説明しようとする。

3 一般の「流動人口」の定義とは別に、この「外来流動人口」の概念は、上海市統計局が調査の時点で上海市に滞在期間が1日以上、上海市の戸籍をもたない人々（香港、マカオ、台湾、外国人を含まない）を対象に一貫して用いる使い方である。

4 もちろん、農業従事者出身の出稼ぎ労働者でも流入地で農業に関係する従事者は少ないが、ここで流入地と流出地の経済格差を説明するため比較して用いた。

5 本調査で示されるように、出稼ぎ労働者が上海市に流入した後、職場においても、生活場においても、出稼ぎ労働者同士や上海市民などとのつきあいを始めたり、深めたりして、社会関係を結び、つまり上海市での新たな社会的ネットワークが構築されつつある。

第5章 流入先地における出稼ぎ労働者の生活実態
－北京市 2004 年調査－

1．はじめに

　1980 年代から、中国の政治、文化及び経済の中心としての北京市は、全国から多くの出稼ぎ労働者を吸収しつつあり、出稼ぎ労働者の主な流出先の1つとなっている。北京市統計局1％サンプリング調査の結果によると、2005 年末の時点で北京市の戸籍人口の数は 1,180.7 万人であり、流動人口の数は 357.3 万人に達し、流動人口と戸籍人口の比率は1：3.3 となった。第四章の上海市に流入した出稼ぎ労働者の分析に加えて、本章は 2004 年 12 月に北京市で実施したアンケート調査に基づき、市内に流入した出稼ぎ労働者の経済状況、北京市民との交流、子供の教育、故郷に残した老親扶養についてなどを分析し、第四章で取り上げた上海市での調査結果と対照しながら、北京市に流入した出稼ぎ労働者の生活実態を究明しようとするものである。

2．調査方法

　調査は中国人民大学人口研究所の協力を得て、2004 年 12 月に行なった。調査の対象者は以下の2つの条件を満たすものとする。1）本人の戸籍が、北京市にはないこと。2）北京市での居住期間が1ヶ月以上であること。
　調査対象者の選択は四段階の抽出を経て行なった。まず第1に、北京市の各区に流入した出稼ぎ労働者の分布状況を把握し、その中から出稼ぎ労働者が集中する海淀区と朝陽区を選出した。そしてこの2区の政府部門の協力を得て、区内各街道・居民委員会の状況を調べた後、出稼ぎ労働者が集中して

いる海淀区の四季青郷と朝陽区の太陽宮郷を選択した。この2つの郷に集中する出稼ぎ労働者の数は、それぞれ10万人以上となり、各区の出稼ぎ労働者の数の5分の1以上を占めている。

第2に、選定した郷の行政トップを通じて出稼ぎ労働者の数、職業構成、子供がいるか否か、故郷に親がいるか否かなどの状況を調べた上で、出稼ぎ労働者数における各郷の中の上位7つの村と各村から対象者数を決めた。

第3に、各村から具体的な世帯を選んだ。出稼ぎ労働者の中では単身者や子供を連れていないほうが多いので、子供の教育問題を調べるために、3分の1以上の対象世帯は子供を連れている世帯になるようにと調整した。また、故郷に残した老親の扶養問題を究明するために、3分の1以上の対象世帯は故郷に50歳以上の親がいるように調整した。このようなコントロール条件は調査対象者の性別構成、家族類型の構成などの人口学的な特徴に影響を与えると予測しているが、今回の調査目的として出稼ぎ労働者の経済状況、社会適応、子供の教育、故郷に残した老親の扶養問題を究明するために、このような条件を取らざるを得なかった。また抽出にあたり職業構成などにも配慮したため、このような調整は本調査の主目的達成に大きなマイナスの影響を与えることはない。

第4に、抽出された世帯を訪れ、調査員による面接調査を行なった。家に該当者2人以上いる場合には、KISH表を使って具体的な対象者1人を選出した。

3．調査の結果

調査は、出稼ぎ労働者本人及びその家族の基本状況、北京市での仕事内容、北京市民との交流、子供の教育と故郷に残した老親の扶養の5項目について行なった。今回実施した305票のうち、有効回収は303票、有効回収率は99.3％である。

1）回答者の人口学的な特徴

回答者の79.2％は農業戸籍であり、残りの20.8％は非農業戸籍である。

303人の回答者の性別は男164人、女139人である。最も若い回答者は17歳、最高は60歳、平均年齢は32.9歳である。教育レベルについては、最終学歴が中学校卒56.8％と高率を占めた。婚姻状況は、未婚者が13.5％、有配偶者が85.5％、離別者が0.7％、死別者が0.3％である。出稼ぎ労働者の出身地については、全国24の省・直轄市・自治区からとなっている。その内、河南省が20.1％、河北省が14.9％、山東省が11.2％とそれぞれの上位3位を占めている。北京市に隣接する河北省より河南省からより多くの労働力が北京市に流入していることは、河北省より河南省の経済状況がより遅れ余剰労働力が多いことによる結果といえよう。

表5－1は移動時の家族形態別にみる流出期間と北京市での滞在期間を示したものである。この表から、出稼ぎ労働者の流出期間と北京市での滞在期間は、移動を共にした家族形態により異なっていることが読み取れる。具体的に北京市での滞在期間についてみると、夫婦と子供で移動した出稼ぎ労働者の滞在期間は最も長いことが明らかである。言い換えれば、他の家族形態で流入した出稼ぎ労働者と比べ、夫婦と子供で流入した出稼ぎ労働者の北京市での滞在期間は長期化する傾向にある。

2）経済状況

(1) 住宅状況

調査では北京市に流入した出稼ぎ労働者の多くは借りた部屋に住んでいることがわかった。具体的に、個人や家族で部屋を借りている割合は全回答者の72.3％に達した。勤め先が用意した宿舎に住んでいるのは全回答者の

表5－1　移動時の家族形態別にみる流出期間と北京市での滞在期間

(単位：年)

	流出期間		北京市での滞在期間	
	平均値	最高値	平均値	最高値
単身	8.3	24.0	6.7	21.0
夫婦のみ	6.8	20.0	5.5	18.0
夫婦と子供	7.4	22.0	7.0	20.0
その他	7.4	24.0	6.3	20.0
回答者全員	7.6	24.0	6.4	21.0

14.2%にとどまっている。残りは個人が購入したマンションや他人と一緒に借りた部屋に住んでいる。また、調査から家族形態と住宅類型との関係をみると、夫婦や夫婦と子供で流入した出稼ぎ労働者のうち、単独で借りた部屋に住んでいる割合は単身で流入した出稼ぎ労働者より、かなり高いことが判明した。住宅状況については、夫婦や家族で借りた部屋より、単身で借りた部屋の条件は比較的に悪い。住宅面積については、平均して1人あたりの住宅面積は10㎡となり、北京市民の平均である18㎡をはるかに下回っている。

(2) 移動動機

前章に述べた上海市の調査から、人口移動の最大要因が流出地と流入先の経済格差にあることが検証された。北京市の調査では移動動機と北京市を選んだ理由について、同様に経済要因の重要さと社会的ネットワークの役割が検証された。表5－2は北京市に流入した出稼ぎ労働者の動機・移動要因についての回答である。表5－2に示されるように、上位3位の動機1、4、5のすべては収入に関連している。こうした結果から回答者の多くが経済的要因によって故郷から流出したことがわかる。また、前章で述べた上海市の調査結果と比べ、北京市に流入した出稼ぎ労働者の移動動機には、子供の教育のために流動を選んだのがより多くの割合を示した。こうした相違の背景には、上海市より教育・文化中心地としての北京が子供の教育においてより多くの魅力をもつことが挙げられる。出稼ぎを北京市に選んだ理由について聞いた結果、回答者から主に北京市の優れた社会経済条件、家族や親戚が北京市にいること、あるいは知人の紹介といった3つの理由が挙げられた。また

表5－2 移動動機・要因

	実数（人）	割合（％）
1 故郷での生活が貧しく収入を得るため	174	57.6
2 個人の知識を広げるため	44	14.6
3 子供の教育のため	52	17.2
4 故郷では耕地が少なく、やることがない	71	23.5
5 より良い仕事を探すため	118	39.1
6 その他	34	11.2

注：複数選択で、全回答者の302人を100％とした。

前述した出稼ぎ労働者の出身地と併せてみると、ここで上海の調査と同様に、経済、社会的ネットワークと故郷との距離が流入先の選択に大きな影響を与えていることが明らかである。

(3) 仕事状況

出稼ぎ労働者の就業状況に関して、本調査は対象者の最初の仕事、現在の仕事及び現在の仕事に従事する前の仕事といった3つの仕事状況について尋ねた。表5－3はその3つの仕事に関する就業ルートを示した。この表から、出稼ぎ労働者の就業ルートに関して以下の2つのことが読み取れる。第1は、北京市で就業先を探すにあたり、出稼ぎ労働者の多くが親戚または友達の紹介といった個人的ネットワークに頼り、公的機関や正式な応募などのルートをあまり使っていないこと。こうした結果は、労働力市場の未発達と就職活動に対する出稼ぎ労働者たちの知識不足によるものといえよう。第2は、流入先地での滞在期間の長期化につれ、出稼ぎ労働者のうち、自らの力で自営業（個体）を始めたのは徐々に増えしつつあること。

表5－4は回答者の就業構造を示す。この表から北京市での出稼ぎ労働者の就業における2つの特徴が窺える。その第1は、流入した出稼ぎ労働者のほとんどは商業やサービス業に従事していること。第2は、北京市での滞在期間の長期化に伴い、出稼ぎ労働者の職業は他の職種から商業へと変化しつ

表5－3　就業ルート

（単位：％）

		最初	前回	現在
1	故郷にいる親友の紹介	31.6	8.3	19.0
2	北京に来てから偶然に	3.8	4.2	8.0
3	北京戸籍を持つ知人の紹介	11.4	12.5	6.9
4	北京にいる親友や同郷人の紹介	24.1	29.2	20.1
5	故郷の政府や労務会社の仲介	6.3	2.1	0.3
6	北京の仲介会社	2.5	2.1	2.1
7	個人の応募	11.4	20.8	5.6
8	自らの起業	7.6	18.8	34.3
9	その他	1.3	2.1	3.5
	計	100.0	100.0	100.0

表5－4　回答者の就業構造

(単位：%)

	最初	前回	現在
1　専門技術者	10.0	14.6	4.1
2　機関／企業／事業組織の管理者	1.3	0.0	1.4
3　事務人員	2.5	4.2	2.7
4　商業従事者	22.5	33.3	55.3
5　サービス業従事者	36.3	31.3	26.1
6　農／林／漁／畜業労働力	0.0	2.1	0.0
7　生産・運輸工人	17.5	6.3	7.2
8　建築工人	6.3	6.3	0.3
9　その他	3.8	2.1	2.7
計	100.0	100.0	100.0

つあること。前述した出稼ぎ労働者の就業ルートに関する分析結果とこうした職業構造変化から、北京市に流入した出稼ぎ労働者たちの中には、流入先で仕事を経験し、資金と人脈を蓄積した後、自営業（個体）を始める者が多く存在する。就業構造における北京市の調査と第4章で取り上げた上海市の調査を比較してみると、その共通点と相違点が共に存在することがわかった。共通点としては、両都市に流入した出稼ぎ労働者の多くは肉体労働者として働き、現地市民の就業機会に脅威を与えることはない。相違点としては、上海市の調査で見られた滞在の長期化にともなった社会階層の上層化が北京市の調査でほとんど見られず、その代わり、北京市に流入した出稼ぎ労働者の多くは滞在期間の長期化につれ、商業活動に集中しつつある。

　出稼ぎ労働者の労働条件をみると、平均して彼らの毎月の労働日数は28日間で、毎日の労働時間は10時間以上となり、北京市民よりかなり悪いといえよう。調査から出稼ぎ労働者の収入は転職につれて徐々に上昇することがわかった。平均月収についてみると、最初の仕事は589.9元、前回の仕事は911.6元、現在の仕事は1,338.9元となる。こうした収入は第四章で取り上げた上海市出稼ぎ労働者の収入より少し高いが、北京市民2003年の2,109元の平均月収よりはるかに低い。現在の収入に対し、回答者の85.0%が個人や家族の北京市での生活に十分だという認識をもっている。それに対して、生活を支えることができないという認識をもつ回答者は10.3%にとどまって

いる。

　上海市の調査で示された結果と同じように、低い収入しかもらえないにもかかわらず、こうした生活に対する高い満足度は今後、さらに一層多くの出稼ぎ労働者の北京市への流入をもたらすと予測できよう。しかし、今回調査から回答者の78.8％が何の保険にも加入していないことがわかった。こうした社会保障の欠如は出稼ぎ労働者の生活に大きな影響を及ぼしている。出稼ぎ労働者の社会保障問題に関する分析は、本書の第8章で取り上げたい。

3) 現地社会への適応

　本調査では、出稼ぎ労働者が北京現地社会への適応について、北京市民との交流、悩みの相談相手、北京市民からの差別といった3つの関連側面から検討する。

(1) 北京市民との交流

　表5－5は回答者と北京市民との交流頻度を示した結果である。ここに示されるように、回答者の60.7％は常に北京市民との交流を行なっている。それに対し、現地市民との交流は全くないという回答は全体の14.9％にとどまる。こうした結果は第四章で示された上海市の調査結果と比べ、北京市における出稼ぎ労働者と市民の交流は上海市よりもっと遅れているといわざるを得ない。言い換えれば、北京市における出稼ぎ労働者と現地市民との融和は上海ほど進んでいないことがこの2つの調査から窺える。

　表5－6は困難な状況におかれた時の主要相談相手を示す。これから、二点が読み取れる。その第1は、困難な状況におかれている時に回答者の59.1％は自分の家族の人に相談をしにいくこと。第2は、友達の助けにおい

表5－5　回答者と北京市民との交流

	実数（人）	割合（％）
常にある	184	60.7
時々ある	74	24.4
なし	45	14.9
計	303	100.0

表5－6　困難な時に相談相手になってくれる人

	実数（人）	割合（％）
家族の人	179	59.1
友達（北京市戸籍あり）	41	13.6.
友達（北京市戸籍なし）	62	20.5
いない	30	9.9
その他	28	9.2

注：複数選択で、ここで回答者全体の303人を100％とする。

て北京市民より他の地域からの出稼ぎ労働者の方がもっと役に立つこと。こうした結果は前章で取り上げた上海市の調査結果と類似し、出稼ぎ労働者と北京市民との間の心理的な距離感を明確に示す。

　調査では、日常生活において北京市民からの差別を受けたことがあるかといった質問に対して、回答者の答えは以下の**表5－7**にまとめられる。この表から回答者の60.3％は北京市民からの差別を受けたことがないと答えたが、10.3％は常に差別を受けていると指摘した。こうした結果は、上海市の調査結果と比べてより楽観的な状況を示したが、出稼ぎ労働者に対する北京市民の差別は依然として存在することも反映している。また、差別した市民の特徴について尋ねた結果、特に決まったグループではないとの結果がわかった。さらに差別を受けた場所について聞いた結果、職場から生活の場まで広く存在することが調査から判明した。

4）子弟教育

　1990年代後半から、子供を連れて移動する出稼ぎ労働者の割合は徐々に増えつつある。学齢期の子供にとってこうした流動は彼らの就学や生活に大きな影響を及ぼしている。本調査では北京市に流入した出稼ぎ労働者たちの

表5－7　あなたは差別を受けたことがありますか？

	実数（人）	割合（％）
常にある	31	10.3
時々ある	89	29.5
ない	182	60.3
計	303	100.0

表5－8　子供を北京まで連れてきた理由について

	実数（人）	割合（%）
①北京の教育の質が良いから	26	19.1
②故郷には子供を世話する人がいないから	45	33.1
③子供がそばにいれば親からの教育を受けやすいから	58	42.6
④その他	4	5.1
計	136	100.0

子弟就学状況と生活適応状況について質問した。

調査結果から、回答者の子供総数は376人、そのうち男210人、女166人。その中から北京まで連れてきた子供の数は179人、そのうち男97人、女82人である。こうした数値から、子供たちの就学における"男尊女卑"、つまり、男児選好という傾向は本調査では検証されなかった。また、調査では子供を北京まで連れてきた理由についても尋ねたが、表5－8はその結果である。この表から、北京の教育の質の高さよりは、親自らのそばにおけば教育しやすいや故郷における子供の世話人の欠如といったやむをえない事情によって、出稼ぎ労働者たちは子供を北京まで連れてくることにしたことが窺える。

表5－9は回答者の子女が調査時点で通っている学校の種類である。この表に示されるように、出稼ぎ労働者子弟の62.0%は、北京市の公立学校に入学でき、しかも北京市民子弟と同じクラスで勉強している。この結果から、北京市においても公立学校が従来の民工子弟学校に代わって、今日の出稼ぎ労働者子弟に教育を提供する主要な場所となっていることが窺える。また、第四章で取り上げた上海市の調査結果と比べ、北京市の公立学校は出稼ぎ労働者の子供を生徒として受け入れることがなお少し遅れている様子が明らかである。さらに、学校選別の具体的な基準についてみると、基準に47.1%は住まいの近くにある学校、30.6%は教育の質が高い学校をあげている。それに対し、学費によって選んだのは17.1%となった。こうした結果は、公立学校に入学するにあたって出稼ぎ労働者子弟が現地市民子弟より多額の学費を納めなければならないという、これまでの社会制度上の障害が北京市においてもなくなったことを意味する。しかし改善されたとはいえ、第4章で取り上げた上海市の調査結果と比較して、北京市における出稼ぎ労働者子弟教育

表5-9　回答者の子弟が通う学校の種類

	実数（人）	割合（％）
公立学校の異なるクラス	27	15.8
公立学校の同じクラス	106	62.0
民工子弟学校	31	18.1
私立学校	7	4.1
計	171	100.0

問題の解決はなお遅れており、その改善には一層の努力が必要となっている。

　制度上の改善に伴い、出稼ぎ労働者子弟に対する差別は減少したのか。本調査ではこの問題に答えるために関連する質問を用意した。調査結果から現地子弟からの差別をうけたことがないと答えたのは全回答者の73.7％を占めている。この結果から、多くの出稼ぎ者子弟と市民子弟とのつきあいが比較的にうまく進んでいるといえよう。表5-10は、異なる類型の学校における出稼ぎ労働者子弟への差別についてである。この表から異なる類型の学校において出稼ぎ労働者子弟への差別が大きく異なることが窺える。全般的にみれば、民工子弟学校より公立学校での差別はより多い。また、同じクラスより異なるグラスで勉強している場合には、出稼ぎ労働者子弟への差別がより多い。こうした結果から、公立学校で北京現地子弟と出稼ぎ労働者子弟を分けることはより多くの差別発生につながることを反映している。また第四章で取り上げた上海市の調査結果と比べ、上海より北京市に流入した出稼ぎ労働者子弟への差別の方がより多いことが明らかである。

　上記したように、出稼ぎ労働者子弟への差別は北京市のなかで依然としてよくみられているが、今日の出稼ぎ労働者子弟の教育状況は、戸籍制度の改革に伴い徐々に改善されつつある。しかし、制度上においてもう1つ大きな課題として残されているのは、出稼ぎ労働者子弟が北京市の公立高校に入学

表5-10　子供への差別について

（単位：％）

	ある	ない	知らない	計
公立学校で異なるクラス	18.5	70.4	11.1	100.0
公立学校で同じクラス	12.7	77.5	9.8	100.0
民工子弟学校	6.5	74.2	19.4	100.0

できないことである。そのため、出稼ぎ労働者子弟の多くは中学校卒にあたり、自分の故郷に帰るか、勉強をやめるかといった選択に迫られる。

本調査で、学校に通う出稼ぎ労働者子弟の内訳をみると、小学生が最も多く全体の73.9%を占め、続いて幼稚園に通う子供の数は全体の13.3%、中学校に通う出稼ぎ労働者子弟は全体の10.3%にとどまっている。そして高校に通うのはもっと少なく全体の2.4%に過ぎない。制度上において出稼ぎ労働者子弟の教育は依然として大きな課題を抱えていることが一目瞭然であろう。

5) 老親扶養

高度経済成長を20年以上経過している中国ではあるが、社会保障制度の整備においては大きく遅れている。農村地域における社会保障はほぼ空白な状況に置かれているままである。そのため、家族からの支援は人々の老後生活にとって不可欠な存在である。しかし、青壮年を中心とする大量の人口流出は、流出地及び留守家族（出稼ぎ労働者を有する家族）に大きな影響を及ぼしている。その内、老親扶養の問題は最も重要な課題の1つとして顕著になってきた。北京市に流入した出稼ぎ労働者達は一体、どのように老親扶養の役割を果たしているのか。以下、この問題をめぐって出稼ぎ労働者の意識と行動について分析したい。

(1) 老親扶養に対する意識

調査では、「親孝行は子女の責任である」という陳述に対して、あなたは同意するか否かについて聞いた結果、すべての回答者はそれに「非常に同意する」または「同意する」と答えた。こうした結果は中国の伝統的な儒教文化の影響の下に、子女が既に親孝行を行なうことを自分の責任と義務として受け入れ、人々の価値観の一部となっていることを反映している。また「老親扶養は親からの恩を返すことであるか」という質問に対し、95.7%が「非常に同意する」や「同意する」と答えた。出稼ぎ労働者にとって親孝行は単なる責任と義務ではなく、これまで自分を養育するため親の苦労に対する恩返しとして認識している。上記した結果から、北京市に流入した出稼ぎ労働

者たちは故郷から離れても依然として老親の扶養問題を強く課題視していることがわかる。

(2) 老親への経済扶養状況

調査から出稼ぎ労働者の多くは故郷に送金していることが確認された。具体的な数値をみると、送金しているのは回答者全体の71.0％を占め、それに対し送金していないのは全回答者の29.0にとどまっている。また送金の主要用途についてみると、77.7％は両親の生活費として使われていることが明らかである。こうした結果から、出稼ぎ労働者たちは故郷から離れても、経済的に老親の扶養をきちんと行なっていることがわかった。送金の方式は、送金者のうち43.3％が不定期的に郵送すると答え、続いて36.3％が春節あるいは他の祝日の時に持ち帰ると答えた。それに対し、定期的に郵送すると回答したのは送金者の11.6％に過ぎない。こうした現実から、出稼ぎ労働者の多くが従事する仕事は比較的不安定のため、安定した収入を常にもらえるとは限らない背景が窺える。

(3) 老親の介護と医療

家族員の流出は家族内における成員間の役割変化をもたらす。具体的には流出した家族員の従来の役割をいかに埋めるかは家族の正常な運営にとって不可欠である。その内、老親の介護問題は重要な課題の１つである。表５－11と表５－12は老親が病気になった時の主要介護者と医療費の主要支払い者が誰であるかを示す。この２つの表から以下の２点が読み取れよう。

その第１は、親の介護においても、医療費の負担においても、出稼ぎ労働者の老親が娘より息子に頼っている傾向が強いこと。表５－11で示されるように、親の介護にあたり、故郷に残した娘より流出した息子に頼っていることはその傾向を実に反映している。こうした結果は第四章で取り上げた上海市の調査結果と異なり、北京に流入した出稼ぎ労働者の多くが北京周辺、いわゆる中国北部の出身と、上海市に流入した出稼ぎ労働者の多くが南部の出身であることを考えると、こうした結果は中国の南部より北部における"養児防老"（老後生活のために息子を生育すること）の影響がより強いことを反映

表5－11　親が病気になった時の主な介護者

	実数（人）	割合（%）
いない	5	2.7
両親がお互いに世話をしあう	55	29.6
故郷に残した息子	51	27.4
故郷に残した娘	23	12.4
流出した息子	25	13.4
流出した娘	6	3.2
故郷に残した嫁	7	3.8
流出した嫁	3	1.6
他の親戚	1	0.5
その他	10	5.4
計	186	100.0

表5－12　親の医療費用の主な負担者

	実数（人）	割合（%）
両親（父／母）自身	43	22.6
故郷に残した息子	4	2.1
故郷に残した娘	3	1.6
流出した息子	44	23.2
流出した娘	8	4.2
息子全員	29	15.3
娘全員	3	1.6
子女全員	52	27.4
その他	4	2.1
計	190	100.0

しているといえよう。

　第2は、親の介護において、流出した息子より故郷に残した息子の方がもっと頼りになり、親の医療費負担においては故郷に残した息子より流出した息子の方がより頼りになっていること。これは、親が病気になった際に、故郷に残した兄弟に実質的な介護を頼み、経済的に貢献することで埋め合わせるという出稼ぎ労働者の実態を反映している。これによって、老親扶養における息子達間のバランスが保たれているといえよう。

　老親扶養には単なる経済的支援や医療費用の負担だけといった物質的な支

持にとどまらず、老親にとっては精神的な介護も不可欠であろう。家族員の流出は老親に精神的な孤独感をもたらすことが予測される。本調査では、流出した後の出稼ぎ労働者が親との連絡についても尋ねた。その結果、回答者の88.4％は故郷に残した老親と常に連絡をとっている。そしてその連絡方法については、98.2％は電話で連絡していると答えた。ただ、希望としては、回答者の25.6％は故郷に帰って親と直接に会いたいと望んでいる。こうした理想と現実の差は、出稼ぎ活動によって生じた孤独が故郷に残した親の心中だけではなく、出稼ぎ労働者の心中でも存在することを示している。それと関連して、「もし北京に定住することが可能なら、あなたは親を北京までよんできたいか」と聞いた結果、80.9％はよびたいと答えた。こうした結果は出稼ぎ労働者たちが親に対する親しみと個人が抱えている孤独感の両方を反映しているといえよう。

4．結　論

　本調査結果を踏まえて本研究では以下の結論を導いた。

　第1は、北京市に流入した出稼ぎ労働者は全国から集まっているが、その多くは近隣地域の農村地域からの農村労働者であること。彼らの移動行為には、流出地と流入先の収入格差、社会的ネットワークの有無、及び故郷との距離といった要因が影響を及ぼしている。また、上海市と比べ、子供の教育を目指して北京市に流入した出稼ぎ労働者の比率がより多い。

　第2は、北京市に流入した出稼ぎ労働者の職業構造は商業とサービス業を中心としており、北京市での滞在期間の長期化につれ、自ら自営業（個体）を始めるのが多く、そのために、職業構造における商業への集中化が顕著となってきたこと。

　第3は、戸籍制度改革にともなう子弟教育の改善。従来存在した制度上の障害が徐々に減り、出稼ぎ労働者子弟の一部が流入先地に平等に入学できるようになった。しかし、上海市より北京市における出稼ぎ子弟の教育改善はより遅れており、出稼ぎ子弟への差別もより広く存在している。また、現地高校への進学ができないことは、出稼ぎ労働者の子弟教育の今後の改善に

とって大きな課題目標となっている。

　第4は、現地社会への適応・融和は楽観視できない状況に置かれている。出稼ぎ労働者の多くは北京市民との交流を行なっているものの、心理的に北京市民との距離感はまだ残存しており、現地市民からの差別も広く見られている。

　第5は、親孝行に関する強い意識は出稼ぎ労働者の老親扶養行為に強く影響している。出稼ぎ労働者は送金を通じて経済的には親の扶養を行ないながら、できる限り親との頻繁な連絡を通じて精神的にも老親を支えている。また、北京市と上海市の調査の比較から、老親扶養をめぐる男女間役割において地域間の差が検証された。

第6章 流入先地における出稼ぎ労働者の生活実態
―広東省 2005 年調査―

1. 研究の背景と目的

　中国における大規模な国内人口移動が 20 世紀の 80 年代からスタートしたことは、周知の通りである。その後、移動人口の数は年々増えつつあり、2005 年 11 月 1 日に実施した 1 ％人口サンプリング調査では、その数は 1 億 4735 万人に達し、総人口の 10.7 ％を占めるようになった。こうした大量人口の農村都市間の移動は、従来の都市農村といった二元的社会構造に大きな影響を与えており、今日中国の都市社会及び農村社会にそれぞれ多大な変貌をもたらしてきた。

　1980 年代から 90 年代前半にかけては、労働者の出稼ぎ先は主に中小都市に限定されて、郷鎮企業が就業先を提供していた。当時は小城鎮（small town）が中国の経済発展に大きな役割をはたしていたので、中国全土の都市化に向かって、小城鎮の果たす役割が期待されていた（費, 1986, 93）。しかし、経済発展モデルの変化及びグローバル化の影響によって、郷鎮企業の労働力吸収能力が低下し、それに代わって、1990 年代後半からは大都市こそが出稼ぎ労働者に主要な就職先を提供するように変化してきた（白・何, 2003, 4-30）。流入先の変化に加え、移動の家族形態も単身から家族連れへと変わってきた。そして従来の戸籍制度の改革に伴い、出稼ぎ労働者の流入先での定住意識も高まりつつある（李路路, 2005, 129-154；馮, 2006, 169）。

　こうした移動人口規模の増大や移動形態・意識の変化に伴い、中国政府の政策姿勢も大きな変化を見せてきた。出稼ぎ労働者の移動に対し、2003 年頃までは、政府は基本的にネガティブな態度、つまり、基本的にコントロー

ルする姿勢をとってきた。公表された多くの通達も如何に出稼ぎ労働者の移動を政府の管理の下に収めるかを目指したものであった。その後、政府はようやく出稼ぎ労働者を差別なく平等に扱うべきことに気がつき、彼らの就業、子女教育、権益保護に対する関心度の高まりを示してきており、具体的には新条例の策定と実態調査といった2つの措置をとってきた。この2003年頃から出稼ぎ労働者に関する通達が一気に増えてきて、2005年までのわずか3年間に、20以上の条例や通知が公表された。こうした傾向のピークとして現れたのは、2006年3月の「農民工問題の解決に関する若干の意見」の公表である。また、これらの条例の策定に加えて、国家統計局は全国範囲で実施した29,425人の実態調査に基づき、2006年10月に「城市農民工生活質量状況調査報告」（「都市部出稼ぎ労働者生活の質に関する調査報告」）を公表した。

　この調査結果から出稼ぎ労働者の生活全貌が窺えるが、そのほとんどは単一変数に対する叙述的な集計にとどまり、出稼ぎ労働者の生活実態に関する深層解析は十分とはいえない。また、これまで出稼ぎ労働者を対象にしたアンケート調査の結果を用いての異なる変数間の関係についての検討は多くなされてきたが、その調査時点はほとんど2003年以前のものであり、最新のアンケート調査に基づいた解析を行うのはなお不十分である。以上の2点から、2003年以後に実施されたアンケート調査その結果に関するより深い解析が期待される。

　これまでの人口センサスの結果をみると、広東省に移入した出稼ぎ労働者数は全国で最も多い。2000年第5回人口センサスの時点において広東省への流入人口数は1,506万人で、全国省間移動人口の35.5％を占めていた。そして、2005年1％サンプリング調査では省外からの半年以上の居住者数は1,670万人に達した。こうした数値からみても、広東省が人口移動の最も活発な地域であることが明らかである。そのため、2003年以後の広東省で実施されたアンケート調査に対するより深い解析は、出稼ぎ労働者の今現在の生活実態についての解明と今後の研究課題にとって意義があろう。

　上述した背景から、本章は2005年7月に広東省恵州市で実施したアンケート調査を用いて、以下の2点を目指して解析を行うものとする。その第1は、

広東省で実施したアンケート調査について異なる変数間の関係検証を行い、人口社会学の視点から、そこに流入した出稼ぎ労働者の生活実態をより深く解明すること。第2は変数間の関係検証及び調査結果の解析を通じて、今後の研究課題と方向性を提示することである。

2．先行研究、研究仮説、研究方法と使用データ

1) 先行研究

　第2章で紹介したように、人口移動に関する研究は、1885年イギリスのラベンスタイン（Ravenstein, E.G.）の古典的研究以来、多くの業績が発表されている。人口移動現象の共通性、そして影響の重大性から、人口学、社会学、経済学、そして地理学などの分野から様々な理論解釈や研究方法の応用が行われてきたが、本章は人口社会学の視点から今日出稼ぎ労働者の実態解明を目指すため、これまでの主な先行研究について3つの側面に分けて紹介したい。つまり、理論、方法論及び社会的現実の3つである。

(1) 先行理論

　中国の国内人口移動については多くの研究者が様々な理論視角からの分析をこれまで行ってきたが、その内最も評価されるのは、"プッシュとプル（push-pull）理論"である（李強, 2003, 125）。この理論を除いて中国の国内人口移動や流動人口に対して、同程度の解釈力をもつ理論は残念ながらまだ存在していない（李路路, 2003）。こうした事実から、本章では先行理論の紹介についてはプッシュとプル理論だけに絞ることとする。

　プッシュとプルの理論について系統的な論述は1950年代のボーグ（Bogue D.J.）によるものである（Bogue, 1969, 753-754）。この理論は人口移動の分析に際して人口送り出し地域で働く人口の定着阻害要因をプッシュ要因、受け入れ側に存在する人口の流入促進要因をプル要因とし、それぞれの要因の内容、強度を分析する方法であった。

　この理論によると、流出地における自然資源の減少、農業生産コストの高騰、余剰労働力の発生、比較的低い経済収入などは人口移動のプッシュの要

因となり、それに加えて、流入地の比較的多くの就業機会、より高い収入、良好な生活レベル、教育機会、文化施設などは移動のプル要因となってきた。これまで中国国内人口移動に関する実証調査の中で確認されたのは主に以下の5つの要因であった。それは農村における収入の低さ、発展機会の欠如及び地域全体の貧困といった3つのプッシュ要因と、都市部における収入の高さ及び情報の豊富さといった2つのプル要因であった（周，2004, 55）。

プルとプッシュ理論には市場化及び労働力の自由移動がその重要な前提となった。しかし、中国ではこの2つの条件は現実的なこととはならなかった。周知の通り、市場システムの導入から今日まで中国は著しい経済発展を遂げたが、法律の未整備部分がなお多く存在しており、完全な市場化の実現までには至っていない。それに加えて、1950年代から実施された独自の戸籍制度が存在するため、多くの出稼ぎ労働者は一時的に流入先の都市部に滞在した後、故郷に戻ることを余儀なくされてきた（李強，2003, 132）。また、戸籍のある一般市民からの差別や都市部社会保障制度からの排除などによって、出稼ぎ労働者はあくまでも市民とは異なる都市空間に生きている。こうした"二元的社会"の存在が出稼ぎ労働者の流入先である都市部での定住を防げ、都市部と故郷との間を振り子のように往復させる大きな要因となっている（周，2001, 310）。こういった現象は中国ならではの特有の社会現象にほかならなかった。そのため、中国国内の人口移動を解釈する際には、戸籍制度の影響によってプルとプッシュ理論をそのまま適用できなかったことがこれまでの実態研究を通じて検証された。

(2) 先行の方法論

人類学を源に発した参与観察（participant observation）方法及び社会学から発展したアンケート調査（questionnaire survey）方法は、既に社会科学分野の共通のポピュラーな研究方法となっている（Bernard, 2000, 6）。この2つの方法を踏まえ、操作上において人々の行為分析そして今日中国の人口移動の解釈に大きく貢献してきたのは、社会的ネットワーク（social network）の分析手法である。この方法は、1970年代市場経済における職業獲得過程に関する研究の中でゴラノヴェター（Granovetter M.）によって提起された。ゴラノヴェ

ターは付き合いの時間総量、感情の強さ、密接程度及び相互の助け合い程度といった指標から関係強度を定義した（Granovetter, 1973, 1361）。

さらにボストン郊外の実証研究を通じて彼は「市場経済が発達した欧米社会において求職者にとって弱い関係（weak tie）者からの情報がより重要な役割を果たしている」といった結論を導いた（Granovetter, 1974）。しかし、この方法を利用して中国を対象とした実態研究を行った際に、同様の結論は検証されなかった。辺燕傑は1988年天津市の調査結果から、「中国では強い絆をもつ関係（strong tie）が就職者にとってより重要な役割を果たすことが期待されている」と結論した（Bian, 1997, 266-285）。

出稼ぎ労働者にとって最も重要なことは条件のよりよい新たな就業場所を探すことであるから、中国の研究者たちは社会的ネットワークを用いて出稼ぎ労働者を対象にアンケート及び事例調査を行い、定量的及び定性的な2つの側面から研究を試みてきた。

これまでの研究を通じて、出稼ぎ労働者にとって親戚、友達などの強い絆をもつ関係者からの支援が、彼らの就職により重要な役割を果たしていることが明らかになった（李・張・趙, 2000, 195；蔡・費, 2001, 21；曹, 2001, 82；李強, 2002, 133）。

また翟学偉は中国文化の視角からの分析を試み、2000年の聞き取り調査から、「現実的に出稼ぎ労働者が移入先で弱いながらもネットワークを作り出すことが難しいため、就職において従来の強い関係への依頼を余儀なくされた」と結論づけた（翟, 2003, 11）。

(3) 社会的現実の解析

移動の要因・規模を究明することを中心においた経済学の研究に対して、人口社会学は出稼ぎ労働者の人口学的特徴及び彼らの生活実態を解明することを研究課題の中心にしてきた（周, 2007, 6）。これまで中国国内人口社会学者は前述した理論面及び方法論面の中で触れた研究に加えて主に以下の2つの側面について研究を行ってきた[1]。

その第1は、出稼ぎ労働者を1つの社会集団として彼らの生活、仕事及び就業などについての研究である。この内、ジェンダー論の視点からこの集団

内部の下位集団としての女性出稼ぎ労働者に中心をおき、こうした下位集団の発生、発展、就業及び生活などの状況を分析した上で、女性出稼ぎ労働者たちが二重の弱い立場に置かれていることが明らかになった（譚，1998，117-132）。

　第2は出稼ぎ労働者の同郷人らによる居住地を中心にしたコミュニティについての研究である。その内、北京の"新疆村"、"浙江村"及び広州市及び深圳市の"城中村"（都市中の村）についての研究はそれら研究の代表である（謝，2005, 30-70）。

　日本で中国国内の人口移動に関してこれまで多くの農業経済学分野の研究者は様々な成果を公表してきた[2]が、人口社会学分野から中国の国内人口流動を分析してきたのは比較的少ない。その内、熊谷苑子グループは江蘇省などの地域での実証調査結果に基づき、流動プロセス、生活世界及び意識などから女性出稼ぎ労働者たちが抱えている課題を明らかにした（熊谷ら，2001，1-296）。また、若林敬子は人口センサス及び現地のインタビュー調査の結果を用いて、戸籍制度改革を中心とした制度上の改革と移動人口の変化についての分析を行ってきた（若林，2005, 237-322）。

2）研究仮説

　これまでの研究をふまえ、最近の政策の動向と合わせて、本研究は以下のような仮説をたて、このアンケート調査の結果を通じて検証していきたい。

　第1は、出稼ぎ労働者の移動理由は多様化しており、農村収入の低さといった経済要因に加えて、今日の出稼ぎ労働者の多くは生活の質及び移動者個人の将来発展性を考慮して移動行為を行うようになっている。

　第2は、雇用企業と正式に契約を結んでも、労働力市場の中でなお弱い立場に置かれているために、出稼ぎ労働者の合法的な利益は実質的に保障されていない。

　第3は、入社研修が多くの企業で行われ、かつこうした研修は出稼ぎ労働者に専門的な技術を身に付けさせた上に、彼らの総合的な素質を高める役割をも果たしている。そのため、研修は出稼ぎ労働者の就業及び企業の発展にとってより重要な課題となっている。

第4は、出稼ぎ労働者たちは個人権益保護に関する認識をなお十分にもっていない。加えて、彼らの社会保障の享有率は非常に低い水準にとどまっている。

　第5は、出稼ぎ労働者は流入地で居住の社区[3]に高い融和度合いを示したが、流入地の市民との人的交流を十分に行っていないため、流入地社会へのコミュニティ的融和はなお進んでいない。

3) 研究方法と使用データ

　本研究は、2005年度日本文部科学省科学研究費助成金基盤研究（B）（1）（課題番号16402025）、並びに中国人民大学"211"工程社会学項目基金の助成を得て、2005年7月に広東省の恵州市で実施したアンケート調査に基づく。

　調査は中国人民大学人口研究所と中山大学人口研究所の協力を得て実施した。調査対象者は、以下の2つの条件を満たすものとする。その第1は、本人の戸籍が農業戸籍であり、恵州市にないこと。第2は、恵州市での居住期間が3ヶ月以上であること。調査時間は2005年7月4日から7月11日までの8日間である。

　調査対象者のサンプリング選定は以下のいくつかの段階を経て行った。まずは現地政府の協力により出稼ぎ労働者の分布状況を把握した上で、彼らの集中する「高新技術開発区」の全ての企業を調査の抽出枠とした。そして企業の性格に基づくこれらの企業を電子、制靴、制服、日用品生産といった4つのグループに分け、各グループの中からその集団を代表できる企業を1つづつ選出した。選出された4つの企業のいずれもが200～300人の労働者を雇用している。そしてこの4企業に入り、調査時点でそこで働いていた出稼ぎ労働者全員を対象にアンケート方式による調査を行った。

3．調査の結果

　今回実施した358票のうち、有効調査票は355票であった。本章では調査結果の中から出稼ぎ労働者本人の基本状況、仕事状況、権益保護、住宅事情、社区及び現地社会への融和についての項目を取り上げて彼らの生活実態につ

いて解析する。

1）回答者の人口学的な特徴

表6－1は性別にみた教育程度を示したものである。この表から2つのことが窺える。その1つは中学校卒の回答者が圧倒的に多く、全体の70.1％を占めていること。もう1つは、教育程度において女子は男子より低いこと。具体的な割合をみると、男子は小学校卒8.8％、中学校卒68.6％、女子の各々は21.7％と71.0％となっている。それに対し、高校以上の場合には、男子は22.6％で、女子の7.4％をはるかに上回っている。こうした相関関係は偶然ではなく統計的に有意義であることも検証された（$\chi 2 = 23.170$；Sig.=.000）。以上の結果は出稼ぎ労働者は全体的に教育程度が低く、男女間に格差があることを反映している。また、年齢構造をみると、最も若い対象者は17歳、最高は48歳、平均年齢は29.3歳であり、全回答者の70.1％は21歳～35歳の若者に集中している。婚姻状況については、未婚者が33.2％、有配偶者が65.6％、離別者と死別者がそれぞれ0.6％で、有配偶者が圧倒的に多いこともわかった。

回答者の流出先構造をみると、全体の89.1％が広東省以外から恵州市に流入したことが明らかである。そして具体的な出身地・流出先は、1つの省に集中している傾向はみられず、14の省に広がっている。その上位5省は重慶20.6％、四川14.9％、湖南14.4％、広西8.7％、湖北7.6％である。

2）移動理由及び仕事状況

(1) 移動理由についての解析

本章で対象者の回答に基づき、移動理由を4つのグループに分けることに

表6－1　性別にみた教育程度

（単位：人、％）

	教育程度 小学校卒以下	教育程度 中学校卒	教育程度 高校卒以上	計
男	12　(8.8)	94　(68.6)	31　(22.6)	137　(100.0)
女	47　(21.7)	154　(71.0)	16　(7.4)	217　(100.0)
計	59　(16.7)	248　(70.1)	47　(13.3)	354　(100.0)

した。それらはⅠ経済的要因、Ⅱ社会的要因、Ⅲ子供の教育のため、Ⅳその他のそれぞれである。具体的に、グループⅠには、「故郷が貧しく収入を得るため」と「故郷で耕地が少なく、やることがないため」、グループⅡには「外の世界を知りたいため」と「自分にふさわしい職業と更なる発展を探すため」、グループⅢには「子供の教育のため」、そしてグループⅣには「単に他人の移動行為に従いついてきたため」と「その他」[4]がそれぞれ含まれている。表6－2は、性別にみた移動理由の分析結果である。この表から以下の2点が読み取れる。その第1は経済的要因によって移動する出稼ぎ労働者は依然として多いが、その移動理由は多様化していること。具体的な数値をみると、回答者の66.8%は、グループⅠの理由、つまり、経済的な要因を個人的移動の第1にあげた。それに加えてグループⅡは18.0%、グループⅢは4.5%、グループⅣは10.7%となっている。第2は、移動理由における男女間の相違が存在していること。具体的には、移動理由のグループⅠとⅡにおいては、女子より男子の方が多いが、グループⅢとしての「子供の教育のため」を移動理由としてあげたのは、男子より女子の方がかなり高いことが窺える。さらに、こうした性別と移動理由との間には統計的に相関関係があることが、データの分析により検証された（χ^2=8.936; Sig.=.030）。

表6－3は教育程度別にみた移動理由についての分析結果である。この表から、異なる教育程度をもつ出稼ぎ労働者の移動理由が異なっていることが窺える。具体的に言えば、学歴が高ければ高いほど、経済的要因の割合は低下して、個人のさらなるチャレンジ的将来発展やその他の移動要因の割合が高くなっている。これはより高い教育程度をもつ出稼ぎ労働者は金銭的な目的からのみを脱出し、より多様な目的で移動することを示している。「子供

表6－2 性別にみた移動理由

(単位：人、%)

	移動理由					計
	Ⅰ 経済的要因	Ⅱ 社会的要因	Ⅲ 子供の教育のため	Ⅳ その他	
男	96 (70.1)	28 (20.4)	1 (0.7)	12 (8.8)	137 (100.0)
女	141 (64.7)	36 (16.5)	15 (6.9)	26 (11.9)	218 (100.0)
計	237 (66.8)	64 (18.0)	16 (4.5)	38 (10.7)	355 (100.0)

表6－3　教育程度別にみた移動理由

(単位：人、％)

	移動理由									計
	I	経済的要因	II	社会的要因	III	子供の教育のため	IV	その他		
小学校卒	46	(78.0)	3	(5.1)	6	(10.2)	4	(6.8)	59	(100.0)
中学校卒	169	(68.1)	43	(17.3)	10	(4.0)	26	(10.5)	248	(100.0)
高校卒以上	21	(44.7)	18	(38.3)	0	(0.0)	8	(17.0)	47	(100.0)
計	236	(66.7)	64	(18.1)	16	(4.5)	38	(10.7)	354	(100.0)

の教育のために」を選択した対象者の数が少ないため、教育程度と移動理由との関係検証はできなかったが、子供の教育といった要因を除いてデータ分析した場合は、学歴と移動理由との間には、統計的に相関関係があることが検証された（χ^2=22.883; Sig.=.000）

(2) 職種と就業ルート

今回の調査は生産企業の中で実施されたため、企業で肉体労働者として働く人々が回答者のほとんどを占めている。本章では職業構造については出稼ぎ労働者の職種[5]の分布、そしてこの分布と他の変数との関係について考察する。

調査の結果では、回答者の93.2％が肉体労働者として働いていることが示された。性別にみる職種分布についての分析結果は**表6－4**となるが、これから女子出稼ぎ労働者の中で肉体労働者の割合は男子より高いことが窺える。さらに性別と職種との間の相関関係の統計的な有意性が、データの分析を通じて検証された（χ^2=7.773; Sig.=.005）。

また、職種と教育程度の関係について分析した結果は、高校卒以上の回答

表6－4　性別にみた職種の分布

(単位：人、％)

	職種				計	
	頭脳労働者		肉体労働者			
男	15	(11.7)	113	(88.3)	128	(100.0)
女	8	(3.8)	201	(96.2)	209	(100.0)
計	23	(6.8)	314	(93.2)	337	(100.0)

者は頭脳労働者として働く割合はかなり高く全体の24.3%を占めているが、小学校卒と中学校卒の間に明確な格差が見られなかった。また恵州市での滞在期間が長ければ長いほど、頭脳労働者として働く割合は高くなる結果も示された。しかし、上述した2つの要因の影響はどちらもクロス集計分析の中で統計的に有意であることが検証されていない。変数の性格からこの2つの要因を名義変数ではなく順序変数ないし区間変数として扱うことがよりふさわしいと判断できる。そのため、この2つの変数と職種との関係については、ロジスティック回帰を用いて分析することが望まれるが、今後の課題の1つとしたい。

就職ルートにおいては、回答者の66.9%は親戚や友達の紹介、いわゆる「強い社会的ネットワーク」に頼っていたことがデータの分析で明らかになった。就職には強いネットワークを使うか否かといった変数に対し、ここでは流入先選択の理由、教育程度、性別といった3つの変数との関係についてそれぞれ検討した。

本章では恵州市への移入理由といった変数値を2つのタイプに分けることにした。その内、親戚や友達の存在を要因にして流入したのは、タイプⅠとし、その他の原因で流入したのはタイプⅡとした。そして就職に強い社会的ネットワークを使ったか否かといった変数に対する答えをも2つのタイプに分けた。タイプⅠは強い社会的ネットワークを使ったグループで、タイプⅡはそのネットワークを使っていないグループとした。**表6－5**はこの2つの変数の関係について分析したものである。この表から、強い社会的ネットワークの支持によって恵州市に流入した出稼ぎ労働者は、就職する時にも強い社会的ネットワークへの依頼がより高くなっていることが窺える。そして、こ

表6－5 流入先選択と就職ルート選択

(単位：人、%)

流入先選択	Ⅰ 強い社会的ネットワークを使って	Ⅱ 強い社会的ネットワークを使っていない	計
Ⅰ 親戚や友達の存在	147 (73.9)	52 (26.1)	199 (100.0)
Ⅱ その他	90 (58.1)	65 (41.9)	155 (100.0)
計	237 (66.9)	117 (33.1)	354 (100.0)

うした相関関係の有意性が統計的に検証された（χ^2=9.836; Sig.=.002）。

上述した結果に対して、教育程度と性別の就職ルートとの関係について検証した結果、いずれも統計的な有意性が見られなかった。これは、教育程度及び性別が就職時の強い社会的ネットワークへの依頼度に影響していないことを示した。

(3) 労働契約、研修と労働条件

故郷を離れた出稼ぎ労働者にとって労働契約は、彼らの権益保護及び就業活動の基本である。また労働の細分化に伴い、研修を通じて関係した技術力を身につけることは出稼ぎ労働者や企業にとって重要な課題である。

調査の結果では、回答者の81.6％が雇用機関と契約を結んでいた。その内、正式の契約を結んでいたのは79.9％である。さらに契約の内容についてよく分かっているか否かについて尋ねた結果、回答者の73.5％を占める211人は、「よく分かっている」と回答した。こうした結果は、出稼ぎ労働者の多くが労働契約の意義と個人の権利及び義務についてはっきりとした知識をもっていることを示している。

労働契約の実行状況に対する対象者の満足度についてみると、全体の87.1％を占める248人は、契約の実行状況に満足していると回答した。ここで興味深いのは、契約に満足している回答者の数は合わせて248人となり、それは「契約内容をよくわかっている」と回答した211人を上回っている。こうした矛盾した結果は、出稼ぎ労働者の一部が労働契約の内容を理解していないまま、契約の実行状況に対して判断を行った現状を反映していよう。さらに満足度と性別、教育及び職種との関係を検証した結果、いずれも統計的な有意性が示されなかった。これは出稼ぎ労働者が契約の実行状況に対する高い満足度を示したと同時に、男女間、職種間、そして異なる教育程度間の相違がないことを反映している。

出稼ぎ労働者の仕事研修[6]について聞いた結果、全体の64.4％を占める228人は「研修を受けた」と回答した。研修時間についてみると、最短は1日、最長は180日間、平均時間は22.3日間であった。また標準偏差は29.5日間となり、研修時間がかなり分散している特性を示した。研修期間の長さは、

職業及び雇用機関の経営方針に緊密に関わっていると考えられるが、One-way ANOVA で分析した結果、肉体労働者と非肉体労働者の間に、研修時間平均値の差が統計的に有意義であることは検証されなかった（F = .266; Sig. = .606）。これは、研修期間の長さが職種と関係していないことを示している。

労働条件をめぐって、本研究では労働時間と収入という２つの側面から考察した。労働時間についてみると、１ヶ月に 23 日間を超えて働いた労働者は全回答者の 84.5％、また１日の勤務時間が８時間を超えた労働者は全体の 40.6％を占めている。月あたりの収入をみると、最低は 100 元、最高は 3,800 元、平均値は 1,048 元である。2006 年版の『中国統計年鑑』によると、2005 年広東省市民の平均月収は 1,997 元であったため、出稼ぎ労働者の収入は広東省市民の収入をはるかに下回っていることが明らかになった。また One-Sample T-Test の分析の中でも出稼ぎ労働者と広東省現地市民との収入格差は統計的に有意義であることが明らかになった（t=-49.087; Sig.=.000）。さらに調査結果を分析すると、平均月収において出稼ぎ労働者の 97.7％もが広東省現地市民の水準に達していないことが明らかになった。

調査では低給料に加えて、出稼ぎ労働者は厳しい労働内容、長労働時間、同僚との交流不能などの課題にも直面していることが明らかになった。これらの問題に対する対応の仕方については、本稿は「雇用機関との交渉を行う；法律や政府機関によって解決する」といったフォーマルな方法と、「何もしないでそのまま受け入れる；仕事を変えるなど」といったインフォーマルな方法との二種類に分けることにした。調査の結果では、フォーマルな方法に頼っていた出稼ぎ労働者は 35.7％、全体の三分の一にとどまっていることが明らかになった。さらに、こうしたフォーマルやインフォーマルな対応仕方の選択は、性別、教育程度、職種や恵州市での滞在期間との相関関係は統計的に検証されなかった。

上述した結果に加えて、この調査では仕事に対する満足度が全体の 71.5％を占めていることが確認された。仕事に対する満足度については、本章では性別、教育程度、職種、労働契約の実行状況に対する満足度といった４つの変数から仕事に対する満足度との関係について検討した。**表６−６**は性別にみた仕事に対する満足度を示したものである。この表から仕事に対する満足

表6-6 性別にみた仕事に対する満足

(単位:人、%)

	満足	不満	計
男	88 (64.2)	49 (35.8)	137 (100.0)
女	166 (76.1)	52 (23.9)	218 (100.0)
計	254 (71.5)	101 (28.5)	355 (100.0)

表6-7 教育程度別にみた仕事に対する満足

(単位:人、%)

	満足	不満	計
小学校卒	49 (83.1)	10 (16.9)	59 (100.0)
中学校卒	180 (72.6)	68 (27.4)	248 (100.0)
高校卒以上	24 (51.1)	23 (48.9)	47 (100.0)
計	253 (71.5)	101 (28.5)	354 (100.0)

している女子出稼ぎ労働者の割合は男子より高いことが窺える。またこうした性別と仕事に対する態度との相関関係の有意性が、統計的に検証された(χ^2=5.866; Sig.=.015)。

表6-7は教育程度別にみた仕事に対する満足度を示したものである。この表から、異なる教育程度をもつ出稼ぎ労働者の間に仕事に対する満足度が異なっていることを表している。言い換えれば、教育程度が高ければ高いほど、仕事に対する満足度が低下していく。こうした相関関係の有意性が統計的に検証された(χ^2=13.629; Sig.=.001)。

上述した性別及び教育レベルと仕事に対する満足度との間に相関関係が存在することに対し、職種と仕事に対する満足との間に相関関係がないことがデータのクロス集計分析によって判明した。労働契約の実行に対する満足度と仕事に対する満足度との関係については本章ではこの2つの変数を順序変数とし、それらの測度を「非常に満足、満足、普通、不満、非常に不満」といった5つの段階に分けてそれらの関係を検討することにした。分析結果は、この2つの変数の間に正の相関関係が存在していることが判明した(Spearman's rho =0.278; Sig.=.000)。つまり、労働契約の実行に対する満足度が高ければ高いほど、仕事に対する満足度も高くなってくることがデータの分析で確認された。

3）保険と社会権益

周知の通り、戸籍制度の実施に伴い、中国の社会保障の原則は、都市戸籍をもつ人々だけを対象として実施されてきた。医療、年金、教育などのあらゆる生活面への支援には、戸籍の性格がその判断基準となったため、農業戸籍をもつ人々はこれらの制度への加入権が排除された。そのため、戸籍は単に個人の住む場所を表示したものから、社会資源配分の基礎となり、さらに人々の社会的身分を表す象徴となってきた。出稼ぎ労働者が流入先の戸籍を獲得するための努力は、都市市民と同じように社会資源の配分を受けたいからである。近年になり、全社会的、とりわけ学者たちの間から戸籍制度への批判が高まり、政府は戸籍制度を改革し、出稼ぎ労働者に社会保障の加入権を与える動きが著しく進んできた。本章では出稼ぎ労働者の保険を中心とした権益保護の実態解明について以下の4つの面から解析する。

（1）保険享有状況

調査では回答者の81.4％は保険に加入していると回答した。その内、80.8％は政府が規定した社会保険に加入したことも確認された。こういった数値は、制度上において出稼ぎ労働者の保険状況が大きく改善されてきたことを示した。他方、商業保険に加入した回答者が全体の0.6％に過ぎなかった現状は、商業保険の未発達と出稼ぎ労働者収入の低さを反映している。そして対象者の回答を二分変数として「加入している」と「加入していない」との二種類に分けて性別、教育、職種そして恵州市での滞在時間との間の相関関係を検証した結果、この4つの変数のいずれも保険の加入状況との間に相関関係が統計的に確認されなかった。

（2）失業保険

出稼ぎ労働者の失業について尋ねた結果、354人の回答者のうち失業を経験した回答者はわずか15人で、全体の4.2％しか占めていない。その経験者の73.3％が失業してから新たな仕事を見つけるまでの期間は、1ヶ月以内だったことが明らかになった。こうした楽観的な現状には、以下の3つのことが貢献していると判明されよう。

その第1は、現地において多くの活力をもつ企業が流入した出稼ぎ労働者に豊富な就職先を提供していること。

第2は、流入者のほとんどが現地で地縁や血縁をもつ友達や親戚をもっており、こうした強い社会的ネットワークの存在が彼らの失業リスクを分散・減少させていること。

第3は、長期間にわたって社会的に差別された環境から脱出した出稼ぎ労働者たちが都市市民以上の忍耐力をもち、きつい仕事にも従事し続けられること。

しかし、失業期間において受けた保険金の状況については、楽観視できない現状を示した。8割以上の回答者が失業保険金や失業補助を受けられず、個人の貯金や親戚・友達の支援によって生活をしてきた。この結果、失業保険への加入権を依然として出稼ぎ労働者の多くに与えていなかった現実を反映した上に、出稼ぎ労働者の強い社会的ネットワークが彼らの流入先都市での生活においても重要な役割を果たしていることを改めて再検証された。

(3) 医療保険と公傷

調査回答者の中で、公傷を負ったことがあるのは20人で、全体の5.6％を占める。公傷した後の待遇については、その20人の内、医療保険金を受けたのは7人、雇用機関から医療費を受給したのは11人、雇用機関からの見舞いを受けたのは7人、雇用機関からの介護を受けたのは3人であった。こうした現状から出稼ぎ労働者の状況は以前よりも若干改善されてきている。

しかし、大きな病気にかかった時には、上述した状況とは異なった現実を示した。今回の調査で流入地で大病を抱えたことがある出稼ぎ労働者は8人で、その内の7名は病気の期間内に何の援助も受けられなかった。

上記した2つの場合に、出稼ぎ労働者に全く異なった待遇が与えられたのは制度上の設置による結果にほかならない。職場で公傷を負った場合、雇用機関に責任があるために負傷者にきちんとした対応をしたわけである。しかし、個人的に病気になった場合には、直接の責任者が本人以外存在していないとされ、全ての費用は出稼ぎ労働者自らが出さなければならないのが現実である。

(4) 最低生活水準補助

調査地の最低生活水準は月あたり250元である。調査の中で月収が250元を下回ったことがあるのは11人存在した。その時期において最低生活補助金や雇用機関からの援助を受けたか否かについて尋ねた結果は、「受けたことがある」と回答したのはわずか1人で、残りの10人は何も受けていなかった。

以上、4つの面から出稼ぎ労働者の保険と権益保護についてアンケート調査結果の解析を試みたが、経験者の少なさとこれらの問題の性格からみれば、現状の究明と問題の解決にはアンケートに基づいた定量的な分析方法だけに頼ることは、不十分である。データの制限により本章ではこの課題に関するより深い検討ができなくて残念である。アンケート調査結果と合わせて、関係部門のインタビュー調査と出稼ぎ労働者を対象にした詳細な事例研究を通じて、これらの問題の解析が望まれるが、今後の課題の1つとしたい。

4) 住宅事情

住宅事情については、本章では客観的な状況及び主観的な評価という2つの面から解析する。

(1) 客観的な状況

広東省では出稼ぎ労働者の居住は、主に企業が用意した宿舎と現地の農民が建てたマンションからなっている。今回の調査では企業が用意した宿舎に住んでいる出稼ぎ労働者は最も多くて全回答者の57.7％を占めた。借りた部屋に住んでいる出稼ぎ労働者は、全回答者の40.8％を占めており、その内、個人や家族で部屋を借りている割合は全回答者の36.6％に達した。1人あたりの平均面積をみると、宿舎に住む場合の5.2 m^2 に対し、個人や家族で部屋を借りた場合は10.9 m^2、他人と一緒に借りた部屋の場合は10.1 m^2 と、それぞれ宿舎の個人面積の2倍程となっている。

また、家賃についてみると、個人や家族で部屋を借りた場合は79.7元、他人と一緒に部屋を借りた場合は89.3元、そして宿舎の場合は無料である。

表6-8 住宅種類別にみた収入

(単位：元)

住宅類型	平均値（Mean）	最頻値（Mode）	標準偏差（S.D.）
借りた部屋	1111.7	1100	365.70
宿舎	991.3	800	337.96

こうした家賃の格差から、宿舎に住む出稼ぎ労働者は経済的に恵まれているといえるだろうか？　この問題を解析するために、本稿では住宅類型を「借りた部屋」と「宿舎」との2種類に分けて、回答者の収入について分析した。**表6-8**はその結果であるが、部屋を借りて住む回答者の収入分布は宿舎に住む回答者より分散していることが窺える。と同時に、前者の収入は後者より高いことも明らかになった。One-way ANOVAで分析した結果、この二者の間に、収入平均値の差が統計的に有意義であることが検証された（F＝10.069; Sig.＝.002）。つまり、こうした結果は宿舎に住んでいる出稼ぎ労働者は経済的に恵まれているとはいえないことが判明した。

さて、どのような要因が、出稼ぎ労働者の住宅選択と関係しているのか？
ここでは、婚姻状況と恵州市での滞在期間から住宅類型との関係について考察したい。**表6-9**は住宅類型における単身者と有配偶者のそれぞれの分布を示したものである。この表から有配偶者の間に部屋を借りて住んでいる割合は単身者よりかなり多いことが窺える。本調査で対象者の家族が対象者と一緒にいるか否かについて設問が設けられなかったため、家族が一緒に流動したか否かといった要因は、有配偶者の多くが借りた部屋を選択した理由となれるか否かについて検証できなかったが、出稼ぎ労働者の婚姻状況と住宅類型との間には相関関係が存在することが検証された（χ^2=61.053; Sig.=.000）。

表6-9 婚姻状況別にみた住宅類型

(単位：人、%)

	住宅類型		計
	借りた部屋	宿舎	
単身者	14（12.1）	102（87.9）	116（100.0）
有配偶者	127（55.9）	100（44.1）	227（100.0）
計	141（41.1）	202（58.9）	343（100.0）

表6－10　恵州市での滞在期間別にみた住宅類型　（単位：人、％）

滞在期間	住宅類型 借りた部屋	住宅類型 宿舎	計
4年未満	56 (31.1)	124 (68.9)	180 (100.0)
4－9年未満	50 (49.0)	52 (51.0)	102 (100.0)
9年以上	38 (59.4)	26 (40.6)	64 (100.0)
計	144 (41.6)	202 (58.4)	346 (100.0)

　また、恵州市での滞在期間と住宅類型との関係については、ここで滞在期間を3つのグループに分けて解析を行った。その結果は**表6－10**の通りである。この表から恵州市での滞在期間が長ければ長いほど、部屋を借りて住む人の割合は高くなっていることが窺える。こうした滞在期間の長さと住宅選択との間の相関関係も統計的に検証された（χ^2=18.783; Sig.=.000）。

(2) 主観的な評価

　住宅類型、面積、そしてその類型選択と収入、婚姻状況、恵州市での滞在期間との間の関係についての分析は、恵州市に流入した出稼ぎ労働者の客観的な住宅事情を明示した。入居した住宅に対する主観的な評価については、ここでは故郷の住宅事情を基準にし、彼らの心理的な反応を分析することとした。調査では「住宅事情が悪化した」と回答したのは全体の54.1％に達しており、「良くなった」と回答したのは全体の26.2を占め、残りの19.7％は「変化なし」を選択した。

　さらに回答者の意見を住宅類型別に分析すると、以下の**表6－11**のような結果が示された。この表から異なる類型の住宅に入居している回答者は住宅事情に対する主観的な感覚が異なっていることが窺える。具体的に言えば、部屋を借りて住む出稼ぎ労働者は住宅事情に対する評価がより悪くなっている。こうした住宅類型と評価との相関関係の統計的な有意性がデータの分析を通じて検証された（χ^2=27.092; Sig.=.000）。

5) 社区生活及び現地社会への融和

　(1) 社区生活

表6－11　住宅類型別にみた住宅事情に対する評価

(単位：人、％)

| 住宅類型 | 故郷の住宅を基準にみた現在の住宅事情に対する評価 ||| 計 |
	良くなった	同じ	悪くなった	
借りた部屋	23 (15.9)	19 (13.1)	103 (71.0)	145 (100.0)
宿舎	66 (32.2)	51 (24.9)	88 (42.9)	205 (100.0)
計	89 (25.4)	70 (20.0)	191 (54.6)	350 (100.0)

表6－12　住宅類型別にみた近隣とのつきあい頻度

(単位：人、％)

| 住宅類型 | 近隣との付き合い頻度 ||| 計 |
	ほぼ毎日	たまに	殆どない	
借りた部屋	90 (62.1)	7 (4.8)	48 (33.1)	145 (100.0)
宿舎	154 (76.2)	8 (4.0)	40 (19.8)	202 (100.0)
計	244 (70.3)	15 (4.3)	88 (25.4)	347 (100.0)

　恵州市に流入した出稼ぎ労働者の社区生活については、本章では近隣とのつきあい頻度、つきあい相手、そして社区が主催した活動への参加頻度、社区に対する安心感と満足度から考察する。宿舎が企業の中またはその近くにあることに対し、借りた部屋のほとんどは恵州市内の市民社区に位置している。こうして、宿舎周辺の環境と借りた部屋周辺の環境は大いに異なっている。そのため、本章ではこの二種類の住宅に住む対象者の状況を比較しながら解析をしていきたい。

　表6－12は住宅類型別にみる近隣とのつきあい頻度を示したものである。この表から対象者の70.3％はほぼ毎日近隣の人々とつきあっていることが窺える。それに対し、ほとんどつきあっていない人は全体の25.4％にとどまっている。また、宿舎に住む対象者は、部屋を借りて住む対象者より近隣とのつきあい頻度が高いことも明らかになった。さらにデータの分析を通じて、入居していた住宅の類型と近隣とのつきあい頻度との間の相関関係が統計的に有意義であることが検証された（χ^2=8.446; Sig.=.015）。

　さて、つきあい相手についてみると、以下の**表6－13**のような結果が示された。この表から2つのことが窺える。第1は、部屋を借りて住む出稼ぎ労働者にしろ、宿舎に住む出稼ぎ労働者にしろ、恵州市現地市民とはほとんどつきあいがないことである。具体的な数値をみると、現地市民とつきあっ

表6－13　住宅類型別にみたつきあい相手

(単位：人、％)

住宅類型	付き合い相手			計
	恵州市現地市民	故郷が同じ出身者	職場の同僚	
借りた部屋	2 (1.8)	66 (60.0)	42 (38.2)	110 (100.0)
宿舎	1 (0.5)	73 (38.0)	118 (61.5)	192 (100.0)
計	3 (1.0)	139 (46.0)	160 (53.0)	302 (100.0)

ている対象者は全体のわずか1.0％に過ぎない。第2は、部屋を借りて住む対象者のより多くは自分と同じ故郷の者とつきあっていることに対し、宿舎に住む対象者のより多くは職場の同僚とつきあっていること。こうした結果は出稼ぎ労働者の生活展開の拠点の違いを反映している。つまり、部屋を借りて住む出稼ぎ労働者は、日常生活が故郷の同じ者を中心に展開している。それに対し、宿舎に住む場合には、生活の展開は職場の同僚を中心にしてなされている。こうしたつきあい相手と住宅類型との間には、相関関係が存在することが統計的に検証された（χ^2=14.532; Sig.=.000）。

　社区活動への参加頻度は、社区への帰属感の強さを反映する指標の1つといえる。自分の住む社区に対する帰属感が強ければ強いほど、社区活動への参加意欲がより強くなり、そして参加頻度も当然高くなってくる。表6－14は住宅類型別にみる社区活動への参加頻度を示したものである。この表から以下の2つの点が窺えよう。

　その第1は、対象者が社区活動への参加頻度が低く、全体の61.0％は社区活動に全く参加していないこと。

　第2は、社区活動への参加頻度が住宅類型によって異なっていることである。具体的に言えば、部屋を借りて住む者に比べ、宿舎に住む者は社区活動への参加頻度がより頻繁である。こうした住宅類型と社区活動への参加頻度

表6－14　住宅類型別にみた社区活動への参加頻度

(単位：人、％)

住宅類型	社区活動への参加頻度			計
	不参加	時々参加	毎回参加	
借りた部屋	112 (78.3)	20 (14.0)	11 (7.7)	143 (100.0)
宿舎	99 (48.8)	64 (31.5)	40 (19.7)	203 (100.0)
計	211 (61.0)	84 (24.3)	51 (14.7)	346 (100.0)

表6－15　住宅類型別にみた現住社区の安心感に対する評価
(単位：人、％)

住宅類型	故郷を基準にした現住社区の安心感に対する評価			計
	より危険	同じ	より安心	
借りた部屋	70（48.3）	63（43.4）	12（8.3）	145（100.0）
宿舎	57（27.8）	113（55.1）	35（17.1）	205（100.0）
計	127（36.3）	176（50.3）	47（13.4）	350（100.0）

との間の相関関係も統計的に検証された（χ^2=30.862; Sig.=.000）。また参加した活動の内容をみると、8割以上は娯楽活動に集中し、公益、文化や政治的な活動にはほとんど参加していないことが明らかである。こうした社区活動への参加頻度の低さは、出稼ぎ労働者たちの社区発展への無関心さを反映している。そしてこの二種類の住宅に住む対象者の間に示された格差は、部屋を借りて住む対象者の社区に対するより希薄化した帰属感と、彼らのより周辺化・疎遠化された生活現状を反映している。

　故郷を基準にして現在住む社区に対する安心感について対象者の主観的な判断を**表6－15**にまとめた。この表で示されるように、故郷と現住社区との安心感を比較した結果、対象者の36.3％は「現住社区の方がより危険である」と評価した。それに対し、「現住社区の方がより安心である」と評価した対象者は、全体の13.4％にとどまっている。また、宿舎に住む対象者よりは、部屋を借りて住む対象者の現住社区の安心感に対する評価は一層悪くなったこともこの表から窺える。こうした住宅類型と安全度に対する評価との相関関係は、データの分析を通じてその統計的な有意性が検証された（χ^2=17.005; Sig.=.000）。

　現住社区に対する全般的な評価についてみると、対象者の76.0％が満足していると回答した。そして、上述したいろいろな違いが示されたにもかかわらず、現住社区に対する総合的な評価においては、異なる類型の住宅に住む対象者間の格差は、統計的に検証されなかった。しかし、現住社区の安心感に対する評価と社区に対する総合的な評価との間の関係を分析した結果、正の相関関係が存在していることが明らかである（Spearman's rho =0.285; Sig.=.000）。つまり、社区の安心感に対する評価が高ければ高いほど、総合的

な評価も高くなっている。

(2) 現地社会・コミュニティへの融和

現地地域社会への融和については、ここでは恵州市民からの差別に対する感覚、受けた待遇に対する公平感、恵州市での生活満足度といった3つの主観的な指標を用いて検討する。

調査では恵州市民からの差別を感じたのは、回答者の17.2%を占めているのに対し、差別を全然感じていない回答者は全体の76.6%に達した。また、恵州市に流入した後受けた社会待遇については、90.3%の回答者が「公平」と感じ、他方「不公平」と感じたのは9.7%にとどまっている。そして、都市部での生活を総合的にみた場合、59.2%の回答者が都市部に移動した後の自分の生活現状に満足しており、不満をもつ回答者は全体のわずか6.8%に過ぎない。

さらに、この3つの主観的な指標について、性別、教育、職種、恵州市での滞在期間、住宅類型、収入との間の関係について検証した結果は、恵州市での生活満足度と性別（χ^2=17.005; Sig.=.000）、そして収入との間に相関関係があることが検証された以外、全ての変数の間に統計的に相関関係が存在することが検証されなかった。収入という比率変数（Ratio Variable）に対し、本稿でその値を3つのグループに分けて順序変数（Ordinal Variable）と変更し、収入と生活に対する満足度との間の相関関係を検証した。その結果は、収入グループと恵州市での生活に対する満足度との間に、マイナスの関係が存在することが判明した（Sig.=.001）。つまり、収入が高ければ高いほど、都市部での生活満足度が低くなっている。収入といった比率変数から順序変数への変更はこの2つの変数の間の関係解明に影響を与えていることが予測されたが、こうした予想外の結果についてのさらなる検証は、プラム－序数回帰分析（PLUM-Ordinal Regression）を用いて展開することが望まれる。これは今後の課題の1つとしたい。

表6－16は性別にみる恵州市での生活満足度に対する評価を示したものである。この表から、男子と比較して女子出稼ぎ労働者は、恵州市での生活に対する評価がより高くなっていることが窺える。こうした相関関係の有意

表6 – 16　性別にみた恵州市での生活満足度

(単位：人、%)

	恵州市での生活満足度に対する評価			計
	満足	普通	不満	
男	71 (51.8)	49 (35.8)	17 (12.4)	137 (100.0)
女	139 (63.8)	72 (33.0)	7 (3.2)	218 (100.0)
計	210 (59.2)	121 (34.1)	24 (6.8)	355 (100.0)

性が統計的に検証された（χ^2=12.739; Sig.=.002）。

また、データの分析を通じて市民からの差別に対する感覚と恵州市での生活満足度の間には統計的に正の相関関係が存在することが検証された（Spearman's rho=.297; Sig.=.000）。それに加えて、受けた待遇に対する公平感と恵州市での生活満足度との間にも統計的に正の相関関係が存在することが確認された（Spearman's rho=.286; Sig.=.000）。こうした結果は、恵州市民からの差別に対する感覚及び受けた待遇に関する公平感が出稼ぎ労働者の流入先地での都市生活に対する総合的な評価に影響を及ぼしていることを表している。

4．結論と今後の課題

上述した分析を踏まえて、本章は以下の結論を導いた。

第1は、今日中国国内人口の移動理由は多様化しており、経済要因に加えて、個人の将来をみすえたさらなる発展及びよりよい生活の質への追求も今日中国国内の出稼ぎ労働者の行動を大きく左右している。そして異なる教育程度間には、移動理由の相違が存在していること。

第2は、強い社会的ネットワークの存在は、出稼ぎ労働者の移動先の選択に重要な影響を与えた上に、彼らの就職ルートの選択にも影響を及ぼしている。が、強い社会的ネットワークへの依存度においては、男女間または異なる教育程度間の相違が存在していないこと。

第3は、出稼ぎ労働者のほとんどは雇用機関と正式な契約を結んだが、契約内容に対する個人知識の欠如と正当な手段に対する認識不足により、出稼ぎ労働者の多くは権益が損害された際に法律や政府に頼らず、個人の力の内

で解決することを選んでいること。そのため、出稼ぎ労働者の合法的な利益が実質的に保障されていない場合が多く存在している。

　第4は、労働分業の細分化に伴い、企業及び出稼ぎ労働者にとって仕事研修の重要性は一層高まっている。そして出稼ぎ労働者の多くは実施された研修に対してより良い評価を示したこと。

　第5は、政府の規定により社会保険への加入率が高いものの、失業補助金、医療保険金や生活最低水準補助金のいずれもを一切もらえないことが出稼ぎ労働者の現状であること。それに加え、収入が低いにもかかわらず、出稼ぎ労働者たちの労働条件は依然として厳しい状況におかれている。

　第6は、広東省に流入している出稼ぎ労働者の居住は、借りた部屋と企業が用意した宿舎との2類型の住宅に集中しており、個人の婚姻状況や流入地での滞在期間が彼らの住宅の選択に影響していること。そして、異なる住宅類型に住む出稼ぎ労働者の間には多面的にわたり大きな相違が存在していること。

　第7は、出稼ぎ労働者は現地市民との交流をほとんど行わず、流入地での生活は同じ出身者や同僚を中心にして展開され、現地地域社会へのコミュニティ融和は進んでいないこと。そして宿舎に住む出稼ぎ労働者よりは、部屋を借りて住む出稼ぎ労働者の生活はより周辺化・疎遠化されていたこと。

　第8は、移動動機、従事する職種及び仕事に対する満足度、そして現地生活に対する満足度などにおいては、女子出稼ぎ労働者と男子出稼ぎ労働者との間に多くの相違点が存在し、女子の方が一般に高いこと。

　本章では2005年7月広東省恵州市で行ったアンケート調査の結果をクロス集計分析を通じて、彼らの生活実態を明らかにした。そして分析の中でいくつかの問題点は今後の課題として示された。これらの問題点を踏まえて今後の課題は、以下の2つの方向に沿って展開していきたい。

　第1は、調査結果に対し、多変数間の関係分析、とりわけ出稼ぎ労働者の社区や流入地での生活に対する主観的な判断に対し、ロジスティック回帰やプラム一序数回帰分析をもちいて、変数間の関係を検証すること。

　第2は、出稼ぎ労働者の社会保障、権益保護について詳細な事例調査と関係部門のインタビュー調査を行い、アンケート調査の結果と合わせてこれら

の問題について資料を補充しながら、多面的な手法から解析することである。

注

1 出稼ぎ労働者問題をめぐって、人口社会学的研究は中国国内で数多く存在しているが、ここでは省略し、詳細は 2007 年 2 月 1 日に中国社会学綱で公表された譚深の「農民工流動研究総述」を参照のこと。
2 具体的には、南亮進・牧野文雄編著『流れ行く大河　中国農村労働の移動』日本評論社、1999 年；大島一二『中国の出稼ぎ労働者—農村労働力流動の現状とゆくえ』芦書房、1996 年、176 頁；厳善平『中国の人口移動と民工—マクロ・ミクロ・データに基づく計量分析』勁草書房、2005 年、261 頁；愛知大学現代中国学会編『中国 21 —中国農業の基幹問題』2007 年 1 月、風媒社、318 頁；等々。
3 ここで社区とは、行政的に定めた地域の空間的な範囲を指す。具体的には都市部に区分された各街道の下に置かれた居民委員会の管理範囲となる。
4 「その他」の中には、「勉強したくないため」、「家計を助けるため」などの理由が含まれている。
5 ここでは職種は肉体労働者と頭脳労働者との 2 つの類型に分けることにした。
6 ここで仕事研修は、仕事内容と関係する技能研修や素質研修と定義し、労働意欲を励ますための講演はこの定義に含まれていない。

第7章 人口流出による農村家族及び村落への影響
―四川省 2005 年調査―

1. 研究の背景と目的

　本章は中国農村における人口流出による家族[1]への影響を検証し、あわせて村落社会の変容を実証的に解明しようとするものである。1980年代以来、中国農村地域における生産請負制度の導入を中心とする改革の推進とその後の都市部経済制度改革の実施に伴い、農村地域から大量の人口が都市部に出稼ぎに行くようになった。2000年第5回人口センサスの時点で全国流動人口1.4億人のうち、82.4％は農村地域から都市への流出人口であり、74.8％は15～45歳の青壮年層に集中していることが明らかになった（李強, 2005, 309-311）。また、流動人口の48.2％は女子であることから、人口流動の女性化といった傾向の強まりが確認されたが、その多くは未婚者であり、既婚女子は流動人口の中で比較的少ないことがこれまでの実証調査で確認されてきた（湯, 2004, 200）。こうした男子を中心とした人口流出の進行によって、妻、子供と老親だけを流出地に残した、いわゆる"386199"[2]現象が中国の農村地域で広く発生している。

　日本や欧米などの先進諸国と異なり、中国農村地域における社会保障制度は未整備な状況にあり、農民の老後生活には政府の支援がほとんど見られない。そのため、農村地域の基本単位である家族は農業生産活動、子弟教育、そして老親扶養などの多様な社会的機能をも分担しており、家族員はお互いに協力しながら、それぞれの役割を果たしている。こうした社会的背景のなかで、個人の行為準則は1人の私的な利益よりは家族全体の利益追求に置かれている。(Zuo Jiping and Bian Yanjie, 2001)。家族成員の流出に関してもその例

外ではない。つまり、流出すべきか否か、流出すべきなら誰がその流出者になるのか、といった問いの答えは家族全員で相談した結果とみてよいであろう。

家族成員の一部が流出した後、家族内において役割遂行がスムーズになされないことが予測される。そこで家族単位でその成員の流出を決めたが故に、故郷に残した他の家族成員は流出者が負担していた従来の役割をカバーしなければならない。従来、戸籍制度の制限があったため、家族成員が一時的に流入先の都市部に滞在した後、故郷に戻ることは中国の人口移動において一般的に見られる現象であった（李強, 2003, 132）。そのため、流出者が遂行していた役割の空白を埋めることは一時的であった。しかし、近年の戸籍制度改革の推進に伴い、都市部に定住することがより容易となり、流出者の都市部での滞在がより長期化し定住化の傾向を示している（李路路, 2005, 129-154; 馮, 2006, 178）。こうした長期間にわたる人口流出が、農村地域に残した留守老親、留守配偶者（主に妻）、留守子弟の生活に大きな影響を与えており、従来の家族関係や夫婦間の勢力関係において様々な変化をもたらし、農村地域全体の社会変容をも導くことが予測される。そこで本研究はこうした影響、社会変容の解明を目指して、2005年7月に中国の最大人口流出地である四川省一農村で実施した個人面接調査に基づき、人口社会学の視点から分析を行おうとするものである。こうした激動下にある中国調査研究は、村落社会研究において興味深い課題であると確信する。

2．先行研究・課題の設定と研究方法

1) 先行研究

人口流出による農村家族及び村落への影響に関する研究は、主に留守老親の扶養問題、留守子弟の教育問題、及び留守配偶者の心理・精神的な変化などといった側面からなされてきた。

老親扶養については、これまでの研究は主に家族成員の流出による家族構造変化の視角から分析されてきた。ユアン（Yuan）は労働力の流出は、家族の老親扶養の機能の弱体化に繋がり、家族形態における拡大家族[3]から核家

族への変化を促したと指摘する（Yuan, 1987, 36-46）。中国では1979年から実施された一人っ子政策は、その後の家族規模の縮小につながる最も重要な要因として考えられる。こうした政策の実施に加えて、1980年代から始まる大量の人口流出もそれまでの農村家族構造に大きな影響を及ぼしてきている。人口流出の影響から実際の変化について、張文娟と李樹茁は、2001年、安徽省で実施した"安徽省老年人生活福祉状況"調査の結果を分析し、農村家族の息子の流出に伴って、老親の子女との同居率が減少し、"隔代家族"[4]の割合が著しく増加したとの結論を導いた（張・李, 2004, 48）。さらに、杜鵬は実証調査の結果を通じて出稼ぎ者の生活は彼らの生活様式と価値観の変化をもたらし、流出地に残した親との世帯間のギャップの拡大を促し、最終的に農村家族構造の"小規模化"につながっていると指摘する（Du &Tu, 2000, 77-90）。このように、研究者たちの多くは家族構造変化の視角をもって、主に人口流出がもたらす農村核家族化または隔代家族の増加及びそれに伴う家族扶養機能の低下に注目している。

　経済的支援の視角から人口流出が家族の老親扶養に与える影響についても数多くの研究が行われているが、それらの結果には相違がある。李強は人口流出が農村地域の家族収入の増大に重要な役割を果たし、老親扶養にも経済的な支援となっていると主張する（李強, 2001, 64-76）。これに反して、姚引妹は浙江省の調査結果から、子女と同居する老親と比べ、子女が流出した後の独居老親の生活はより貧しいとの結果を導いた（姚, 2006, 38）。

　流出地に残した子供の教育については、これまでの研究の多くは主に親の流出が子供の心理面にマイナスの影響を与えてきたと主張する。呂紹清は150人の子供を対象とした事例調査を通じて、人口流出が残した子供の生活に質の低下をもたらし、彼らの性格にも影響を与え、一部の子供の間に、自閉症、劣等感またはコミュニケーション障害などの問題が発生したと指摘する（呂, 2006, 49-56）。また黄艶梅も親からの関心と愛護が欠如したため、孤独感をもち、学習への意欲も失われ、成績が悪くなった留守子供が多いと指摘する（黄, 2004, 4）。

　人口流出が流出地に残した配偶者への影響について、これまでの論述は主に留守妻の労働負担の増大と彼女達の家庭内地位の変化に注目してきた。ロ

ゼーレ（Rozelle）などは 1988 年と 1995 年の調査結果から、男子労働力の流出は留守妻が農業生産活動と老親扶養の両方の担い手となることをもたらしたと指摘する（Rozelle ら，1999, 367-393）。夫の流出による留守妻の地位の変化については様々な見方が存在する。チャン（Zhang）は河北省の調査を用い、農業生産活動や家事における女子の貢献度の拡大は、家庭内における女子の交渉力の上昇をもたらしたと指摘する(Zhang, 1998, 193-211)。それに対し、エントウィソ（Entwisle）等は 8 つの省で実施した調査結果に基づき、農業生産活動及び家事における留守妻役割の変化は、男子の流出によって生じた空白を埋めることにすぎなく、従来の夫婦間の勢力関係には影響していないと結論した（Entwisle ら，1995, 36-57）。上述した 2 つの対立した論点に加えて、ラチェル（Rachel）は 2000 年に安徽省と四川省で 20 〜 35 歳の女子を対象とした調査の結果に基づき、夫の流出が既婚女子の家庭内地位に与える影響はほとんどないと指摘した（Rachel, 2004, 151-174）。

2）　課題の設定

　前述した先行研究の紹介から、以下の 3 点が問題であることがわかる。第 1 は、同じ課題に関して研究者間で必ずしも同じ結論が示されなかったため、これらの課題について更なる検証が必要なこと。

　第 2 は、既存研究のほとんどは、留守老親、留守妻あるいは留守子弟の中のどれかを家族から分離してそれだけを研究対象者としたが、1 つの家族を対象とし、その中におかれる留守老親、留守配偶者及び留守子弟への影響をそれぞれ解明することにより、人口流出の留守家族全般への影響、さらに村落社会への影響についての総体としての究明をあまり行ってこなかったこと。

　第 3 は、調査時点がやや古くなっており、最新の状況を確実に反映しているとはいえない。周知の通り、中国政府が国内の人口流動に対して徹底的な取り組み策を新たに打ち出したのは 2003 年からである[5]（馮，2006, 38; 馮，2007, 217）。その一連の改善政策の実施を受け、流出人口の行為や意識により一層の大きな変化が生じていることが予測され、彼らの流出が留守農村家族に与える影響がより鮮明になっているだろうこと。

　こうした 3 点を意識し、本研究では 2005 年の質問紙調査をもとに、留守

老親、留守配偶者及び留守子弟に人口流出の与える影響を検討し、留守家族全体及び村落社会への人口流出の影響を実証的に解明することを課題とする。具体的には、留守家族の経済状況、老親扶養及び老親の労働負担、留守子供の教育及び性格形成、配偶者の労働負担及び夫婦関係などへの人口流出の影響、そして人口流出の心理的・社会的な意味に重点をおきながら、分析していきたい。

3）調査方法

　調査地は四川省南充市である。2000年第5回人口センサスの結果をみると、四川省は中国国内で人口流出の最も活発な省・地域である。具体的な数値で言えば、四川省からの流出人口は694万人に達し、全国省間流動人口の16.4％を占めた。そのため、この地域で流出人口の家族状況をめぐる調査の実施は、中国全土人口流出地の典型的状況を把握するのに極めて有効であろう。調査は中国人民大学人口研究所と西南財経大学人口研究所の協力を得て実施した。調査の対象者は以下の2つの条件を満たすとする。1）3カ月以上の流出人口を有する世帯（household）であること。2）回答者が流出者の配偶者または親であること。

　調査対象世帯（Household）の選択は3段階の抽出を経て行った。まず第1に、四川省労働社会保障部門の紹介を受け、多くの「留守家族」を抱える南充市を選んだ。南充市は四川省内の東北部に位置し、2004年末の人口数は725万人であり、四川省総人口の8.3％を占めている。また1人あたりの国内総生産（GDP）からみれば、南充市は四川省内でも最も貧しい地区の1つであるため、そこからの流動人口が多く発生している。

　第2に、南充市政府関係部門の紹介を踏まえて、南充市内で多くの留守家族を有し、かつ人口流出において南充市を代表できるX鎮を選んだ。

　第3に、X鎮を中心とした半径5kmの範囲で15の自然村から3つの自然村を無作為[6]に抽出した。そして抽出された村の中で、流出人口を有する365世帯（household）の全てを訪れ、調査員による面接調査を行った。家に該当回答者が2人以上いる場合には、KISH表を使って具体的な回答者1人を選出した。

3．調査の結果

　調査票には配偶者向けと老親向けの2種類を用意した。調査は、流出人口の基本状況、家族の経済生活、老親扶養、残した子供の状況、親（または配偶者）の心理などの項目について行った。訪問した世帯数は365で、最終的に有効回収された調査票は配偶者向けの74票と親向けの284票であり、計358票であり、有効回収率は98.1％であった。

1）回答者の人口学的な特徴

　本調査では対象者と流出した人口との関係に基づいて、回答者は留守老親と、留守配偶者との二種類に分けられる。流出人口が回答者の子女の場合には、回答者は留守老親とされ、流出人口が回答者の妻または夫である場合には、回答者が留守配偶者とされる。もし流出人口に回答者の配偶者と子女の双方が含まれる場合、回答者は留守配偶者とする。

　この調査で回収された調査票の内、284人は留守老親であり、留守配偶者は74人であった。留守老親の性別についてみると、回答した279人の内、男子は152人で全体の54.5％を占め、女子は127で45.5％を占めていた。また年齢分布をみると、最も若い対象者は32歳、最高齢は85歳、平均年齢は57.7歳で、標準偏差は10.80歳である。

　留守配偶者の内、男子は11人であり、回答者全体の14.9％を占め、女子は63人で回答者全体の85.1％を占めた。こうした男女の差は夫婦双方が共に労働力年齢にある時、男子人口の流出比率が女子よりはるかに高いことを示す。また年齢分布をみると、最も若い対象者は25歳、最高齢は53歳、平均年齢は39.4歳、標準偏差は6.66歳である。

　留守老親と留守配偶者の年齢構造を比較してみると、留守老親は40～60代に集中しており、最も多いのは50代で、留守配偶者は圧倒的に30代と40代に集中している。教育程度において留守老親と留守配偶者の双方はともに低水準にとどまり、留守老親と留守配偶者の間には格差があることも確認された。具体的に言えば、小学校卒以下と回答したのは、留守老親の中で

は83.3％、留守配偶者の中では66.2％をそれぞれ占めている。そして、女子より男子の教育水準の方が高いことが調査で確認された。

　人口の流出が家族規模に与える影響を検証するために、本調査では家族成員が流出する前と、調査時点現在の家族成員の数について2つの質問を設けた。留守老親と留守配偶者の回答を合わせてみると、家族成員の流出前に、家族規模が最も小さかったのは2人、最多は16人、1世帯当たり平均は5.5人、標準偏差は2.42人であった。それに対し、家族成員の流出後は、家族規模が最も小さいのは1人、最多は14人、1世帯当たり平均は3.3人、標準偏差は1.65人となった。こうした変化は人口の流出が家族規模の縮小につながったことを意味する。

　調査では留守家族の家族形態についてみると、二世代は40.1％、三世代は44.3％、一世代家族はわずか13.2％しか占めていない。こうした結果から、人口流出後、規模は縮小しても、拡大家族はなお中国農村社会の中で比較的多いことが窺える。

2）流出人口の基本状況

　今回調査の対象者となった家族からの流出人口は計617人である。年齢分布をみると、最も若い流出者は15.2歳、最高齢は59.8歳、平均して29.5歳であり、標準差は8.11歳である。また流出者の教育程度は、中学校卒者が最も多く、全体の49.4％を占めることが明らかである。こうした結果は、留守家族成員と比べて流出者の教育程度はより高いことを反映している。

　婚姻状況をみると、流出者の多くは有配偶者であることがわかる。具体的な数値をみると、その数は403人で全体の66.1％を占めている。しかし、流動時の家族形態をみると、流出者は主に単身で流動しており、その人口数は301人で、全体の50.0％を占めている。他方、子供を流出地に残して夫婦のみで流出した人口は215人で、35.7％、子供を連れて流出した人口は25人で、10.5％にとどまる。

　人口が流出した後、一時的に流出地に戻りUターン滞在することは、人口流動の流出地に与える影響をめぐる研究の重要なポイントの1つである。本調査では、流出後、農業生産活動のピークとあわせて流出地に戻って農業

生産活動にたずさわる人はわずか27人であり、全体の4.5％しか占めていない。こうした低い割合から、人口流出が流出地の農業生産活動に負の影響を与えることが予測できよう。

これまで研究の多くは、流出人口からの送金が流出地に大きな影響を与えていることを示している。今回の調査結果によると、送金している人口は416人で、全体の74.4％を占めており、他方、送金しない人口は143人で、25.6％にとどまる。この結果は李強の2001年の研究結果とほぼ同じ水準を示し[7]、流出人口が相変わらず流出地に対して経済的に大きな支援を行っていることを裏付けた。

流出人口と留守家族とのコミュニケーションの手段をみると、流出者の95.7％は電話によって流出地に残した家族と連絡を取りあっている。また連絡の頻度は、毎日から、1年に1回だけまで様々で、最も多いのは月に1回の頻度である。

3) 世帯の経済状況

表7－1と表7－2は質問紙で設けた収入と支出の各項目の全てに答えた世帯のみの回答を取り上げて、彼らの2004年の年間現金収入と支出の内訳を示したものである。表7－1から、以下の3点が窺える。

表7－1　年間現金収入の内訳

(単位：元)

	最小値	最高値	平均値
総収入	0.0	30,000.0	6,109.3
農業収入	0.0	6,500.0	592.7
牧林漁業収入	0.0	13,000.0	1,344.3
手工業収入	0.0	10,000.0	222.6
商業収入	0.0	5,000.0	79.6
流出者からの送金	0.0	30,000.0	3,453.3
政府援助	0.0	2,500.0	11.1
その他	0.0	11,500.0	411.1

注：上記すべての項目に答えた世帯の数は226世帯である。その内、「0」と答えた世帯の数は、「総収入」には2世帯、「農業収入」には125世帯、「牧林漁業収入」には81世帯、「手工業収入」には208世帯、「商業収入」には215世帯、「流出者からの送金」には33世帯、「政府援助」には225世帯、「その他」には196世帯である。

第 7 章　人口流出による農村家族及び村落への影響　137

表 7 - 2　年間現金支出の内訳

(単位：元)

	最小値	最高値	平均値
総支出	0.0	43,500.0	6,828.9
農業への投入	0.0	5,000.0	689.7
生活費	0.0	12,000.0	3,079.2
医療費	0.0	40,000.0	1,634.6
教育費	0.0	11,000.0	1,000.2
交際費	0.0	7,000.0	276.2
その他	0.0	15,000.0	148.2

注：上記すべての項目に答えた世帯の数は 202 世帯である。その内、「0」と答えた世帯の数は、「総支出」には 1 世帯、「農業への投入」には 32 世帯、「生活費」には 2 世帯、「医療費」には 34 世帯、「教育費」には 101 世帯、「交際費」には 104 世帯、「その他」には 182 世帯である。

　第 1 は、流出者からの送金は留守家族の家計に大きく貢献していること。具体的な数値をみると、送金平均額は他の現金収入の平均値をはるかに上回っており、年間現金総収入平均値の 54.9％を占めている。

　第 2 は農業生産活動からの現金収入は年間現金総収入への貢献度において平均して 592.7 元で、年間現金総収入平均値のわずか 9.7％と非常に低いこと。

　第 3 は、農業より牧林漁業が農家の家計により多く貢献していること。具体的な数値をみると、農業収入平均値の 592.7 元と比べて、牧林漁業収入の平均値は農業収入の 2 倍以上で、1,344.3 元に達している。こうした格差は中国農村における「構造調整」、すなわち耕種農業から商品作物生産への転換を示しているといえよう。

　表 7 - 2 の年間現金支出の内訳をみると、生活費、医療費、そして教育費が年間現金総支出の高額を占めている。生活費が家族支出の中で高いことは珍しくないが、ここでの医療費と教育費の高さには注目を払うべきである。具体的には、医療費支出の平均額が年間総支出平均額の 23.9％、続く教育費支出の平均額が年間総支出平均額の 14.6％に達している。また、教育費を出すことは通学中の子供がいることを前提としている。回答世帯の 50％が教育費への支出について「0」との回答に配慮して、仮に教育費を出している家族のみを対象として考察すれば、教育費の負担が一層高くなることが予測できよう。

周知の通り、1980年代以後、中国農村地域の合作医療制度が崩壊し、その後農村地域の医療制度は事実上空白のままである。そのために、農村の医療費用はほぼすべて個人負担となり、政府からの援助はほとんどない。また教育制度をみると、義務教育が実施されているものの、子供の教育にその家族が高額の費用を支払うのは一般的に見られる現象である。こうした背景があるため、多くの農村地域では医療費と教育費が家計の最大の支出内訳となっている。

今回の調査結果はまさにこうした厳しい現状を検証したといえよう。2006年から中国政府は農村地域で新型合作医療の設立や中学校卒までの子弟教育の無料化に向けて力を入れ始めているが、今後どこまで改善できるのか、フォロー調査が必要である。また表7－1と表7－2を合わせてみると、この地域において2004年の年間現金総支出が総収入を上回っており、この地域に残された留守家族が依然として厳しい経済状況下に置かれていることが窺える。

年間の現金総収入に流出者からの送金が大きく貢献していることが表7－1の数値から明らかになったが、送金の具体的な使途についても本調査で尋ねた。その結果から、送金が主に家族の老親扶養（回答者全体の78.1％）、家族生活の維持と改善（回答者全体の61.8％）、そして子供の生活費・学費（回答者全体の55.5％）に使われていることが明らかになった。送金が主に住宅改善に使われたという結論はこれまでのいくつかの研究で示されたが、今回調査の結果をみる限り、そこまでの余裕がまわらないのか、送金の主要な使い方が流出地の留守家族の老親扶養、子供の教育、そして家計の維持といったより基本的生活ニーズにとどまっていることが浮上した。

家族成員の流出が家族の経済状況に与える影響について、まず**表7－3**は家族成員流出前後における家族収入の村落内順位変化について回答者の主観的な判断を示した。家族成員の流出前と比べて、流出後、村落内で上位または中位に所属すると主観的に判断した家族が増大した。これは家族成員の流出＝出稼ぎが、少なくとも留守家族の収入地位の相対的改善をもたらしたことを示している。

また、家族成員の流出後における留守家族の電気製品購入情況について尋

表7-3　家族成員流出前後における村落内での自家収入ランク

	流出前		流出後	
	実数（人）	割合（%）	実数（人）	割合（%）
上位	27	7.7	71	20.9
中位	158	44.9	179	52.8
下位	167	47.4	89	26.3
計	352	100.0	339	100.0

ねた結果から、回答世帯全体の53.6%はテレビを購入し、29.3%は家庭電話を設置したことが確認された。しかし、その2つの電気製品を除いて、回答世帯が他の電気製品をほとんど所有していないことも判明した。現地農村の貧しさのなかで、留守家族の多くが1つの電気製品を購入したことは、その電気製品が他の電気製品より留守家族にとってより重要なものだと判断したことを意味する。こうしたテレビと家庭電話が他の電気製品と比べて高い購入率を示していることは、留守家族が流出した家族メンバーとの連絡を取るために、家庭電話を設置し、また村外からの情報をより多く獲得しようとするためと考えられる。

人口の流出により、留守家族の住宅状況が大きく改善されたか否かについては、本調査では、家族成員が流出した後、新築または古い住宅の改装工事を行ったか否かで判断した。その結果、32.0%の留守家族が新築または旧住宅の改装工事を行ったのに対し、68.0%の住宅状況は全く改善されていなかった。たとえ家族メンバーが流出しなくても、新築あるいは旧住宅の改装は避けられない面もあるから、こうした32.0%という数値は決して高いとはいえない。これはまず身近な家庭電気製品の購入からで、住宅状況の改善までには今日の段階ではなお至っていないといえよう。

農地面積についてみると、留守家族の一世帯あたり平均2.4ムー（1ムー＝6.667アール）の耕地をもつことが明らかになった。人口の流出により、農業生産の主要担い手の構造変化が予測されている。**表7-4**と**表7-5**は家族成員流出前後、農業生産の最も重要な担い手の変化において留守老親と留守配偶者のそれぞれの回答である。この2つの表を合わせてみると、人口流出と農業生産担い手の構造について、以下のことが指摘できよう。

表7-4　留守老親の回答にみる家族成員流出前後における最も重要な農業担い手の変化

	家族成員流出前 実数(世帯)	割合(%)	家族成員流出後 実数(世帯)	割合(%)	Wilcoxon Signed Ranks Test Z	p	r
自己または配偶者	208	78.8	228	86.0	-3.413	0.001	-0.15
流出した子女	39	14.8	3	1.1	-6.000	0.000	-0.26
留守子女	5	1.9	8	3.0	-1.342	0.180	—
他の親戚	1	0.4	3	1.1	-1.414	0.157	—
農地委託の相手	6	2.3	16	6.0	-2.887	0.004	-0.13
いない	5	1.9	7	2.6	-1.414	0.157	—
計	264	100.0	265	100.0	—	—	—

注：1) 主要農業担い手についての質問は二つまでの複数選択であるが、優先順位があるので、ここで第1選択肢のみを取り上げ、最も重要な農業担い手として分析することにした。
　　2) 家族成員の流出が各種類の人の農業活動へ影響を検証するには、ここでWilcoxon Signed Ranks Testを用いて、各種類をダミー変数と化し、それぞれ検証した。ここでN=264。
　　3) rはエフェクトサイズ（effect size）で、その計算方法はr =Z/ (2N) 1/2となる。ここでその絶対値は家族成員流出前後状況変化の大きさを示す。

表7-5　留守配偶者の回答にみる家族成員流出前後における最も重要な農業担い手の変化

	家族成員流出前 実数(世帯)	割合(%)	家族成員流出後 実数(世帯)	割合(%)	Wilcoxon Signed Ranks Test Z	p	r
老親	17	23.3	19	26.0	-0.707	0.480	—
自己または配偶者	53	72.6	49	67.1	-1.633	0.102	—
他の兄弟姉妹	0	0.0	0	0.0	0.000	1.000	—
他の親戚	0	0.0	0	0.0	0.000	1.000	—
農地委託の相手	2	2.7	4	5.5	-1.000	0.317	—
いない	1	1.4	1	1.4	0.000	1.000	—
計	73	100.0	73	100.0	—	—	—

注：1) 主要農業担い手についての質問は二つまでの複数選択であるが、優先順位があるので、ここで第1選択肢のみを取り上げ、最も重要な農業担い手として分析することにした。
　　2) Wilcoxon Signed Ranks Testの中で、N = 73。

まず第1に、家族成員の流出前後における農業生産の最も重要な担い手の変化における留守老親の回答から、農業生産において流出した子女の参与率の激減、留守老親の参与率の増加及び耕地の委託耕作の増加といった3つの変化が示されていること。

第2は、**表7－5**で示されるように、留守配偶者の回答も留守老親と同じく、農業生産において流出した子女の参与率の減少、留守老親の参与率の増加及び耕地の委託耕作の増加といった傾向を示しているが、その変化のいずれも上昇とは統計的に検定できなかった。調査の対象者の8割近くを占めるのが留守老親であることを踏まえ、上述した結果は、全般的にみれば家族成員の流出が農村地域の留守家族全体の農業生産活動に影響を与えたことを示しているといえよう。

上述した農業生産の最も重要な担い手の変化と関連し、本調査で家族成員の流出が留守家族の生産活動に労働力不足という問題をもたらしたか否かについても質問した。その結果、留守家族の間に、37.0％は労働力不足という問題を感じていなかったのに対し、家族成員の流出後、60.4％が常にないし農業生産のピーク時期に労働力不足という問題に直面していることが明らかになった。ただし、家族成員の流出が家族全体の経済状況にどのような影響を与えたかをみると、70.3％は家族メンバーの流出により家族全体の経済状況が改善されたと答えた。他方、悪化したと回答した対象者は、全体の1.1％に過ぎなかった。

4) 留守老親への影響
(1) 老親扶養への影響

今回の調査結果によると、老親扶養を子供の間で交替で行っている方式はほとんどみられない。具体的な扶養方式をみると、子供全員によって扶養している割合は全回答者の41.6％を占め、一部の限られた子女だけに頼っているのは38.1％である。他方、子供が老親扶養を行っていないのは回答者全体の20.3％となっている。

老親扶養の具体的状況について、以下2つの側面から考察していきたい。その1つは経済的扶養、もう1つは病気時の介護者の分担である。老親の経

済的扶養における最も重要な担い手には、流出した息子とする世帯が回答者全体の71.2％と最も高い割合を占めており、続いて流出した娘とする世帯も回答者全体の13.6％と高い。それに対して、現地に残っている息子や娘とする世帯はあまり存在していないことが判明した。こうした結果は、老親の経済的扶養ならば流出した子女、とりわけ流出した息子が最も頼りになることを示している。以上から家族成員の流出が家族全体の老親への経済的扶養の強化につながったことが窺える。

　老人介護の担い手を分析する前に、この村落における介護を必要とする老人の割合を知ることが不可欠である。調査結果によると、介護が必要となった老親は、子女が流出する前においても、流出した後においても回答者全体の２割に達していないことが明らかとなった。その具体的な担い手については**表７−６**に示す。人口流出が病気になった老親の介護担い手に影響を与える。この表から、子女が流出前後の変化をみると、統計的に有意であるとされたのが流出子女の留守老親への介護の減少と他の親戚の留守老親への介護の増加である。また他の親戚の身分についてみると、主に留守老親の親や孫であることが調査の結果から明らかになった。

(2) 老親の労働負担への影響

　家族成員の流出により、留守老親の負担が一層重くなることはこれまでの研究でしばしば論じられてきた。この問題について以下の２点から考察する。第１は老親が行った主要労働内容の変化、第２は家族成員の流出による労働

表７−６　親が病気・要介護になった時に介護してくれる人

	子女の流出前 実数(世帯)	子女の流出前 割合(％)	子女の流出後 実数(世帯)	子女の流出後 割合(％)	Wilcoxon Signed Ranks Test Z	Wilcoxon Signed Ranks Test p	Wilcoxon Signed Ranks Test r
配偶者	22	43.1	35	52.2	-1.732	0.083	―
留守子女	18	35.3	21	31.3	-0.816	0.414	―
現在流出した子女	8	15.7	0	0.0	-2.646	0.008	-0.28
他の親戚	3	5.9	11	16.4	-2.449	0.014	-0.26
計	51	100.0	67	100.0	―	―	―

注：Wilcoxon Signed Ranks Test の中で、N＝46。

表7-7 子女の流出前後における老親の主要労働の内容変化

	子女の流出前 実数(世帯)	子女の流出前 割合(%)	子女の流出後 実数(世帯)	子女の流出後 割合(%)	Wilcoxon Singed Ranks Test Z	Wilcoxon Singed Ranks Test P	Wilcoxon Singed Ranks Test r
育孫	12	3.9	34	11.1	-4.600	0.000	-0.19
家事労働	72	23.5	65	21.2	-1.347	0.178	—
農業生産	188	61.2	164	53.4	-3.434	0.001	-0.14
副業	5	1.6	10	3.3	-2.236	0.025	-0.09
他の労働	14	4.6	12	3.9	-0.632	0.527	—
何もやっていない	16	5.2	22	7.2	-2.449	0.014	-0.10
計	307	100.0	307	100.0	—	—	—

注：1) 労働内容についての質問は二つまでの複数選択であるが、優先順位があるので、ここで第1位とされた内容のみを取り上げ、主要労働として世帯単位で分析することにした。
2) Wilcoxon Signed Ranks Testの中で、N = 306。

負担の変化である。**表7-7**からわかるように、子女の流出により、老親が行った主要労働の内容変化には、「育孫」（孫の面倒をみること）活動、副業活動及び「何もやっていない」の増加と、農業生産活動の減少が対照的に示されている。「育孫活動」の増加は、子女の流出により孫の従来の世話人がいなくなったことによるものと考えられる。「何もやっていない」の増加背景には、留守老親の高齢化によって働けなくなることと、流出子女の送金により家計がより豊かになったため、留守老親が働かなくても生活できるようになったことといった2つの要因が存在すると言ってよいであろう。そして、「農業生産活動」の減少と「副業」の増加は子女の流出による結果と考えにくく、むしろ、それらの変化は子女の流出前後といった時間的な流れの中で、今日中国農村地域で発生する耕種農業から商品作物生産への転換をここで再び反映しているといえよう。

　子女の流出は上述した留守老親の労働内容に影響を与えるだけでなく、老親負担増にも大きく影響してきた。調査の結果、子女が流出する前と比べ、53.2％の留守老親は「自分の負担がより重くなった」と回答した。「変化なし」と回答した対象者は26.7％であり、また「負担が軽くなった」と回答した対象者は16.8％にとどまっている。これは人口流出が留守老親の負担加重につながることを示している。ただし、回答者の85.6％は調査時点で担った労働

に対し、「負担することが十分出来る」と回答した。他方、「負担できない」と答えた対象者は全体の14.4%に過ぎない。こうした結果から、人口流出が留守老親の「負担加重」につながったが、全体的には「過重負担」とまではなっていない。

5) 留守子弟について

親の流出による留守子弟への影響については以下の3つの側面から考察した。第1に物質的な生活への影響、第2に子供の教育への影響、第3に子供の性格形成への影響である。

親の流出が留守子弟の物質的な生活にどのような影響を与えたかという質問に対し、73.4%の回答者が「親の流出によって子供の生活状況が良くなった」と答えた。「何の影響も与えていない」と回答した対象者は全体の20.9%を占めており、「わからない」は5.7%である。他方、「親の流出によって子供の物質的な生活が悪くなった」と答えたのは1人もいなかった。これは全般的にみると、親の流出が留守子弟の物質的な生活にプラスの影響を与えてきたことを示す。

親の流出が留守子弟の教育に与えた影響についてみると、「少し影響した」と回答した対象者は全体の40.7%を占め、「大きく影響した」は6.7%を占めた。それに対し、52.6%は「親の流出は子供の教育に影響していない」と回答した。こうした結果は、留守子弟の教育に対して親の流出による影響は単一の結果ではないことを示したといえよう。

留守子弟の性格についてこの調査では「内向」、「一般」、「外向」との3つの選択肢を設けた。調査結果をみると、「外向」と回答した対象者は37.0%を占め、「内向」と答えたのは9.0%、それに対し54.0%の対象者は「一般」を選んだ。性格についての分析は非常に複雑・微妙であるが、この結果だけからみれば、親の流出が子供の性格形成に大きな影響を与えたとは直結しにくい。言い換えれば、こうした結果は少なくともこれまでの研究の一部に示された留守子弟の間に自閉症が生じやすいという論述を否定した。

6) 留守配偶者について

表7-8 労働負担の変化:留守老親と留守配偶者

	重くなった		変化なし		軽くなった		わからない	
	実数(人)	割合(%)	実数(人)	割合(%)	実数(人)	割合(%)	実数(人)	割合(%)
留守配偶者	56	76.7	11	15.1	3	4.1	3	4.1
留守老親	152	54.7	68	24.5	49	17.6	9	3.2
計	208	59.3	79	22.5	52	14.8	12	3.4

注:1) 割合について、留守配偶者は全回答者の73人を100%とし、留守老親は全回答者の278人を100%とする。
2) $\chi^2 (3) = 14.262 ; p < .01$。

　留守配偶者について本研究は、主に人口流出が留守配偶者の生活負担及び感情などに与える影響をめぐって検証した。**表7-8**は労働負担変化について留守配偶者と留守老親の意見を示したものである。この表から2点が指摘できる。第1は、配偶者の流出によって留守配偶者の負担がより重くなったこと。第2は、労働負担の変化における留守配偶者と留守老親の意見が異なっていること。具体的に言えば、人口流出による労働負担が一層重くなっていると感じる留守配偶者の割合は、留守老親よりもっと高くなっている。こうした所属グループ(留守配偶者か留守老親か)と労働負担変化に対する意見の間には統計的に関係があることが検証された。

　夫の流出が夫婦間の勢力関係にどのような影響を与えるかについては、人

表7-9 誰が家族の重要なことを決定するか?

	夫の流出前		夫の流出後		Wilcoxon Signed Ranks Test		
	実数(世帯)	割合(%)	実数(世帯)	割合(%)	Z	p	r
夫	20	32.8	8	12.7	-3.464	0.001	-0.31
妻	4	6.6	19	30.2	-3.638	0.000	-0.33
老親	1	1.6	3	4.8	-1.414	0.157	—
夫婦双方	34	55.7	28	44.4	-2.111	0.035	-0.19
家族全員	2	3.3	2	3.2	0.000	1.000	—
その他	0	0.0	1	1.6	0.000	1.000	—
わからない	0	0.0	2	3.2	-1.414	0.157	—
計	61	100.0	63	100.0	—	—	—

注:Wilcoxon Signed Ranks Testの中で、N=61。

口流出をめぐる研究の中でしばしば提起される。**表7－9**は流出した配偶者が夫であるケースのみを選択して、夫の流出に伴って家族の重要なことへの決定権の変化を示したものである。この表に基づいて、以下の2つのことが指摘できよう。

まず第1はこれらの村落における夫婦間の勢力関係が男子優位を示していること。具体的な数値をみると、配偶者が流出する前に家族の大事なことは主に夫婦双方の相談によって決められているが、もし片方なら、夫が決定権をもつ家族がはるかに多い。

第2は、配偶者（夫）の流出が家族内における留守妻の勢力の拡大をもたらすこと。具体的に、**表7－9**で夫が流出した後、「妻決定」の増加、「夫決定」の減少及び「夫婦双方決定」の減少といった3つの変化はともに統計的に検証された。今日の流出者は都市部での滞在期間を延長する傾向にあるが、その延長は、留守妻の家族内の勢力拡大を促すこととなる。その結果、農村地域の家族内における夫婦間の勢力関係は今後とも変わっていくことが予測されよう。

配偶者の流出が夫婦間の感情に与える影響をみると、74％の対象者が夫婦関係に影響していないと答えた。「配偶者の流出により夫婦感情が疎遠になった」と回答した対象者は全体の8.2％にとどまる。それに対し、2.7％は「配偶者の流出により夫婦関係がより緊密になった」と回答した。他方、この問題に対して、「わからない」と答えたのは全体の15.1％を占めている。こうした結果は配偶者の流出が夫婦関係の疎遠をもたらしたという想定を否定した。

7）人口流出の心理的・社会的な意味
（1）心理的な意味

人口流出の心理的な意味については以下の3つの面から考察した。

まず家族成員の流出に対する留守老親・配偶者の態度をみると、回答者の93.8％が「支持する」とはっきり回答したことが明らかである。それに対し、反対の態度を示したのはわずか6人で、全体の1.7％に過ぎない。これは留守家族が人口流出に対し、圧倒的に支持しているという現実を反映している。

次に人口流出後、留守老親・配偶者に孤独感を感じたか否かについて聞いてみると、「常に感じる」や「時々感じる」と答えたのは多く、留守老親の中では72.5％、留守配偶者の中では90.6％をそれぞれ占めている。こうした結果は既述の人口流出が留守家族に孤独感をもたらしたことを示し、そして留守老親と比べて、留守配偶者の間には孤独を感じている人々の割合がより高くなっていることを反映している。

人口流出による生活満足度の変化についても本調査で尋ねた。家族員が流出する前には、「やや満足」や「非常に満足」と答えたのが回答者全体の36.2％であった。それに対して、家族員が流出した後には、「やや満足」や「非常に満足」と回答したのが回答者全体の73.7％に達した。こうした結果は、生活満足度が家族メンバーの流出によって大幅に上昇したことを反映している。こうした生活満足度の鮮明な変化は孤独感を感じたものの、家族メンバーの流出が留守家族に大きな利点を与えたことを示している。

(2) 社会的な意味

人口流出は留守家族だけではなく、流出村落にも大きな影響を与えている。こうした人口流出が村落社会に与えた社会的な影響について、本研究は以下の2つの面から考察したい。

まず第1は村民関係への変化である。調査結果によると、17.0％の回答者は「村からの大量人口流出に伴って村民の関係がより緊密になった」と答えた。それに対し、「人口の大量流出により村民の関係は一層疎遠になった」と回答したのは全体の4.0％にとどまる。他方、67.7％は「変化なし」と答えた。こうした結果からみれば、村落人口の大量流出が村落内地域社会の成員間関係の疎遠をもたらしたということは、本研究では検証されなかった。

第2は流出村落全体としての変化についてみよう。表7－10はいくつかの見方に対する回答者の意見を示した。これらの質問は村落から大量の人口が流出した後、村落全体の変化に対して回答者の感想をまとめた。この表でわかるように、大量人口流出は村落社会に大きな影響を与えた。村民全体の生活水準が出稼ぎに行った流出人口の送金によって大きく改善されたと同時に、村民間に貧富の格差が一層拡大してきた。また教育が出稼ぎ労働者にとっ

表7－10　村落の変化

	同意する 実数(人)	同意する 割合(%)	同意しない 実数(人)	同意しない 割合(%)	わからない 実数(人)	わからない 割合(%)	計 実数(人)	計 割合(%)
前より村落がひっそりとしている	211	74.8	40	14.2	31	11.0	282	100.0
村民が子供の教育をより重視する	165	58.7	60	21.4	56	19.9	281	100.0
村民間に貧富の格差が拡大した	189	67.3	51	18.1	41	14.6	281	100.0
出稼ぎによって村民全体の生活水準が上昇した	228	80.9	23	8.2	31	11.0	282	100.0
村民の考えがより柔軟となり、商売をやる人が多くなった。	147	52.3	92	32.7	42	14.9	281	100.0
子供たちが学習に興味を失い、出稼ぎに行きたくなった。	84	29.9	124	44.1	73	26.0	281	100.0

て重要な人的資本となったことを認識して、村民たちは子供の教育をより重視するようになった。その上、前述した先行研究の中で示した親の流出によって留守子弟たちが孤独感をもち、学習への意欲が失われたという論述は、本調査では検証されなかった。言い換えれば、親の流出は子供の教育にはそれ程の影響を与えなかった。村民の流出が村民の経済活動を活発させ、村落社会全体としての経済水準の上昇につながり、そして村民個人レベルでの人間関係が疎遠化していないものの、村人口の減少に伴って前より村落はひっそりとしていると感じる留守老親・配偶者が多く存在している。

4．結論と今後の課題

　上記の分析を踏まえて本調査研究は以下の結論を導いた。

　第1は流出人口の多くは常に流出地の留守家族に送金し、これにより留守家族の経済状況は大きく改善されてきた。その上、留守家族メンバーの生活満足度は大幅に上昇してきた。こうした利点をうけ、留守家族の多くは出稼ぎ人口流出を支持する姿勢を示した。また送金の主な使途は家族の老親扶養、家計の維持及び子供の教育に集中しており、送金による住宅状況が大きく改

善されたことは今回は見られなかった。

　第2は留守老親の扶養に対しては、流出した家族メンバーは経済的な主な担い手となっており、他方、留守老親の病気時の介護担い手は他の親戚や留守老親の配偶者であり、残された他の子女への介護負担は大幅な上昇が見られなかった。

　第3は人口流出が留守老親の労働内容の変化をもたらした。孫に対する育児負担が上昇したのに対し、農業生産活動への参加が減少してきた。全般的にみれば、家族メンバーの流出は留守老親の労働負担を加重させたが、老親の過重負担までにはなっていない。

　第4は親の流出は留守子弟の物質的な生活にプラスの影響を与えたが、子供の教育への影響について、同一の意見になっていない。しかし親の流出によって自閉症や劣等感の発生、そして学習への意欲の低下などの問題が起こったという現象は、留守子弟の間には見られない。

　第5は人口流出は留守配偶者の負担増をもたらしたが、夫婦関係の疎遠にはつながらなかった。他方、流出した配偶者は男子が多いため、人口流出が留守妻の勢力の拡大をもたらし、その変化につながった。

　第6は人口流出により村民間の貧富の格差は拡大したが、ミクロ的に村民間の個人関係の疎遠は生じなかった。しかし、マクロ的に大量の人口流出に伴う人口減による村落社会は、以前よりひっそりとしていると感じる留守老親・配偶者が多く存在するという。

　以上の分析に示されるように、人口流出は、流出地に残した留守老親、留守配偶者、留守子弟、そして村落社会の生活に大きな影響を与えてきた。こうした大量の人口流出は中国農村地域の農業生産基盤、農村家族そして村落社会の機能維持に深刻な問題をもたらしている。とりわけ、農業生産活動は農村地域の家族収入の中でわずかの割合となってしまった。こうした低い農業収入は今後とも多くの若い農業労働力の流出を促していくと予測される。今後、中国農村社会にはどのような変化がさらに生じてくるのか、また中国農村家族の行方はどこにあるのか。これらの問題についての更なる注目・検証は今後の課題としたい。

注

1 本研究で用いる家族とは、中国語の「家庭」の訳語で、同じ所に住む夫婦・親子・兄弟など近親者を主要な成員とし、成員相互の深い感情的なかかわりあいで結ばれた、幸福（well-being）を追求する集団である。

2 この"386199"という言い方は、3月8日は国際婦人デー、6月1日は国際子供の日、また99という数値が長寿の高齢者を現す表現から使われる。

3 マードック（G. P. Murdock）は1949年にその著『社会構造』において、1組の夫婦と、実子、養子を問わず、未婚の子供とが居住を共にし、性的、経済的、生殖的、教育的の4つの機能をもつ集団を核家族と定義し、核家族の存在が普遍的であることを強調した。そして、核家族の普遍性を説くなかで、核家族がそれ自体、独立の家族単位として存在する場合と、複数の核家族が結びついて、より大きな家族単位を形成する場合とがあるとし、後者は家族の複合形態で、それには複数の結婚つまり夫婦関係の拡大を通じて形成される複合家族と、血縁つまり親子関係の拡大を通じて形成される拡大家族があるとした。

4 ここでいう「隔代家族」とは親が自分の子世帯でなく、孫世帯と同居した家族構成を指す。

5 2003年から、中国政府はようやく出稼ぎ労働者を差別なく平等に扱うべきとし、彼らの就業、子女教育、権益保護に対する関心度の高まりを示して、具体的には新条例の策定と実態調査といった2つの措置をとってきた。この2003年頃から出稼ぎ労働者に関する通達が一気に増えてきて、2005年までのわずか3年間に、20以上の条例や通知が公表された。こうした傾向のピークとして現れたのは、2006年3月の「農民工問題の解決に関する若干の意見」の公表である。また、これらの条例の策定に加えて、国家統計局は全国範囲で実施した29,425人の実態調査に基づき、2006年10月に「城市農民工生活質量状況調査報告」（「都市部出稼ぎ労働者生活の質に関する調査報告」）を公表した。

6 これらの15の村に村名の発音によって順番を付けて、そして乱数表を使って、これらの15の村から3つの村を抽出した。

7 李強は2001年に発表した論文の中で、流出地に送金する"農民工"は全体の75.3％を占めていると指摘した。詳細は李強「中国外出農民工及其送金之研究」、『社会学研究』(4)、2001年4月、64～76頁を参照。

第8章 出稼ぎ労働者の権益保護：社会保障
－2007年北京市の事例調査をもとに

1. 中国社会保障制度の概要と特徴

　社会保障制度の基本的目的は、一国・地域の国民の生存権の保障であり、政府は国民の間での所得の再分配を通じて、こうした目的の達成を実現させようとするものである（福田, 1993, 660）。出稼ぎ労働者は新たな地域に移動したことにより、多くの面において弱い立場に置かれている。そのため、なおさら彼らにとっては、社会保障制度はより重要だといえよう。一体、今日において中国の社会保障はどのような状況になっているのか。本章では彼らを取り巻く出稼ぎ先の都市部での社会保障の現状と課題を明らかにしたい。

　社会保障は、時代や社会の違いによって、その含意が様々に変化する概念である（福田, 1993, 660）。図8－1は、現代中国の社会保障制度の仕組みを示しているが、これをみてわかるように、「社会保険」、「社会福利」、「優抚安置」[1]、「社会救助」（公的扶助）、「住宅保障」といった5つの面から構成されている（国務院新聞弁公室、『中国的社会保障状況和政策』（中国の社会保障状況と政策）白皮書、2004年9月）[2]。そのうち、最も重要とされるのは社会保険である（孫ら, 2005, 2; 何ら, 2002, 115）。そのため、本研究は社会保障制度の中から社会保険に焦点をしぼり、分析していきたい。

　まずは中国社会保障制度の特徴を明らかにするため、まず中国社会保障制度の歴史と変化について簡述することから始めたい。

　第2章で既述したように、1958年1月に中国の全国人民代表大会で可決された「中華人民共和国戸籍（戸口）登録条例」により、戸籍制度が中国全土で実施された。その結果、中国の人々は都市住民と農村住民との2つのグ

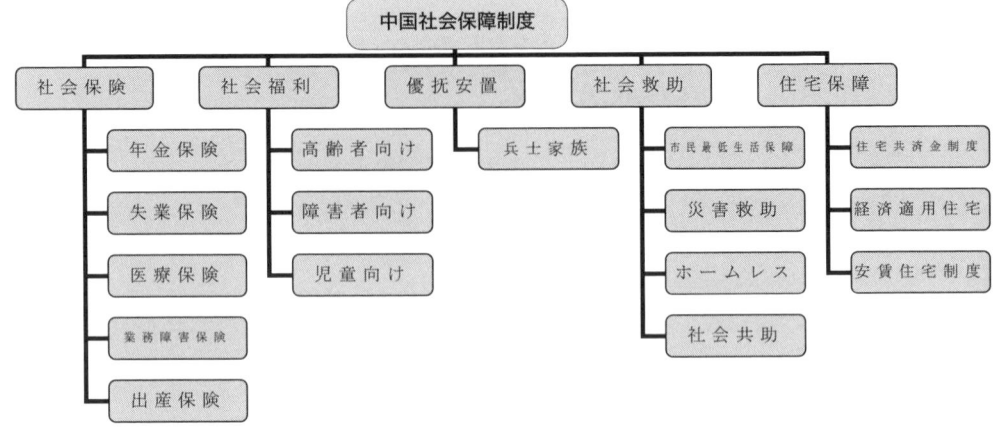

```
                    中国社会保障制度
    ┌──────┬──────┬──────┬──────┐
  社会保険  社会福利  優撫安置  社会救助  住宅保障
    │       │       │       │       │
  年金保険  高齢者向け 兵士家族  市民最低生活保障 住宅共済金制度
  失業保険  障害者向け         災害救助  経済適用住宅
  医療保険  児童向け          ホームレス 安賃住宅制度
  業務障害保険                社会共助
  出産保険
```

図 8 − 1　中国における社会保障制度の構成

注：出産保険は中国語で「生育保険」である。
出所：国務院新聞弁公室、『中国的社会保障状況和政策 2004 年』より

ループに分けられた。政府は住民の戸籍によって全く異なる待遇を人々に提供しており、都市・農村といった二元的な社会構造が作り上げられてきた。そのため中国社会保障制度についての説明をするには、都市住民と農村住民との2つのグループに分ける必要がある。

　中国の社会保障制度の歴史と変化について、様々な区分の仕方が存在している（孫ら、2002, 3-7；何ら、2002, 135-141；張ら、1996, 26-27）が、以下、各種制度の導入における都市部と農村部の違いを重点において、説明していきたい[3]。

　第1段階は1949年から1966年までで、都市・農村の社会保障制度が共に発展した時期である。この時期は中国社会保障制度の創立期間であり、社会保障制度は主に企業従業員と政府機関または事業機関に勤めている公務員を対象として展開してきた。

　1951年2月に政務院（現在の国務院）により公表された「中華人民共和国労働保険条例」は、中国社会保険体制の基本構造と制度規定を確立し、現代中国社会保障制度の最初の一歩となる（何ら、2002, 135）。この条例は企業の従業員に対し、病気・負傷・死亡・出産及び老後生活について物質的補助を

提供する方法を規定し、従業員が扶養する直系親族にも一定の保険待遇を提供することを明記した。1956年までには国営企業、公私合営及び私営企業の従業者の94％はこうした保険の対象者となった（何ら，2002, 135）。

　この時期において、政府機関または事業機関に勤めている公務員を対象とした社会保障は主に年金と医療との2つの面から展開された。具体的に、国務院は1955年12月に、「国家機関工作人員退休処理暫行弁法」（公務員退職に関する暫行法）を公表し、公務員に提供する年金の仕組みをはじめて規定した。また、医療保険については国務院が1952年6月に「関与人民政府、党派、団体及所属事業単位的国家機関工作人員実行公費医療予防措施的指示」（政府・党派・団体及び事業組織に勤める公務員の医療保険に関する指示）を公表し、約400万人の公務員に医療保険を提供し始めた。企業従業員医療保険と比べて、公務員医療保険の補助割合はより高いが、その対象者は彼らが扶養する直系親族には及ばず、公務員本人のみにとどまっている。

　上述した政策の実施により、1957年末までには年金と医療保険を柱とし、業務傷害保険、出産及び死亡補助金などを含めた社会保障制度が中国都市部で作りあげられてきた（何ら，2002, 136）。

　こうした都市での社会保障制度の進展に対し、農村では人民公社を基盤とした集団経済の発展のもとで、土地の放棄を前提とした医療・結婚・出産・死亡などへの補助を含めた、多角的だが低水準の社会保障制度が作り上げられてきた。つまり、人民公社が主体となる集団経済は農村住民の出産・老後生活・医療・葬式などに対して保障を提供する制度が農村で確立された。その時期の農村社会保障制度の最も重要な貢献は"五保戸"[4]制度と農村合作医療制度の確立であろう。しかし、工業化と都市部の発展を優先させたこの時期では農村集団経済の発展が大幅に遅れ、実際的に農村住民に提供できる社会保障はわずかであり、農民の多くは自分の家族に頼ることを余儀なくされた。

　第2段階は1966年から1977年までで、都市・農村が共に衰退した時期である。この時期は中国の"文化大革命"時期であったため、社会保障制度は実際的に機能していない。さらに、1969年2月に財政部が「関与国営企業財務工作中几項制度的改革意見（草案）」（国有企業財務における若干の制度改革

に関する意見）を出して、国有企業に労働保険金の支出を停止し、企業退職者の年金、従業員の医療代及びその他の労働保険支出を企業の当期営業外支出として処理するように命じた。こうした規定によって、社会保険は社会から企業の各自負担へと変化した（孫, 2005, 4）。

　第3段階は1978年から2002年までで、都市部を中心とした社会保障制度の改革期である。1978年からの改革開放は農村から始まったものといえるが、その改革によって、農地の使用権とその主要な収益権を農民に返したと同時に、政府は農民の社会保障への含みいれを完全に放棄した。合作医療制度が崩壊し、農民の社会保障はほとんど空白状況におかれ、土地が農民の唯一の社会的支えと化した[5]。

　それに対し、都市での社会保障は進展した。国務院は1978年6月に、「国務院関与安置老弱病残幹部的暫定方法」（老人・障害者の公務員への生活支援に関する暫行法）と「国務院関与工人退休、退職的暫行弁法」（工人の退職に関する暫行法）といった2つの条例を制定し、従来の社会保障制度の機能回復とさるなる発展を実現させた。この時期において都市における社会保障制度の進展は主に年金、医療保険、失業と出産といった4つの保険が進展を遂げた。医療保険については、1984年から労働人事部と全国総工会は北京市で行なった医療保険改革の施策を他の地域に導入させ、医療保険の改革を進めた。国務院は1998年12月に「関与建立城鎮職工基本医療保険制度的決定」（都市労働者の基本医療保険制度作りに関する決定）を公表し、全国的範囲で都市従業者医療保険制度の改革を推進すると明言した。

　また、年金制度改革について国務院は1991年6月に「関与企業職工養老保険制度改革的決定」（企業労働者養老保険制度改革に関する決定）を公表し、年金基金を国・企業・個人との三者で負担するように規定した。さらに1997年7月には国務院が「関与統一的企業職工基本養老保険制度的決定」（統一した企業労働者基本養老保険制度に関する決定）を公表し、目標として全国範囲で統一した養老保険制度の確立を掲げた。

　1986年7月に国務院は「国有企業職工待業保険暫行規定」（国有企業労働者失業保険に関する暫行法）を公表し、初めて失業保険制度を中国社会に導入した。さらに1999年1月に国務院が「失業保険条例」を公表し、都市部企業

事業機関の従業者に失業保険の加入方法とその補助額について規定した。

出産保険については、1988年7月に国務院が「女職工労働保護規定」を公表した。これは女子就業者の労働保護に関する最初の総合的な規定であり、それまでの政府機関、事業機関及び企業の出産保険制度を統一した。1994年には労働部が「企業職工生育保険試行方法」（企業労働者出産保険に関する試行方法）を公表し、出産保険の管理者を各企業から政府の社会保障機関に移すように命じた。

上述した条例に加えて、政府は一連の改革策と実験を各地で試みてきた。こうしてこの時期において都市の社会保障制度は様々な改革を経て改善されていった。

第4段階の2003年から現在までは、農村・都市の社会保障制度が並行して改革された時期である。既述したように1978年から2002年の間に、都市では社会保障制度の確立と改善は着実に進んだが、農村ではほとんど空白であった[6]。2003年から政府は社会保障改革について農村に力を入れ始めた。2003年1月に国務院は、衛生部・農業部及び財政部が提出した「関与建立新型農村合作医療制度的意見」（新型農村合作医療制度作りに関する意見）を許可し、各地に通達した。この意見の通達によって多くの農民が医療保険に加入し、2007年までこうした制度は全国的に普及されるようになった。

この時期において都市でも社会保障制度の改善も大きく進展を示した。2007年7月に国務院は「関与開展城鎮居民基本医療保険試点的指導意見」（都市住民基本医療保険の試みに関する意見）を各地に通知した。これによって都市住民のすべては医療保険制度においてカバーされるようになった。

こうした社会保障制度の歴史を経て、中国農村住民と都市住民は社会保障制度において全く異なる状況におかれてきた。具体的にいえば、都市住民は就業・住宅・医療・年金などの面において制度上保護されているのに対して、農村住民は基本的に国からは何も保護されず、土地と自分の家族だけに頼っている状況である。

さて、1980年代から農村から都市への出稼ぎ労働者の大量の人口移動は従来の都市住民・農村住民といった2つのグループに加えて、中国社会に第三のグループを作り上げることとなった。しかし、社会保障制度についての

紹介で既に示したように、社会保障において農村住民と都市住民は全く異なっている。こうして第3のグループとしての出稼ぎ労働者は農村から離れて都市で暮らしているにもかかわらず、出稼ぎ先地の戸籍をもらえていない。2003年以降、政府が出稼ぎ労働者を対象にした一連の改善政策を出した[7]が、これらの政策の実施によって改善できたとはいえない。そこで今出稼ぎ労働者の社会保障の現状を究明することは、緊急にしてかつ重要な社会課題の1つとなっている。

2．研究目的と調査方法

本章では実証調査に基づき、出稼ぎ労働者の社会保障問題を取り上げ、具体的に以下の3つの課題を考察したい。

1) 都市に流入した出稼ぎ労働者は、制度上において都市住民と同様の待遇を受けられているのか。
2) 社会保障において出稼ぎ労働者内部には格差が存在しているのか。もし格差があるなら、どのような要因がそれをもたらしたのか。
3) 流入先地では、出稼ぎ労働者がどのような社会的サポートを求めているのか。

以上の3つの課題を解明し、今日都市部に流入した出稼ぎ労働者の社会保障の現状を明らかにする。本章では以下、2007年北京市で実施した事例調査の結果から分析を進めたい。

調査地に北京市を選定した理由は以下の3点である。

その第1は、第3章で記したように、大都市・北京は今日出稼ぎ労働者の主要な流入先であること。

第2は、北京市・上海市に流入した出稼ぎ労働者の定住意識は広東省などの他地域よりも高くなっていること。一時的出稼ぎ労働者よりもこうした定住者にとっては、流入先での社会保障はより重要かつ切実だと考えられる。

第3は、中国政治の中心である首都・北京市は社会保障制度を含めた戸籍制度の改革は他地域よりも遅れていること。

この調査は2007年度日本学術振興会特別研究員奨励費の助成によって行

なった。調査時期は 2007 年 11 〜 12 月の 2 カ月。調査の実施にあたり、中国人民大学社会学系の教授らと学生の協力を得た。対象者は北京市に戸籍のない労働者であること。対象者の抽出にあたり、本調査ではスノーボール法（snowballing sampling）を用いた。そして、出稼ぎ労働者の社会保障の全貌を反映し、各職業の相違を比較するために、対象者の選択過程には、職業、出身、教育水準、性別などを配慮した。調査内容には、出稼ぎ労働者本人と家族の基本状況、労働就業状況、社会保障状況、社会的ネットワークが含まれる。インタビューを行なう時に、調査員はテープレコーダーを用いて、調査後に記録した内容を整理した。

3．調査の結果

調査は最終的に 100 人を対象としてインタビューした。内出稼ぎ労働者は 97 人、残りの 3 人は北京市現地政府に勤める出稼ぎ労働者の担当官である。

1) 回答者の人口的な特徴

出稼ぎ労働者 97 人のうち、男 47 人、女 50 人である。婚姻状況は、未婚者 55 人、既婚者 40 人、残りの 2 人は離別者である。また、出身地についてみると、新疆、青海、上海、広東及び天津を除いて他のすべての省が含まれている。戸籍は、農業戸籍者が 54 人、非農業戸籍者が 43 人。年齢分布をみると、最も若い回答者は 18 歳、最高齢は 60 歳である。年齢分布をみると、20 歳から 60 歳までが含まれる。また学歴分布をみると、小学校卒以下が 11 人、中学校卒が 22 人、高校卒が 26 人、短大卒が 10 人、大学卒以上が 28 人となっている。職業は 73 種に分類され多様であるが、技術者 9 人、管理層 7 人、事務員 16 人、商業従事者 17 人、サービス業従事者 34 人、生産・運輸業従事者 4 人、建築労働者 7 人、その他 3 人である。

こうした性、年齢、学歴、職業、戸籍、出身地といった特徴を通じて、今回のインタビュー調査から北京市に流入した出稼ぎ労働者の社会保障についての全貌及びそのうちの各グループ間の格差についての分析が可能となる。

2）出稼ぎ労働者内部の階層格差：「北漂」と「農民工」階層の存在

　調査結果から出稼ぎ労働者の中で、著しい階層格差が存在していることが確認された。具体的にいえば、高校卒以下の出稼ぎ労働者は、30代以上の既婚者が多く、仕事が主に商業、サービス業や建築業などの肉体労働に集中しており、彼らの住まいは主に北京市郊外にある従来の現地農民が建設した「平房」に集中している。それに対し、短大卒以上の出稼ぎ労働者は未婚の若者が多く、商業とサービス業に加えて、会社の事務員、専門技術者や管理職まで幅広く、彼らの住まいは市内のマンションに集中している。こうした学歴と関連して生じた階層格差は今日の出稼ぎ活動における学歴の重要さを反映している。

　そして各職業の平均月収を計算してみると、大きな格差があることが明らかである。つまり、管理層が9,700元、技術者が5,625元、事務人員が2,664元、商業従事者が2,125元、サービス業従事者が1,373元、生産・運輸業従事者が1,625元、建築現場労働者が1,371元となっている。こうした出稼ぎ内部における階層格差の存在が収入や住まいなど客観的な状況だけから窺えるのみではなく、一部の高学歴出稼ぎ労働者は自分が出稼ぎ労働者ではないと強く否定している。事例29は自分と"普通の流動人口"との差異について以下のように語ってくれた。

> "われわれは、「北漂」であり、流動人口ではない。お金を稼ぐために北京に流入したわけじゃない。農民工、家政婦などの「流動人口」と比べて、われわれは、多くの面において異なっている。北京戸籍はないが、われわれはそれなりの学歴をもつし、仕事経験をもち、家庭状況もそれほど悪くはないよ。個人の理想を実現するために北京市に流入してきた。……「北漂」という人は皆、大都市総合症をもつよ。人間性としては、無関心で、冷たい方向になりつつある。……"（事例29、男、28歳、未婚、大学卒）。

　事例29が語ったように、出稼ぎ労働者のうち、「北漂」と「流動人口」との分け方が彼らの中で存在することが窺える。しかし、こうした階層格差を

もたらした学歴は、彼らの社会保障においてもはたして同類の区分をもたらしているのか。

3) 出稼ぎ労働者の社会保障
(1) 社会保障知識の欠如とその理由

まず、出稼ぎ労働者の社会保障に関する知識を尋ねた結果、「全然ない」と回答したのは64人で、66.0％を占めている。「少しある」と回答したのが27人で27.8％を、他方「やや詳しい」はわずか6人で6.2％しか占めない。こうした結果は、学歴や職業と関係なく出稼ぎ労働者の全体の社会保障に関する知識の希薄さを反映している。また、社会保障への関心の薄さに関する理由は基本的に2つのタイプが存在する。その第1は長期的に社会保障制度に排除された立場に置かれているため、出稼ぎ労働者本人が市民と同じように社会保障を享有する権利さえないと思っている。言い換えれば、社会制度により生じた不公平をそのまま当然なこととして受け入れている。多くの出稼ぎ労働者はこのような心境をもち、当然ながら社会保障に対する関心が生れない。このような心境について事例23と47は次のように話した。

> "社会保障は当然必要なものと思うわ。しかし、そのような良いことはありえないだろう、きっと夢に過ぎない。勤め先にはこうした待遇がないよ。われわれ個人としては社会保障に加入するお金はどこにもないよ。"（事例23、女、文盲、55歳、自転車管理人）
> "北京の社会保障制度についてはまったくわからない。社会保障は必要と思うが、このような待遇はわれわれにとって全くの夢に過ぎないだろう。"（事例47、女、小学校卒、38歳、トイレ管理人）

また、第2のタイプは自分がまだ若いから、社会保障は必要ないと認識し、それへの将来的投資よりも、今そのお金が必要だと考えている。その心境については、事例27が以下のように語ってくれた。

> "北京市の社会保障に詳しくない。個人としては私にとってこうした

ことは重要ではないと思っている。というのはまだ若いから、医療、養老、出産などは自分にとって遠いものである。……"（事例27、女、18歳、エレベータ運転手）

以上の2つのタイプから生じた社会保障に対する無関心に加えて、政府、企業や社会が出稼ぎ労働者たちに社会保障に関する知識を提供していないことも、今日出稼ぎ労働者たちの知識の欠如をもたらしている。それについて事例88は以下のように話した。

"北京市の社会保障については全然わからない。こうした制度を知るルートもないし、個人としては自分と関係ないと思っている。"（事例88、女、19歳、工芸品店店員）

(2) 社会保障における格差：市民との格差及び内部格差

既述の社会保障知識の欠如の中で、出稼ぎ労働者がどのような社会保障を受けているのかの現状をみよう。**表8－1**は職種ごとに回答者の各保険への参加率を示している。この表から出稼ぎ労働者の社会保障において以下の3つの格差が存在することが読み取れよう。

その第1は、北京市民との格差。北京市民と比較してみると、出稼ぎ労働者の社会保障への加入がかなり遅れている状況が調査結果から明らかである。

第2は、異なる保険間の格差。つまり、社会保障の類型によって出稼ぎ労働者の加入率が異なっている。具体的に言えば、医療保険への加入率は44.3％と最も高い。住宅基金への加入率は最も低く、わずか12.4％にとどまっている。

第3は職種間の格差。つまり職種によって各社会保障への加入率が異なっている。全般的に見れば、ほぼすべての社会保障制度において管理層が最高の加入率を示すが、業務上障害保険については建築労務の加入率が最も高いことが確認された。その理由は、建築労務仕事の危険性が最も高いため、政府が企業側に対し、その保険の加入を強く求めたことに加えて、企業側とし

表 8 - 1 職種と各保険への加入率

(単位：％)

		養老保険	医療保険	失業保険	住宅基金	業務上障害保険
職種	管理的職業	71.4	71.4	57.1	28.6	42.9
	技術者	44.4	55.6	33.3	44.4	44.4
	事務人員	56.3	56.3	50.0	37.5	37.5
	販売員	11.8	41.2	0.0	0.0	23.5
	サービス職業	2.9	29.4	3.0	0.0	32.4
	生産労働者	0.0	75.0	0.0	0.0	25.0
	建築労務	0.0	57.1	0.0	0.0	85.7
	その他	0.0	0.0	0.0	0.0	0.0
回答者全員		21.6	44.3	16.7	12.4	36.1

表 8 - 2 戸籍・学歴と各保険への加入率

(単位：％)

		養老保険	医療保険	失業保険	住宅基金	業務上障害保険
戸籍	農業戸籍	7.4	40.7	5.6	3.7	35.2
	非農業戸籍	39.5	48.8	31.0	23.3	37.2
学歴	小学校卒以下	0.0	45.5	0.0	0.0	18.2
	中学校卒	4.5	18.2	0.0	0.0	31.8
	高校卒	7.7	50.0	3.8	0.0	42.3
	短大	20.0	30.0	20.0	20.0	30.0
	大学卒以上	57.1	64.3	46.4	35.7	42.9

てもその加入した対象者に事故が発生した際には、自分の負担も軽減できるからと考え、他の保険への加入と比べて、より多くの積極性を示している。また、**表 8 - 2**は各保険への加入率と戸籍・学歴との関係を示したものである。各保険への加入と戸籍の関係をみると、養老保険、失業保険と住宅基金において農業戸籍より非農業戸籍出身の出稼ぎ労働者が社会保障への加入率がより高いことが調査で確認された。それに対し、業務上障害保険と医療保険への加入においてこの２類型の回答者の加入率がほぼ同じレベルに達していることが確認された。また、学歴と加入率の関係については、学歴が高ければ高いほど、各保険への加入率がより高くなっていることも読み取れる。

4）社会保障の未整備がもたらした影響

さて、社会保障の未整備は出稼ぎ労働者の生活にどのような影響を与えて

いるのか。調査結果をまとめてみると、基本的には以下の3点が指摘できよう。

第1は、生活コストの上昇であるが、これには制度上の欠如によるコストの上昇と市民の差別的な行為によるコストの上昇との2つが含まれる。事例77はこれについて自分の経験を以下のように話した。

> "……われわれの生活は北京市民と比較することができないよ。北京市郊外の農民さえ毎月何千元の家賃収入があるよ。大勢の出稼ぎ労働者がそこの農民が建てた平房を借りているからだ。……生活面においても北京市民はガス証をもっているため、一瓶のガスに50元もかからないのに、われわれ外来者（出稼ぎ労働者のことを指す）なら100元以上かかるよ。その理由は北京市の戸籍がないからだ。子供の入学について政府は出稼ぎ労働者の子供が北京市のすべての学校に入学できるようと命じたけれど、現実的には北京市民の子供とはまだ同じように扱われてはいないよ。質のいい学校なら、外来者の子供が入学できる機会はまったくないよ。……郊外の農民たちのほとんどは自分の庭で井戸から水を汲むために、水道料金を支払っていない。われわれは同じところの水を汲む場合、村に水道料金を支払わなければならない。電気料金は大家さんに支払うという形になっているため、彼らはいつも正常料金の倍以上をわれわれに請求してくるよ……（事例77、男、39歳、高校卒、無免許タクシーの運転手）

こうした事例77のインタビューから示された制度上の差別と現地市民との差別によって、出稼ぎ労働者の生活コストの上昇は決して珍しくはない。北京市郊外に現地農民の平房を借りて住んでいる出稼ぎ労働者の多くは、同じような問題に直面していることが調査で確認された。北京市に流入した彼らの多くが郊外の平房に集中することを考えると、北京市民と出稼ぎ労働者の対立は避けられないであろう。そしてガスや電気使用料金の差別に加えて、電話料金や他の多くの生活面において出稼ぎ労働者と北京市民とは異なる待遇をうけていることが確認された。

医療を発展させるという方針の改革の下で、近年中国社会の医療費用が著しく高騰しつつある。医療保険さえない出稼ぎ労働者はどのような対応に迫れているのか。調査結果から、病気を抱えた場合に正式な病院で診査を受けにいくと回答したのは、医療保険に加入している回答者のうちの79.6%に達しており、他方医療保険に入っていない回答者のうちではわずか9.3%にとどまっている。このように両者の間には大きな格差が存在している。事例19は、医療費用に関して以下のように語った。

"われわれのような外来人口にとっては負担できる社会保障が非常に必要と思う。外来人口として、就職、給料などが悪い立場に置かれており、さらには高額の家賃（1700元）を払わなければならない。そして子供の教育費用も毎年15,000元がかかる。子供の治療にもお金を使うから、経済的に裕福ではないよ。われわれは治療費用を払えないから、病気が怖いよ。しばらく前に気管炎になって、病院に2回いったら医療費用が600元もかかったよ。本来ならばさらなる診療が必要だけど、医療費用が高くて続けることが出来なかった。小さな薬店にいって薬を買うしかなかったよ。"（事例19、女、42歳、大学卒、外国ブランド洋服販売）

それに対し、事例26は自分が入った医療保険について以下のように語った。

"これまでに、医療保険を使ったことがある。非常に良かったと思うわ。病気の時には医療費は会社と個人での共同負担となるため、個人としての圧力がずっと減っている。最も重要なことは個人としてのアイデンティティと安心感をもつようになったことだ。（事例26、女、28歳、大学卒、会社員（販売担当））

第2は心理的不安。社会保障の重要な役割のひとつは対象者に心理的な安心感を提供することである。上述した事例19と26のインタビューから、医

療保険の有無による個人的心理的安心感の相違が窺える。こうした不安は出稼ぎ労働者の医療への対応だけではなく、出稼ぎ労働者の生活全面に影響を与えていることが調査から検証された。事例84は社会保障と社会的安心感の欠如について以下のように語った。

　　"……社会保障について、私個人の認識について言えば、農村と都市との格差が大きすぎるのに、農民たちには制度的・基本的に何も保障されていない。私の故郷なら、もし家族内の子供がきちんと老親を扶養しないと、老親が餓死する可能性もあるよ。おそらくこれは現代的な"階級矛盾"ではないか。……去年病気を患った時に、非常に困った。個人的にもお金がなかったし、親戚からも借りられなかった。親戚のほとんどは農民だから、彼らのお金は翌年の農業生産投資に使わなければならない。そのため、他人に貸せる余分のお金がない。……時々現在の生活において、私は頑張る勇気さえ出せない。というのは安心感が全然ないからだ。いろいろなことを心配しなければならないし、困った時に助けを求めるところがない……"（事例84、男、35歳、中学校卒、作家）

　上述した事例84のインタビューから、社会保障への加入を排除されていることは、出稼ぎ労働者たちはすべてのことに個人の力に頼るしかないといった孤立した立場にさせ、社会の中で個人の無力感を生じさせ、出稼ぎ労働者のさらなる発展に心理的にも大きな壁を作り出した。

　第3は、不公平感の発生と北京市や北京市民への対立行為である。
　こうした制度上における客観的な差別と、北京市民からの主観的な差別とあわせて、出稼ぎ労働者の多くは北京市及び北京市民に対する敵対的な感情をもたらした。こうした感情について事例29と46は次のように語った。

　　"北京人の一部は仕事をしていないのに、最低生活保護を受けているため、生活に全然困らない。われわれにはこうした待遇はないよ。し

かもわれわれは、北京人から多くの差別を受けている。こうした"不平等待遇"が私に悪い影響を与えつつ、そして北京市民の良くない態度から、私は彼らと親しくなれないのだ。厳密に言えば、私は北京では生活ではなく、ただの"生存"をしているに過ぎない。北京というところは、人間性が圧迫され、無関心で索漠とした町だよ。こうした環境の中では当然ながら北京市も北京人も好きになれない。彼らは多くの点で"特権"をもっているから。人間性でいうなら、彼らは個人中心、怠惰、横柄。本来ならば、競争的社会におかれているはずが、北京市ではわれわれに対する多くの不公平が存在している。"（事例29、男、28歳、大学卒、5人の会社経営）

"私は37歳で、北京での生活は20年間もたった。北京市の発展にも貢献したと思うが、「主人」という待遇は一度も受けていない。私が知る限り、北京市の外来人口は総人口の3分の1に達している。もし、彼らはこうした不安定な状況（この地域の主人としての待遇が受けられない状況）にずっとおかれているなら、心理的に彼らはより「個人中心」になってしまうだろうよ。しかも社会に対する不満もたまっていく一方である。流動人口が北京市という町に責任感と不信感をもつのは当然だ。……権利と義務はともにくるはず、われわれは自分の義務を果たしたが、権利を求めることは当然なことだよ。"（事例46、女、37歳、大学卒、50人IT会社の社長）

　上述した事例29と46のインタビューから、こうした制度上の差別と都市農村といった二元的社会による出稼ぎ労働者に対して生じた北京市民の主観的な差別の存在によって、出稼ぎ労働者の多くは社会的に"不公平感"をもち、そして北京市民と対立した関係を作り出したケースが数多く存在することが調査で判明した。また、回答者の一部はわざと反社会的な行為を起こしたことを認めた。こうした出稼ぎ労働者と北京市民との緊張感や対立は現地社会の融合・コミュニティ形成には大きな壁となっている。

5) 出稼ぎ労働者のソーシャルサポート

さて、こうした社会保障制度加入への排除に直面している出稼ぎ労働者は、困難な状況におかれる際に、政府からの支援が期待できないなら、どこに助けを求め、自分のソーシャルサポートを築いているのか。**表8－3**はその状況を示した。この表から出稼ぎ労働者のソーシャルサポートについて以下のようなことが指摘できよう。

第1は、北京市民のほとんどが出稼ぎ労働者たちにソーシャルサポートを提供していないこと。それに対し、自分の親戚や友達に頼るのが出稼ぎ労働者の通常のソーシャルサポートを求める主要な手段となっている。

第2は、農業戸籍をもつ出稼ぎ労働者にとって、北京市にいる親戚が最も重要なソーシャルサポーターであるが、非農業戸籍の出稼ぎ労働者にとっては北京市の友達が彼らの社会生活を支えるために最重要な役割を果たしている。前述した出稼ぎ労働者内部の階層とあわせてみると、「北漂」たちの生活には友達の存在が彼らの北京市での生活の展開に大切な役割を果たしているのに対し、「農民工」の生活はほとんど自分の親戚を中心にして展開されているといえよう。

また、回答者がソーシャルサポートを求める場所によっては、出稼ぎ労働者の社会的支持を獲得するルートは以下のような3種にわけることができる。それらは、①現地型、②流出地型と③流出地・現地型である。事例15と32は現地型について以下のように語った。

表8－3　戸籍別にみる出稼ぎ労働者のソーシャルサポーター

	農業 実数（人）	農業 割合（%）	非農業 実数（人）	非農業 割合（%）	合計 実数（人）	合計 割合（%）
故郷の親戚や友達	8	14.8	7	16.3	15	15.5
北京市にいる親戚	17	31.5	6	14.0	23	23.7
同僚や勤め先	4	7.4	4	9.3	8	8.2
北京市の友達	13	24.1	19	44.2	32	33.0
北京市現地市民	2	3.7	0	0.0	2	2.1
いない	10	18.5	6	14.0	16	16.5
教会	0	0.0	1	2.3	1	1.0
合計	54	100.0	43	100.0	97	100.0

"……困難な状況に直面した際に、北京でできた友に頼るしかない。友達を除いて外に支援してくれる人はいないよ。もちろん両親に助けを求めたら、彼らは全力で助けてくれるだろう。しかし、故郷にいる両親は北京の状況がわからないので、どこまで助けられるのかわからない。その上、私は両親に心配をかけたくないし……"（事例15、女、24歳、大学卒、会社員）

"……困難な状況になった時には、北京にいる両親には頼りにいく。もし両親でも解決できない場合には、自分自身に頼るしかない。故郷の親戚のほとんどが外地域に流出したので、故郷からは有力なサポートがもらえなくなったよ……できれば、現在の大家さんに頼みたい。なんといっても彼は現地の人間だから人脈も広いので……"（事例32、女、37歳、中学校卒、パート）

このように事例15と32のインタビューから、困難な状況に直面した時に、北京市現地にある自分の社会的ネットワークに社会的な支持を求める姿が窺える。現地型というルートにおいてはこの2つの事例が類似しているが、その理由は異なっている。事例32のインタビューでみられるように、自ら北京で積極的に友達を作って、困難な時に友たちに助けを求めにいくというやり方は、基本的に高学歴の回答者に限られている。つまり、北京で自分の努力によってそれなりの社会的ネットワークを作れる人間だけに限られる。それに対し、事例32は、故郷の親戚の大量流出によってそこから有力な支援を求めることができないため、北京市にある社会的ネットワークに頼るしかないという選択を迫られた結果である。いずれにせよ、北京現地にある社会的ネットワークは、出稼ぎ労働者のソーシャルサポートを提供するのに最も重要な役割を果たしている。

上記の現地型に対し、自分の故郷にソーシャルサポートを求めるのが出稼ぎ労働者たちの第2の重要なルートである。事例85と61はこのやり方について以下のように語った。

"……もし、私が困難な状況におかれたら、おそらく（故郷にいる）自分の両親に助けを求めにいくだろう。なんといっても、両親は私にとって最も親しい存在であり、それに私は彼らの唯一の息子だから……"（事例85、男、31歳、大学卒、外資企業市場部部長）

　"……北京市政府がわれわれを助けることは期待できない。トラブルがあれば、故郷にいる親戚や友達に助けを求めにいくよ。北京市の友達なら、みんなが私とほぼ同じような状況におかれているため、彼らから助けられることは期待できない……"（事例61、男、28歳、高校卒、プリント店経営）

事例85は仕事においてかなりの業績を上げたことによって、高い社会的地位も手に入れた。しかし、北京市の知人たちがほとんど仕事上の関係のため、個人の私的生活のトラブルにおいて支援してくれる人がいないことがインタビューで明らかになった。そして、「故郷にいる両親がかなりの実力者であるため」、いざという時に自分の両親に助けを求めるのが彼らの必然の対応である。また、事例61の場合は、北京の知人のうち、親しい友はいるが、そのほとんどが自分と同じように苦しい状況におかれているため、他人を助けるだけの力がない。いずれにせよ、出稼ぎ労働者は現地で助けを求めることができないため、トラブルに遭うと自分の故郷に頼らざるを得なくなるのである。

　第3のルートは故郷・現地型である。これは故郷にいる人やサービスを現在の流入先地まで移動させて、故郷の助けを現地の助けへと変えさせるやり方である。このやり方について事例23は次のように語った。

　"……私の家族は6人であり、息子夫婦と孫3人だ。この孫たちは皆北京で生れた。北京市病院の医療費用が高くて、そこに入ることができなかった。ために、出産の時には、故郷の助産婦を北京に呼んで助けてもらったわ。もちろん、皆が知り合いだから、お金なんかいら

ないけれど、旅費とお礼はしっかりしたよ。ありがたいと思っているよ……"

　出稼ぎ労働者は北京市病院の医療費を負担できないため、大病を抱えた際には、自分の故郷に帰って診療してもらうのが通常の対応である。上述した事例23は故郷の社会資源を北京にまで移動させ、自分の頼りとして使い用いるのが出稼ぎ労働者の社会的支持を求めるための新たな第3のルートといえよう。2008年9月に、筆者が湖南省攸県農村で実地調査を行なった際に、現地政府は出稼ぎ先の深圳市で1つの駐留所を作り、そこで流出者にサービスを提供し始めたという。こうしたやり方は流出地と流入地を一体にして、出稼ぎ労働者の生活にソーシャルサポートを提供するには有効なやり方ともいえよう。今後、こうした第3のルートのソーシャルサポートの提供がどこまで進展していくか注目されよう。

4. 結　論

　以上の97人の出稼ぎ労働者を対象としたインタビューによる事例調査から、今日の都市に流入した出稼ぎ労働者の社会保障について、以下のような結論を導くことができよう。
　第1は、出稼ぎ労働者内部には著しい階層格差が存在すること。現地の戸籍がないことが彼らの共通の特徴といえるが、学歴を基準にして彼らは短大卒以上と高校卒以下との2つのグループに分けることができる。そして、この2つのグループは住宅や職業などに格差が存在した上で、かつ彼らは主観的にこうした階層の分化を意識している。
　第2は、長い間差別された環境におかれていることに加えて、情報の欠如が出稼ぎ労働者の社会保障に関する知識の欠如をもたらしていること。また、企業側として、自分の利益につながる保険にしか積極性を示さないことと、出稼ぎ労働者たちが社会保障の重要性に対する理解不足は出稼ぎ労働者の社会保障の現状改善にマイナスの要因となっている。
　第3は、一連の改善政策が実施されたにもかかわらず、現実的に出稼ぎ労

働者の社会保障が現地住民よりもかなり遅れており、彼らの多くは依然として"体制外"の存在であること。また、教育といった人的資本への投資によって、高学歴の出稼ぎ労働者は比較的によい職につけたにもかかわらず、その多くは同職場にいる北京市民との待遇格差が依然として存在している。戸籍制度の存在は彼らと対等な市民待遇の獲得に大きな壁となっている。

第4は、制度上の差別に加えて、現地住民から出稼ぎ労働者への差別行為は、出稼ぎ労働者の生活コストの上昇、安心感の欠如、及び現地市民との対抗的関係をもたらしたこと。こうした現状は現地社会との融合にとって大きな壁となっている。

第5は、制度上の支持や現地市民からのサポートが欠如した状況の中で、出稼ぎ労働者たちが自らの努力で流入先地で自分の社会的支持を築くことを余儀なくされたことである。その具体的なルートには現地型、流出地型、そして流出地・現地型といった3つの類型が存在している。

注

1 「優撫安置」とは、軍人が負傷または死亡した場合に、政府が本人及びその家族に保障を提供する制度である。
2 各制度の詳細についての紹介は、以下の著書を参照されたい。
孫祁祥、鄭偉等著、『中国社会保障制度研究』中国金融出版社、2005年7月、pp.2-3；張琪ら主編、『社会保障制度改革』経済管理出版社、1996年8月、pp.9-13；何軍主編、『労働与社会保障』東北財経大学出版社、2002年3月、pp.113-117.
3 各条例の中で定めた資金の出し方、管理方式及びその効果についての議論は、何軍主編、『労働与社会保障』東北財経大学出版社、2002年3月、pp.135-141.
4 "五保戸"制度は1956年に第1回全国人民代表大会第3次会議で決定した「高級農業生産合作社示範章程」（高級農業生産合作社に関する条例）をきっかけに実施された制度であり、農村において扶養者がいない、労働能力がない、生活収入がない人に、食事、服装、燃料、幼児に対する教育及び老人に対する葬式の5つを提供する制度である。改革開放以来、こうした"五保戸"政策は、食事、服装、住まい、医療、葬式（幼児の場合は教育）へと変化した（朱, 2001, 122-123）。
5 この時期においては、農村における年金制度を始めとした社会保障制度の設立には政府が力を入れたが、その普及率と効果はごく一部の地域に限られ、農民の多くは社会保障制度に排除された状況におかれてきた。年金制度の改革と成果に関する詳細は1995年10月に通達された「国務院弁公庁転発民政部関与進一歩做好農村社会養老保険工作的意見的通知」（国務院は民政部が提出した農村におけ

る養老保険の改善に関する意見を転送する通知）を参照されたい。

6 1991年1月から国務院の支持で民政部が「農村社会養老保険基本方案」を作り、中国各地でいくつかの実験地区を選んで農民の養老保険の確立について試みたが、参加者はほんの一部にすぎず、全国的な統一した制度にいまだになっていない。

7 出稼ぎ労働者の社会保障をめぐる政策の紹介は、鄭功成・黄黎若蓮等著『中国農民工問題与社会保護』人民出版社、2007年、pp. 669-698. を参照のこと。

付録：対象者特徴一覧

1) 小学校未満の回答者

教育水準	事例番号	性別	年齢	婚姻状況	出身地	戸籍	住宅類型	職業
文盲	23	女	55歳	離別	安徽	農業	借りた平房	自転車管理人
合計				1人				
小学校卒	78	男	44歳	既婚	江蘇	農業	借りた平房	工場労働者
小学校卒	47	女	38歳	既婚	河南	農業	職場	トイレ管理人
小学校卒	73	男	43歳	既婚	四川	農業	建設現場	建築現場労働者
小学校卒	80	男	52歳	既婚	遼寧	農業	地下室	自転車管理人
小学校卒	5	男	34歳	既婚	河南	農業	借りた平房	ごみ収集
小学校卒	6	男	38歳	既婚	河南	農業	借りた平房	人力車運転手
小学校卒	4	女	39歳	既婚	安徽	農業	借りた平房	掃除員
小学校卒	51	男	50歳	既婚	河南	農業	建設現場	建築現場労働者
小学校卒	79	男	19歳	未婚	湖北	農業	建設現場	建築現場労働者
小学校卒	75	男	37歳	既婚	河南	農業	借りた平房	調味料販売店長
合計				10人				
短大卒	99	女	21歳	未婚	河南	農業	借りた平房	会社員
短大卒	16	男	25歳	既婚	陝西	非農業	社員寮(無料)	軍隊運転手
短大卒	68	男	24歳	未婚	河北	非農業	NA	ジム指導員
短大卒	70	男	26歳	既婚	甘粛	農業	借りた平房	ペット医者
短大卒	65	女	24歳	未婚	安徽	非農業	購入したマンション	雑誌編集
短大卒	63	男	27歳	未婚	河北	非農業	借りたマンション	会社員
短大卒	89	女	25歳	未婚	安徽	非農業	借りた平房	会社エンジニア
短大卒	36	女	23歳	未婚	安徽	非農業	地下室	金融機関事務
短大卒	41	男	28歳	未婚	安徽	非農業	借りたマンション	ITソフト開発
短大卒	40	男	29歳	未婚	安徽	農業	借りたマンション	ジム指導員
合計				10人				

2）中学校卒者の回答者

事例	性別	年齢	婚姻状況	出身地	戸籍	住宅類型	職業
3	女	37	既婚	山東	農業	職場	洗濯屋経営
50	女	25	既婚	河南	農業	借りた平房	果物販売
10	男	18	未婚	山西	農業	借りたマンション	本屋販売員
54	男	60	既婚	遼寧	非農業	職場	郵便物管理人
32	女	37	既婚	吉林	農業	借りた平房	パート
1	女	36	既婚	甘粛	農業	職場	家政婦
84	男	35	未婚	黒龍江	農業	NA	作家
82	女	18	未婚	吉林	農業	社員寮（無料）	警備員
17	男	37	既婚	山東	農業	建設現場	建設現場労働者
76	女	31	既婚	四川	農業	借りた平房	パート
56	女	19	未婚	安徽	農業	借りた平房	洋服販売員
88	女	19	未婚	江蘇	農業	借りた平房	工芸品販売員
37	男	51	既婚	河北	農業	借りた平房	個体修理屋
69	女	22	未婚	湖北	農業	借りたマンション	レジ
27	女	18	未婚	河南	農業	地下室	エレベータ運転
95	女	35	既婚	山西	農業	建てた簡易住宅	パート
31	女	49	既婚	山東	非農業	購入したマンション	専業主婦
48	女	20	未婚	山西	農業	借りた平房	美容院従業員
71	男	20	未婚	山西	非農業	社員寮（無料）	美容院従業員
92	女	35	既婚	河南	農業	借りた平房	コーヒー店店員
62	女	21	未婚	江西	非農業	社員寮（無料）	レストラン店員
43	男	30	既婚	河南	農業	建設現場	建設現場労働者
合計	\multicolumn{7}{c}{22人}

3) 高校卒の回答者

事例	性別	年齢	婚姻状況	出身地	戸籍	住宅類型	職業
61	男	28	既婚	湖南	農業	職場	プリント店経営
22	女	28	未婚	チベット	非農業	社員寮	ホテル従業員
7	女	20	未婚	安徽	農業	社員寮	ホテル従業員
77	男	39	既婚	河南	農業	借りた平房	TAXI運転（無免許）
35	女	20	未婚	安徽	農業	社員寮	美容院従業員
24	男	46	既婚	河南	農業	建設現場	建築現場管理者
45	男	43	離別	河南	農業	建設現場	建築現場労働者
74	男	50	既婚	安徽	農業	職場	食品加工工場経営
21	男	24	未婚	遼寧	農業	借りたマンション	工場労働者
53	男	53	既婚	甘粛	農業	社員寮	街道掃除
9	男	34	既婚	湖北	農業	地下室	美容院従業員
87	男	32	既婚	湖南	非農業	借りたマンション	メガネ店経営
2	男	32	未婚	重慶	農業	親戚の家	配達員
8	男	34	既婚	湖北	農業	借りた平房	果物販売
20	女	22	未婚	四川	農業	社員寮（無料）	警備員
30	女	18	未婚	河南	農業	借りた平房	プリント店店員
64	男	34	既婚	江蘇	農業	借りたマンション	メガネ店経営
91	女	18	未婚	山西	非農業	社員寮（無料）	化粧品販売員
25	男	42	既婚	湖南	農業	社員寮（無料）	料理長
66	男	19	未婚	湖南	農業	社員寮（無料）	飲食店従業員
12	男	27	既婚	山東	非農業	借りたマンション	会社地区市場部長
11	女	20	未婚	寧夏	非農業	親戚の家	飲食店パート
67	女	18	未婚	河北	非農業	社員寮（無料）	飲食店従業員
81	女	21	未婚	甘粛	農業	社員寮（無料）	飲食店従業員
86	女	21	未婚	内蒙古	農業	社員寮（無料）	洗濯屋店員
98	女	20	未婚	貴州	農業	借りたマンション	お土産店店員
合計				26人			

第 8 章　出稼ぎ労働者の権益保護：社会保障　175

) 大学卒の回答者

事例	性別	年齢	婚姻状況	出身地	戸籍	住宅類型	職業
83	女	24歳	未婚	湖南	非農業	借りたマンション	無職
85	男	31歳	未婚	吉林	非農業	借りたマンション	外資企業市場部部長
44	男	24歳	未婚	陝西	非農業	借りた平房	会社員
60	男	31歳	既婚	甘粛	非農業	借りたマンション	新聞社編集
19	女	42歳	既婚	内蒙古	非農業	借りたマンション	洋服販売
28	女	24歳	未婚	湖南	非農業	借りたマンション	公務員
29	男	28歳	未婚	黒龍江	非農業	借りた平房	社長
97	男	24歳	未婚	雲南	非農業		ITエンジニア
46	女	37歳	既婚	河北	非農業	購入したマンション	IT会社社長
18	女	22歳	未婚	安徽	非農業	借りたマンション	出版社社員
33	女	25歳	未婚	安徽	非農業	借りたマンション	新聞社編集
15	女	24歳	未婚	広西	非農業	地下室	会社事務員
26	女	28歳	未婚	江西	農業	購入したマンション	会社員（販売）
58	女	24歳	未婚	湖北	非農業	借りたマンション	会社員（営業）
49	女	32歳	既婚	山西	非農業	購入したマンション	会計事務所会計士
94	女	28歳	既婚	河北	非農業	社員寮（無料）	化粧品販売店長
52	男	24歳	未婚	河南	非農業	借りたマンション	IT会社市場部助手
55	女	22歳	未婚	河北	農業	借りたマンション	会社員
59	男	26歳	未婚	陝西	非農業	借りた平房	私立大学事務
14	男	28歳	未婚	山東	非農業	借りたマンション	ITエンジニア
90	男	34歳	既婚	浙江	非農業	購入したマンション	作家
34	女	21歳	未婚	江西	非農業	借りたマンション	無職
72	女	25歳	未婚	安徽	非農業	借りたマンション	職業訓練学校先生
93	女	27歳	未婚	山東	非農業	借りたマンション	コンサルティング会社員
39	女	26歳	未婚	安徽	非農業	借りたマンション	外資企業社員
合計				25人			

) 修士卒の回答者

事例	性別	年齢	婚姻状況	出身地	戸籍	住宅類型	職業
13	男	30歳	未婚	福建	非農業	借りたマンション	IT会社市場部開発
96	女	23歳	未婚	安徽	非農業	借りたマンション	新聞社編集
100	男	24歳	未婚	山東	非農業	借りたマンション	準公務員
合計				3人			

第9章 出稼ぎ労働者の権益保護：子弟教育
— 2008年上海市の事例調査をもとに

1. はじめに

　1990年代後半から、子供連れで移動する出稼ぎ労働者の割合は徐々に増えつつある。2000年第5回人口センサスの結果によると、流動児童（18歳未満の流動人口）の数は1,982万人に達し、当時流動人口全体の19.4％を占めていた。そのうち、義務教育期の6歳から14歳までの流動児童数は流動児童全体の43.8％を占めていた。また、2007年世界銀行と中国教育部の「農民工子女義務教育項目」という研究によると、2005年までに0歳～14歳の流動児童の数は1,941万人に達したことが明らかである。今後とも、親と一緒に移動する流動児童の数はさらに増えていくことが予測できよう。

　こうした親と共に移動する生活は、これらの流動児童の教育にも大きな影響を与えていることが予測される。第7章で親の流出が留守児童の教育・物質的生活・心理に与えた影響について分析を行ったが、親と共に新たな地域に移動した子供たちの教育や生活についての解明も必要となっている。そこで本章では事例調査に基づき、出稼ぎ労働者たちの子弟教育の現状と課題について明らかにしたい。

2. 先行研究と研究目的

　出稼ぎ労働者数の急上昇とともに、出稼ぎ労働者子女の教育問題に関する研究も盛んになされてきた。これまでの研究をまとめてみると、以下3点に整理できよう。

第1は、出稼ぎ労働者子弟の基本状況、衛生保健と教育基本状況などについて展開された調査研究である。「外来学齢前児童保健与教育調査項目組」（6歳未満の出稼ぎ労働者子弟の健康と教育に関する調査チーム）が2000年に北京市海淀区の調査に基づき、「大都市外来学齢前児童保健与教育状況的調査思考」（大都市における6歳未満の出稼ぎ労働者子弟の健康と教育に関する調査）という結果を公表し、学歴前の児童健康保健状況と教育状況についての分析を行なった。また、段・周は北京市での調査に基づき、北京市に流入した流動児童の生活状況を明らかにした（段・周，2001, 5-11）。さらに、国務院婦女児童工作委員会、中国児童中心と国連児童基金は協力して中国の9つの都市で7,817人の流動児童を対象としたアンケート調査を行ない、衛生保健、教育、権益保護及び政府の関係政策といった側面から出稼ぎ労働者子女の生存と発展状況について総合的な分析を行った。

　第2は、出稼ぎ労働者子弟の教育問題に関する集中的な研究である。これらの研究には、署名研究組の1997年天津市の調査研究、黄志法などの1998年上海市調査研究、韓嘉玲の北京市調査などがある。こうした調査は特定地域で実施したアンケート調査や事例調査に基づき、出稼ぎ労働者子弟教育をめぐる様々な問題について論じている。

　第3は、民工子弟学校に関する研究。こうした調査研究は出稼ぎ労働者が自ら設立した学校、いわゆる民工子弟学校を対象にし、ヒアリング調査を実施し、学校の運営状況、学生の教育現状、関係する政策などについて分析を展開してきた。これらの研究には呂紹清らの2001年北京市調査研究、韓嘉玲の2001年北京市調査研究、劉翠蓮らの1997年上海市調査研究、山口真美の1998年上海市調査、朱継東の2006年北京市調査などが含まれている。

　このように、出稼ぎ労働者の子弟教育をめぐって様々な研究成果がこれまで蓄積されてきた。しかし、これらの研究をまとめてみると、以下の不十分さが存在するように思う。

　1）調査時点がやや古くなり、最近の状況を反映することができない。そして調査内容はほぼ出稼ぎ労働者子弟教育の現状紹介にとどまり、出稼ぎ労働者子弟たちの心理感覚などについての研究が少ない。中国政府は2003年に、「做好農民進城務工就業管理和服務工作」（出稼ぎ労働者の就

業管理と政府のサービス提供）という通知を出し、各自治体に対して出稼ぎ労働者子女たちが都市市民の子女と同じように入学できるようにと命じた。さらに、2006年6月にも、国務院は『関与解決農民工問題的若干意見』（出稼ぎ労働者問題の解決に関する若干の意見）を公表し、流入地政府は出稼ぎ労働者の子女が流入先地の公立学校に入学できるように努める責任があると明示した。こうした条例の公表は出稼ぎ労働者子女の教育問題の改善につながっていくだろう。

2) 調査は主に出稼ぎ労働者を対象として、間接的に彼らの子弟教育の現状を究明してきたが、直接的に出稼ぎ労働者の子供を対象として、彼らの視点からの教育や生活環境や都市への適応などについての研究はまだ十分には行われていない。

3) 調査は、出稼ぎ労働者や彼らの子女だけを対象とし、他方の流入先地の市民や出稼ぎ労働者の子供と同じ学校に通っている現地子供の意見を聞かなかった。そして、民工子弟学校に通う出稼ぎ労働者子弟と公立学校に通う出稼ぎ労働者子弟との比較、また同じ公立学校に通う出稼ぎ労働者の子供と市民の子供との比較を通じて、この課題に取り組んだのはほとんどみられない。

以上の点を克服するために、ここでは2008年に実施した上海市調査に基づき、出稼ぎ労働者子女教育の現状と課題の究明を目的とする。具体的には、以下の課題に答えを提示したい。

1) 出稼ぎ労働者子女たちは公立学校への平等な入学が実現できたか。
2) 同じ学校で勉強する出稼ぎ労働者子女と市民子女は平等に扱われているか。
3) 市民子女と出稼ぎ労働者子女はお互いにどのような印象をもちあっているか。
4) 出稼ぎ労働者子女の勉強と生活はどのように展開しているか。
5) 出稼ぎ労働者子女たちは、親の就業と流入先地での生活に対してどのように考えているか。

6) 親と一緒の出稼ぎ移動は、彼らの子女の将来にどのような影響を与えているか。

3. 研究方法と調査方式

本研究は 2008 年 5 月に上海市で実施した事例調査に基づいている。調査地として上海市を選択した理由には以下の 2 点がある。第 1 は、上海市は今日出稼ぎ労働者の最大流入先の 1 つであること。第 2 は、上海市は一貫して他都市より柔軟な政策をとっており、この出稼ぎ労働者子女の教育対策においても先行的である。そのため上海市での究明は、中国の他都市の今後予測にも役だつであろう。

調査は 2007 度日本学術振興会特別研究員奨励費の助成により、上海社会科学院人口研究所の協力のもとに実施した。具体的には、市内の 3 つの学校でアンケート調査とインタビュー調査を行なった。つまり、南匯区の淮安学校、嘉定区の陳行育紅学校と宝山区の宝鋼新世紀学校である。その内、淮安学校と陳行学校は上海市の郊外に位置している民工子弟学校であり、宝鋼新世紀学校は市中心部と郊外の間に位置し、出稼ぎ労働者の子供が多く入学している公立学校である。**表 9 - 1** はこれらの 3 学校の基本状況を示す。

調査は以下の 4 段階に分けて実施した。まず第 1 に各学校の校長及びクラ

表 9 - 1　調査学校の基本状況

	淮安学校	陳行育紅学校	宝鋼新世紀学校
学校類型	民工子弟学校	民工子弟学校	公立学校
場所	南匯区（郊外）	嘉定区（郊外）	宝山区（市中心部と郊外との間）
設立時期	2002 年	1997 年	2003 年
学年	小学校と中学校	小学校と中学校	小学校と中学校
生徒数	500 人	980 人	1441 人
教職員数（教師数）	19 人（13 人）	41 人（32 人）	120 人
運営費用	自己負担と社会的寄付	自己負担と社会的寄付	財政負担
学費（毎学期）	450 元～600 元	450 元～600 元	上海市民子女 0 元；出稼ぎ労働者子女 50～80 元；

スの担任の先生に対するヒアリング調査を実施し、学校と学生の基本状況を把握する。第2は各学校から小学校四年生以上の学生を対象とし、クラスごとに年齢と成績状況に配慮した上で、それぞれ20人の出稼ぎ労働者子弟を抽出した。それに加えて、宝鋼新世紀学校から20人の上海市民の子供を抽出した。第3は、抽出された学生たちに対してアンケート調査を行った。また60人の出稼ぎ労働者の子供たちに対するインタビュー調査、第4は、抽出された出稼ぎ労働者の子供を通じて、彼らの両親に対するアンケート調査も行った。

4．調査の結果

調査の結果、1人の出稼ぎ労働者の子供を除いて、79人から有効調査票が回収された。インタビュー調査には60人の出稼ぎ労働者の子供たち全員を対象として行った。調査内容には、子供の家族基本状況、親が子供の教育に対する意識と行為、学校の生活環境、日常生活環境、現地社会への融和などが含まれている。

以下、本研究では79人の子供を4つのグループに分けて分析をしたい。具体的には、「淮安学校に通う出稼ぎ労働者の子供」をグループAとし、「陳行育紅学校に通う出稼ぎ労働者の子供」をグループBとし、「宝鋼新世紀学校に通う出稼ぎ労働者の子供」をグループCとし、さらに「宝鋼新世紀学校に通う上海市民の子供」をグループDとした。

1）学校運営において公立学校と民工子弟学校の格差

1990年代後半から、民工子弟学校の運営状況についての分析は数多くなされてきた[1]。その多くは学校の運営資金と有能な教師の確保などにおいて民工子弟学校が非常に厳しい状況に置かれていることを指摘してきた。本調査でも同じことが窺えた。この2つの民工子弟学校には、周辺の研究機関・大学や中学校などから、本籍、文房具やパソコンなどの寄付が寄せられたが、その数が少ないため、学校の運営改善にまではつながらなかった。この2つの民工子弟学校の運営資金は、基本的に生徒から徴収された学費からなって

いる。それに対して、宝鋼新世紀学校は政府からそれなりの財政補助をもらっているため、学校の設備や教師数は恵まれている。表9－1から、生徒の数対職員の数の比率をみれば、民工子弟学校と公立学校の格差は一目瞭然であろう。具体的にいえば、淮安学校は26：1、陳行育紅学校は24：1、宝鋼新世紀学校は12：1となっている。

　淮安学校と陳行育紅学校の校長とのインタビューから、民工子弟学校は主に以下の3つの問題を抱えていることが確認された。第1は、運営費用の不足によって学校の設備改善がなかなかできないこと。第2は、教師たちの月給が1,000元前後にとどまるため、有能な教師が流出しやすく、教育の質がなかなか上がらないこと。第3は親の仕事と住まいが不安定のため、生徒の流動が頻繁であること。

　政府の2003年からの行政指示により、出稼ぎ労働者の子供は原則的に公立学校に入学できるようになったが、実際はこうした条例の実施により、出稼ぎ労働者の子供たちを受け入れている学校で予測できなかった現象が発生した。それは現地子供の他校への流失である。宝鋼新世紀学校の校長へのインタビューによると、近年1人の出稼ぎ労働者の子供が入学した後、平均して2人の現地子供が別の学校に転学してしまう。そのため宝鋼新世紀学校にとって、如何に現地の子供を学校に残留させるかが、大きな課題となっている。

　また、高校進学にあたっては、出稼ぎ労働者の子供たちは中学校時に、故郷の学校に帰るケースが多く見られる。そのため、生徒数は非常に不安定な状況に置かれている。学校としては近年、こうした状況に配慮して、出稼ぎ労働者子弟の入学にあまり積極的に取り組んでない。表9－2は宝鋼新世紀学校の生徒数を示した。この表から全体的にみれば、上海市の子供と出稼ぎ労働者の子供の割合は大きな差がないものの、その内訳には大きな差が存在することが明らかである。具体的にいえば、小学校5年までの場合、出稼ぎ労働者子弟の割合は圧倒的に高いが、その後は著しく低下した。

2) 家計状況における格差と家庭の生活環境

　表9－3は60人の出稼ぎ労働者の子供と20人の上海市民の子供の家計状

第9章 出稼ぎ労働者の権益保護：子弟教育　183

表9－2　宝鋼新世紀学校の生徒数

		上海市の子供 人数（人）	上海市の子供 割合（％）	出稼ぎ労働者の子供 人数（人）	出稼ぎ労働者の子供 割合（％）	合計 人数（人）	合計 割合（％）
小学校	1年生	56	32.2	118	66.8	174	100.0
小学校	2年生	63	38.7	100	61.3	163	100.0
小学校	3年生	35	29.9	82	70.1	117	100.0
小学校	4年生	46	33.1	93	66.9	139	100.0
小学校	5年生	56	36.1	99	63.9	155	100.0
小学校	6年生	122	63.2	71	36.8	193	100.0
中学校	1年生	110	62.9	65	37.1	175	100.0
中学校	2年生	142	81.6	32	18.4	174	100.0
中学校	3年生	126	83.4	25	16.6	151	100.0
合計		756	52.5	685	47.5	1441	100.0

表9－3　対象者の家計状況について

		最小値（元）	最高値（元）	平均値（元）	標準偏差（元）
家庭月収	グループA	900	5,000	2,262.5	1,041.4
	グループB	1,200	4,500	2,418.8	752.1
	グループC	1,500	30,000	5,073.7	6,347.0
	グループD	1,100	15,000	5,104.5	3,145.6
家庭毎月の支出	グループA	300	2,000	1,190.0	508.8
	グループB	340	2,000	1,381.8	397.7
	グループC	500	10,000	2,736.8	2,229.2
	グループD	200	5,000	2,490.0	1,139.7
家庭毎月の教育支出	グループA	50	1,000	507.9	330.5
	グループB	200	1,800	488.2	358.6
	グループC	120	3,000	758.3	703.7
	グループD	100	1,500	579.0	372.1
今学期学校に納めた費用	グループA	450	1,500	923.3	220.6
	グループB	650	2,200	1,061.1	377.4
	グループC	180	3,000	1,060.0	699.4
	グループD	100	5,000	1,012.4	1,225.2

況と教育関連費用を示した。この表から出稼ぎ労働者子弟の家計状況には、大きな格差が存在することが読み取れる。そしてこうした家計収入の格差と子供が通う学校の関係についてみると、良い経済状況に恵まれている出稼ぎ労働者たちの子供は、公立学校に入学する機会がより高いことがうかがえる。家計の平均月収と支出において、公立学校に通う出稼ぎ労働者子弟の家計状況は、同学校に通う上海市民子弟の家計状況とほぼ同レベルに達している。それに対して、民工子弟学校に通う子供の家計はより悪い状況下に置かれている。また、宝鋼新世紀学校に通う20人の出稼ぎ労働者子弟のうち6人が、学校に340元から800元までの「補助金」を出していることが判明した。子供たちの親を対象としたアンケート調査から、現在の学費を「重い」と回答したのは、グループAのうちは11人、グループBのうちは9人、グループCのうちは6人、グループDのうちは1人だけとなっている。出稼ぎ労働者の多くにとって子供の教育は大きな負担となっている。

　出稼ぎ労働者子弟の多くは借部屋に両親と一緒に住んでいる。それに対し、上海市民子弟の多くは購入したマンション、いわゆるマイホームに住んでいる。また、1人当たりの住宅面積についてみると、淮安学校に通う出稼ぎ労働者子弟の場合は10.0㎡、陳行育紅学校に通う同子弟の場合は9.1㎡、宝鋼新世紀学校に通う同子弟の場合は12.3㎡となっている。それに対し、宝鋼新世紀学校に通う現地市民子弟の場合は28.1㎡となっている。平均的にみれば、出稼ぎ労働者子弟の住宅面積は、現地市民子供の住宅面積の3分の1程の狭さである。そして出稼ぎ労働者子弟の近隣に上海市民がいる割合は比較的少ない。上海市民子弟を対象とした調査から、現地市民は出稼ぎ労働者と分離して住みたいという傾向が存在し、こうした住み方は、出稼ぎ労働者の子供たちと現地市民の子供との接触機会の少なさをもたらしている。

　また、出稼ぎ労働者子弟の住まいにおけるもう1つの特徴はその流動性の高さである。居住地を変更したことがあるか否かについて聞いた結果、現地市民子弟20人のうち、15人が「ある」と回答した。出稼ぎ労働者子弟59人のうち、「ある」と答えたのは43人である。居住地変更状況の割合で判断すれば、出稼ぎ労働者の子供と現地市民の子供との間には大きな差はない。しかし、その変更履歴についてみると、「ある」と答えた回答者のうち、現

地市民の子供は平均して1.5回、出稼ぎ労働者の子供は平均して3.1回に達した。こうした頻繁な移動は、出稼ぎ労働者子弟本人の教育のみならず、彼らを受け入れている学校にとっても、不利な要因となっている。

今回の調査回答者59人のうち、上海市生まれは18人で全体の30.5%を占める。彼らの上海市での滞在期間をみると、最小値は3カ月、最高値は14年、平均年数は6.0年に達した。出稼ぎ労働者子弟の生活環境にはもともと、流出地と流入先地といった2つの世界が存在する。しかし、彼らの流入先地での長期的な滞在につれ、流出地の生活環境に対する記憶は徐々に希薄化していく。また、一部の子供たちは流入先地で生まれ、そこで育てられたために彼らにとっては自分の世界は流入先地しかない。戸籍が故郷にあるものの、現実的に故郷に帰ることはすでに現実性がない。この状況について事例110は以下のように語った。

　　"……私は上海市で生まれ、ずっと上海市に住んでいる。学校も上海市の学校だし、ここの生活に慣れた。故郷の生活についてほとんど何も知らない。故郷に帰っても、そこの言葉もわからないし、理解できない行為も多い……"（事例110、女、12歳、小学校六年生）

3）教育に対する両親の意識・行為

出稼ぎ労働者は子供を上海まで連れてきた主な理由について、上海市における教育の質の高さと故郷での子供の世話人の欠如を挙げた。また具体的な学校の選択理由について、20人の上海市民子弟のうち15人が学校の教育の質が高いためと答え、残りの5人が家の近くにあるためと回答した。それに対し、出稼ぎ労働者子弟の回答は以下の分布を示した。59人のうち、「学校教育の質が高いため」と答えたのは29人、「故郷の教育と類似していたため」11人、「費用が安いため」8人、「家の近くにあるため」8人、「その他」3人となっている。こうした分布から、学校を選択する際に、市民の子供より出稼ぎ労働者の子供たちの方がより多くの要因によっていることがわかる。

出稼ぎ労働者は1日の内、自分の子供の勉強をみる時間が平均して1.5時間となっており、上海市民も同じく1.5時間、両者間には差がない。子供の

宿題をチェックする平均頻度について、上海市民は週に 4.4 回に対し、出稼ぎ労働者はそれを下回る 3.6 回である。これは、上海市民より出稼ぎ労働者の学歴がより低く、仕事がより忙しいためと考えられる。また、上海市民回答者 20 人全員は自分の子供の最終学歴について、大学以上と回答した。他方、出稼ぎ労働者の回答はより多様化しており、自分の子供が大学以上まで勉強してほしいと希望したのは 60.1% にとどまっている。

4) 学校の生活環境

学校での成績に対する自己評価について尋ねた結果、宝鋼新世紀学校に通う現地の子供 20 人のうち 10 人が自分の成績を「普通」と答え、残りの 10 人は「非常に良い」や「良い」と回答した。それに対し、自分の成績を「悪い」と答えたのは、グループ A のうちは 3 人、グループ B のうちは 6 人、グループ C のうちは 1 人となっている。サンプリングの過程における成績への配慮を考えると、こうした回答は、上海現地子弟より出稼ぎ労働者の子弟たちの方が、自分の成績をより厳しくみていることを示した。しかし出稼ぎ労働者子弟の多くは故郷から上海市の学校に入学したことによって、自分の勉強はよりよくなったと評価している。

学校の生活環境について、本研究は、故郷の学校と現在学校の比較、教員の態度及び現地子供の態度に対する主観的な評価と、学校での友達の数といった客観的な側面から検討した。インタビューから、出稼ぎ労働者子弟の多くは故郷よりも現在の学校のほうがより良いと答えた。以下は、その一部である。

> "……上海の先生たちの教え方が故郷よりも優しい……"（事例 109、男、12 歳、小学校 6 年生）
> "……先生たちがよりまじめで、学外活動も多い。ピンポンやバスケットボール、春旅行などの活動があるし、運動施設も充実している……"（事例 108、女、11 歳、小学校 5 年生；事例 105、男、12 歳、小学校 5 年生）
> "……故郷での勉強負担よりも重いが、上海ではそれ程気にならない。

交通便利、故郷なら隣の村の学校に行くしかなく、通学時間がかかるが、ここなら 10 分程でいける。……"（事例 104、男、14 歳、中学校 1 年生）
"……故郷の条件は悪く、①授業が少ない、音楽、体育、パソコン、英語などの授業がない。②物質的にも、品物の種類が少なく、買えないものがある。③道路の設備が悪く、雨が降ったら歩けなくなる。……"（事例 119、女、14 歳、小学校 6 年生）
"……上海市教育の質はよい。私の故郷は江西省だが、そこの先生は学生を殴ることがある。上海では、学生を殴ることはなく、先生たちは生徒を説得する"（事例 204、男、11 歳、小学校 4 年生）

以上のインタビュー内容で示されたように、学校の施設、教師の質、授業内容、交通条件などの側面において、故郷のほうがずっと遅れているため、出稼ぎ労働者の子供たちの多くは、現在の学校への転学について積極的に評価している。その内容をまとめてみると、第 1 は学校の設備状況と授業内容、第 2 は教師の質と教え方、第 3 は交通状況である。ただ、上海市の学校への転学がすべて良いものとはいえない。事例 301 は以下のように指摘した。

"……上海市で教育をうけるのはよくないこともある。故郷の授業内容は上海よりずっと深い……"（事例 301、男、11 歳、小学校 5 年生）

こうした発言の背景には、中国において大学進学の際の属地原則があることを忘れてはならない。つまり、生徒たちの競争は全国レベルでなく、同じ地域内で行われている。出稼ぎ労働者子弟の多くは上海市の戸籍をもらえないため、高校や大学の進学の際には、故郷に帰り、そこの生徒たちと競争しなければならない。そのため将来のことを考えると、現在学校の授業内容は故郷と常に比較する必要がある。

学校生活において教師たちは大きな役割を果たしている。調査で教師の態度について尋ねた結果、出稼ぎ労働者の子供と上海市民の子弟の間に差がないことが確認された。この 2 つのグループのいずれにおいても、教師の態度を「良い」と判断するのは 95％に達した。また、本研究は、出稼ぎ労働者

の子供たちと上海現地の子供たちに対して、学校の教師が平等に扱っているか否かといった問題の究明は、グループDへの調査を通じて行った。20人のうち「平等に扱っていない」と答えたのは1人だけにとどまり、残りの19人が「平等に扱っている」と回答した。

淮安学校と陳行育紅学校には上海現地の子供がほとんどいないため、学校内部における現地子弟の態度について本研究ではグループCとグループDへの調査を通じて検証した。その結果グループCの20人のうち19人は現地子弟の態度を良いと判断し、残りの1人は「普通」と答えた。グループDの20人のうち5人が「普通」と答え、残りの15人は自分の態度を「良い」と回答した。そして、現地の子供たちは出稼ぎ労働者の子供たちに対し、異なる態度をとっているか否かといった質問に対し、グループCとDの全員は「とっていない」と答えた。こうした結果から、公立学校における出稼ぎ労働者の子供と現地市民の子供との間には交流がうまく行われているといえよう。

表9－4は学校での友達の数を示した。この表から以下の3点が読み取れる。第1は、公立学校に通う出稼ぎ労働者の子供たちは友達が最も多く、それらは、上海出身者と他地域の出身者がほぼ同数に達している。第2は、公立学校に通う上海現地の子供たちは、他省出身の子供より上海出身の子供と友達が多くなりやすい。第3は、出稼ぎ労働者子弟の友達のうち、自分と異なる故郷からの出身者の数は同郷からの出身者よりずっと多い。

現在の学校での生活において、適応できない問題があるか尋ねた結果、対象者の多くはないと主張したが、一部の対象者は、学校の授業内容に適応できないや教師たちの教え方になれないという問題を挙げた。全般的にみれば

表9－4　友達の数（平均値）について

(単位：%)

	グループA	グループB	グループC	グループD
総数	12.5	10.2	22.7	15.7
上海市出身	0.1	0.8	12.3	9.8
他省出身	12.1	9.4	11.6	6.2
自分と同じ故郷	2.4	1.8	1.2	－
自分と異なる故郷	10.1	7.6	10.4	－

大きな問題はないものの、調査からは出稼ぎ労働者の子供たちは流入先での教育学習生活における順調ではない姿が窺えた。ただし総合的な判断では、対象者の86.4％は故郷の学校よりも上海市の学校のほうが好きだと答えた。

5）日常生活での交流と心理状況

　出稼ぎ労働者の子供たちの日常生活において、現地市民やその子供との接触は避けられない。調査で、自分に対する現地子弟の態度について尋ねた結果、59人のうち34人は「非常に良い」や「良い」と回答し、「悪い」と答えたのは2人しかいなかった。また、自分に対する現地市民の態度について聞いた結果、59人のうち32人は「非常に良い」や「良い」と答え、「悪い」と答えたのは1人だけであった。こうした結果をみれば、出稼ぎ労働者の子供たちにとって、日常の生活環境はそれほど厳しくないといえよう。そのため、調査を受けた出稼ぎ労働者の子供たちのうち、83.4％は現地の子供とつきあい・交流することを希望している。しかしながら、全般的に楽観的とはいえ、個別的には差別問題は依然としてみられる。一部の上海市民は自分の子供が出稼ぎ労働者の子供と一緒に遊ぶことに反対している。事例206と事例210は現地の子供とのつきあいに関して、以下のように語った。

　　　　"……私は現地の子供とつきあいたいと思っているけれども、そうもいかない。身分上いつも違うと感じ、自分がより劣った存在だと感じるからだ……その上、彼らの両親は彼らがわれわれ（出稼ぎ労働者の子供たち）と接触することに反対しているから……"（事例206、女、12歳、四年生、事例210、男、11歳、5年生）

　上述のインタビューから、類似する娯楽内容においても、上海市民の一部は、自分の子供が出稼ぎ労働者の子供と一緒に遊ぶことに強く反対している姿勢が窺える。グループDの20人のうち、出稼ぎ労働者の子供と友達になりたいと思っているのは19人いるが、親が反対するためにこうした願望は実現できなかった。グループDに所属する回答者の友達数とその内訳をみると、平均して1人の回答者は21.6人の友をもち、うち上海市現地出身の

友は 13.9 人で、出稼ぎ労働者子弟の友は 7.8 人で、両者間に差がある。そして、出稼ぎ労働者子弟たちもほぼ同数の友をもっているが、うち上海市出身の友達より他の地域出身の友の方がはるかに多い。こうして親世代における現地市民と出稼ぎ労働者といった二元的な社会集団の存在は、次世代の子供たちの生活にも隔離・対立をもたらした。つまり、このような社会環境の中で、一部の出稼ぎ労働者の子供たちの間に劣等感が生れてき、通う学校によってその日常生活の活動にも大きな影響を与えていることが確認された。日常生活の中で、現地子供と一緒に遊ぶのは、グループ A と B のいずれも 5 割以下にとどまるが、グループ C の回答者全員は日常の生活においても現地の子供と一緒に遊んでいる。つまり、公立学校への入学は出稼ぎ労働者子弟の都市部生活への融和に大きな役割を果たしている。

　グループ A と B の民工子弟学校に通う出稼ぎ労働者の子弟にとって、勉強に関する問題があれば、相談相手になってくれる人の状況についてみると、その順は学校の先生、出稼ぎ労働者の子供、そして自分の両親の順になっている。それに対し、グループ C の回答から、公立学校に通う出稼ぎ労働者の子供に、勉強に関する相談相手は、学校の先生や上海現地出身の子供、自分の両親といった順になっている。また、グループ D の回答から、公立学校に通う上海現地の子供にとって、勉強に関する相談相手は学校の先生、上海現地出身の子供や出稼ぎ労働者出身の子供といった順になっている。こうした通う学校の類型、や子供の身分によって相談相手が変わってくることが調査の結果から明らかになった。

　表 9 − 5 は、日常の悩みに関する相談相手を示した。この表から異なるグループの子供たちは悩みに直面した時に、相談相手が異なることが窺える。具体的にいえば、公立学校に通う出稼ぎ労働者の子供や上海現地の子供にとって、相談相手の順位は、上海現地出身の友達、他省出身の友達（出稼ぎ労働者の子供）、そして両親となっている。それに対して、民工子弟学校に通う出稼ぎ労働者の子供たちにとって、相談相手の順位は、他省出身の友達、そして自分の両親となっている。また、親との交流や親と一緒の外出の頻度について尋ねた結果、8 割以上の子供はこの 2 つの項目に対して、「常に」や「時々」と答えた。回答についての更なる分析を通じて、上海現地の子供

表9－5　生活上の悩みに関する相談相手

	グループA 実数(人)	グループA 割合(%)	グループB 実数(人)	グループB 割合(%)	グループC 実数(人)	グループC 割合(%)	グループD 実数(人)	グループD 割合(%)
上海市出身の友達	1	5.0	1	5.3	10	50.0	14	70.0
他省出身の友達	13	65.0	17	89.5	9	45.0	13	65.0
学校の先生	5	25.0	5	26.3	2	10.0	5	25.0
両親	8	40.0	7	36.8	9	45.0	12	60.0
いない	7	35.0	3	15.8	4	20.0	5	25.0
その他	0	0.0	0	0.0	1	5.0	1	5.0

注：1）複数選択のため、グループAは20人を100％とし、グループBは19人を100％とし、グループCは20人を100％とし、グループDは、20人を100％とした。
　　2）その他には、兄弟や塾の先生が含まれている。

と出稼ぎ労働者の子供間、そして出稼ぎ労働者子供の中には、この2つについて相違が少ないことが明らかとなった。

　調査から、日常生活において出稼ぎ労働者と上海市民子弟との間には大きく異なっていることが窺えた。上海市民子弟の日常生活は娯楽活動を中心とするが、出稼ぎ労働者の子供たちのうち、娯楽と家事手伝いの双方をやっているケースが多い。また、上海市民子弟の娯楽内容には、ゲームやインターネット、音楽学校や舞踊学校に通うケースがよくみられるが、出稼ぎ労働者子弟の娯楽内容は室外遊びが中心である。

6）自己評価と今後の夢

　自己評価について本研究では、自信、やる気、学習能力、及び他人とのつきあい能力といった4点をめぐって対象者の意見を尋ねた。その結果は、以下の**表9－6**となる。これから、自信を除いて他の3項目のすべてにおいて、上海現地子弟の自己評価は出稼ぎ労働者子弟の自己評価をはるかに上回っている。また、これと関連して、出稼ぎ労働者の子供を対象に尋ねると、上海現地の子供と比較した場合に自分の長所と短所をめぐって聞いた結果、上海現地子供の長所には家庭経済条件の良さと知識の広さが挙げられ、出稼ぎ子弟の長所には高い独立性、責任感の強さ、親への思いやり、勤勉な学習などが挙げられた。それに対して、上海現地の子供を対象に尋ねると、出稼ぎ労

表9－6 自己評価について

(単位：%)

		非常に強い	やや強い	普通	やや弱い	非常に弱い	わからない
出稼ぎ労働者子弟	自信	32.2	45.8	22.0	0.0	0.0	0.0
	やる気	35.6	39.0	23.7	0.0	0.0	1.7
	学習能力	16.9	40.7	32.2	5.1	1.7	3.4
	つきあい能力	35.6	33.9	22.0	5.1	0.0	3.4
上海現地子弟	自信	40.0	30.0	30.0	0.0	0.0	0.0
	やる気	40.0	50.0	10.0	0.0	0.0	0.0
	学習能力	25.0	45.0	30.0	0.0	0.0	0.0
	つきあい能力	40.0	55.0	5.0	0.0	0.0	0.0

働者子弟の長所には勤勉な学習、高い独立性及び責任感の強さを挙げ、他方自分らの長所には趣味の広さ、知識の広さ、家庭経済条件の良さと人とのつきあい能力の高さを挙げた。

　最終学歴について個人的要望を尋ねた結果、上海現地子弟の要望は出稼ぎ労働者子供へのそれをはるかに上回っていることが明らかとなった。具体的に、上海現地子弟20人の回答には、「短大」と回答したのが1人、「大学」は7人、「修士以上」は12人と高い。一方、出稼ぎ労働者子弟59人の回答には、「中学校」と回答したのが1人、「高校・専門学校」は12人、「短大」は6人、「大学」は7人、「修士以上」は33人である。そして将来の夢については、出稼ぎ労働者子弟59人のうち、26人は「上海市で安定した生活をたてる」と回答した。続いて、19人は「海外に行く」と答え、「故郷に帰る」と回答したのが6人で、「他の都市にいく」と言及したのは5人である。それに対し、20人の上海現地子弟の夢には、「自分の会社をつくる」「よい仕事をみつける」や「海外にいく」などが挙げられている。出稼ぎ労働者子弟の夢はどこに住み、どこに行くかの地域をめぐっての選択となっていることが窺える。これは彼らの流動的な生活の中で自然的に生まれた意識であり、出稼ぎ活動が子供たちの生活にどれほどの影響を与えているのかを実に反映しているといえよう。

5．結論

　以上の調査結果を踏まえて、本章では今日の出稼ぎ労働者の子弟教育について以下の結論を導いた。

　第1は、制度上の改善が実施されたとはいえ、現実的には、出稼ぎ労働者子弟の教育は依然として多くの課題を抱えている。公立学校の収容能力や学費負担の問題によって出稼ぎ労働者子弟の一部は依然として公立学校に入学できない状況に置かれている。たとえ入学できたとしても、学校に「補助金」を出しているケースもまだある。

　第2は、公立学校と民工子弟学校との間に、学校設備、運営資金や教職員の数などにおいて大きな格差が存在する。民工子弟学校は、生徒たちの頻繁的な流動と有能な教師の確保という大きな2課題に直面している。そして、出稼ぎ労働者の子供を受け入れた公立学校にとって、如何に現地子供の流失を防ぐかが大きな課題として迫られている。

　第3は、教育設備、教師の質、授業内容などにおいて都市農村間に大きな差が存在するため、多くの出稼ぎ労働者たちにとって流出先地での就学は好ましいこととなった。しかし、制度上において流入先地での高校や大学への進学は許可されないため、彼らは継続しての流入先地での就学ができない。

　第4は、通う学校の類型によって、出稼ぎ労働者の子供たちが現地子供とのつきあい・交流状況は大きく異なっている。公立学校に入学している出稼ぎ労働者の子供たちは、学内外において現地子弟との交流を順調に行っているが、民工子弟学校に入っている出稼ぎ労働者子弟は現地子弟とのつきあいが非常に少ない。現地市民からの差別もなおあり、一部の出稼ぎ労働者子弟の間に、劣等感が生れている。

　第5は、日常生活において、同じ町に住む出稼ぎ労働者の子供と現地子供の生活は大きく異なっている。現地子弟たちの余暇時間は、娯楽活動に使われているのに対し、出稼ぎ労働者子弟の多くは、娯楽活動と家事手伝いの両立を余儀なくされている。

注

1 民工子弟学校についての詳細な分析は、韓嘉玲（2001）：「北京市流動児童義務教育状況調査報告（上）」『青年研究』8月号、pp.1-7；韓嘉玲（2001）：「北京市流動児童義務教育状況調査報告（下）」『青年研究』9月号、pp.10-18；李培林主編（2003）：『農民工－中国進城農民工的経済社会分析』pp. 206〜226；山口真美（2000）：「「民工子弟学校」－上海における「民工」子女教育問題」『中国研究月報』9月号；南亮進・羅歓鎮（2006）：「民工の都市生活と子弟教育―北京・上海の事例研究」『中国研究月報』7月号などを参照。

第10章 出稼ぎ労働者の都市定住意識とその要因分析
── 2004年北京・上海の調査より

1. 研究の背景と目的

　本章では、今日における中国の大都市である北京市・上海市に流入した出稼ぎ労働者を対象にし、彼らの都市定住意識及びその具体的な影響要因を解明する。1980年代以降、中国農村地域の経済改革、戸籍制度の緩和、及び都市部経済の高度成長に伴い、農村から都市部に向かう出稼ぎ労働者の数は着実に増加している。2000年の第5回人口センサスでは、中国の流動人口数は既に1.4億人に達し、総人口の11.6％を占めた（喬, 2003, 88）。このような激しい人口流動は、現代中国の経済や社会にとって新しい現象となっており、政府や研究者たちにとって重要で関心の高い問題となっている（蔡, 2000, 6-7）。

　1980年代から90年代前半にかけて、労働者の出稼ぎ先は主に中小都市に限定され、郷鎮企業が就業先を提供していた。当時は小城鎮（small town）が中国の経済発展に大きな役割を果たしていたので、中国全土の都市化に向かって、小城鎮の果たす役割が期待されていた（費, 1986, 93）。しかし90年代半ば以降、経済成長モデルの変化、環境保護意識の高まり、及びグローバル化の影響を受け、中国経済は、従来の労働力集約型から資本及び技術集約型の経済発展へと変化してきた。その結果、90年代後半から、出稼ぎ労働者は従来の小城鎮に代わり大都市へ向かうようになった。故郷に近い小城鎮で働いていた出稼ぎ労働者は、離土不離郷（土地を離れても故郷を離れない）により、流入先での定住問題に直面していなかった。しかし、北京や上海のような大都市に流入した出稼ぎ労働者は、故郷が離れているが故に、将来は

故郷に戻るか、そのまま流入先の大都市に定住するかという選択をせまられる。

　出稼ぎ労働者が流入先に入って、現地で長期滞在あるいは定住するのは一般的に見られる現象である。しかし中国では、1950年代から実施された独自の戸籍制度があり、このようなケースでよく引用されるプッシュとプル理論をそのまま適用することができない。戸籍制度は、出稼ぎ労働者が一時的に流入先の都市部に滞在した後、故郷に戻ることを余儀なくさせてきた（李強, 2003, 132）。また、都市住民から受ける差別や都市部の社会保障制度からの排除などによって、出稼ぎ労働者はあくまでも都市住民とは異なる都市空間に生きている。こういった"二元的社会"の存在が、出稼ぎ労働者の流入先である都市部での定住を妨げ、都市部と故郷との間を振り子のように往復させる大きな要因となっている（周, 2001, 310）。

　このような背景があって、中国では流入地に入った出稼ぎ労働者がその後流出地に戻る場合がかなり多い。故郷に戻った出稼ぎ労働者は、都市で学んだ知識や技術を生かし、起業を試みる場合が少なくない。しかし一方で、大都市での経済水準は、故郷の農村での経済水準をはるかに上回るため、Uターンした出稼ぎ労働者の多くは、機会があれば、再び都市部で働きたいという願望をもっている（白・何, 2003, 27）。こうしたことから、出稼ぎ労働者が今後、都市に長期滞在化または定住するのは避けられない状況にある。李路路は1998年の北京、無錫、珠海の3市の調査結果から、「出稼ぎ労働者は故郷とのつながりが希薄になるにつれ、都市での長期滞在化・定住への強い志向意識をもつようになる」という傾向を明らかにした（李路路, 2005, 129-154）。

　人口流動の激化を受け、中国政府は戸籍制度を含む制度改革の方針を打ち出した。新たな制度により労働者の出稼ぎ先での生活状況は次第に改善されている。制度が改善され、これまであった障害が取り除かれたことにより、労働者の定住意識はさらに高まると予測できる。また、農村から都市部への流入人口は今後さらに増加する事が見込まれる。このような出稼ぎ労働者が、都市に定住し都市の住民となるのか、あるいは従来の出稼ぎ労働者同様、都市部に定住できずに最終的に故郷に帰るのかは興味のあるところである。さらに、出稼ぎ労働者の定住意識に影響を与える要因についての調査研究は、

地域社会学の視点からみても大変興味深い課題であると確信する。

2．分析枠組と仮説

　出稼ぎ労働者の移動には2つの方向性がある。第1は、故郷から出稼ぎ先への地区間移動であり、これは水平移動と定義できる。第2は社会的階層を動く垂直移動である。出稼ぎ労働者は一般に、出稼ぎ先で従来の職業（主に農業）を捨て、新たな職業に従事することが多い。そのため、出稼ぎ労働者の流入先都市での定住は、水平移動と垂直移動が確定したことを意味する。したがって個人の職業や社会的地位の獲得に関するこれまでの研究は本研究に重要である。ミクロ的な観点から個人としての出稼ぎ労働者の都市定住意識に関する影響要因を解明するために、本章では、出稼ぎ労働者個人の、(1) 人的資本、(2) 経済資本、(3) 制度資本、(4) 流入地適応、(5) 家族関係といった5つの面から分析する。

1）人的資本

　人的資本の中心は個人の教育レベルである。米国の経済学者シュルツ（Schultz T.W.）は1960年代、個人の教育と健康などが経済発展に重要な役割を果たすと考え、初めて人的資本の理論を提示した（Schultz, 1961, 3）。その後、ベッカー（Becker G.S.）は、収入増加における教育の貢献度について詳しく分析した（Becker, 1964）。社会的階層と地位の獲得に関する社会学の研究においても、教育程度などの獲得的要因（achieved factor）が個人の職業や社会的地位の獲得に果たす役割は、親世代の教育や職業などの生得的要因（ascribed factor）に比べはるかに大きいことが指摘されてきた（Blau & Duncan, 1967）。さらに、ブラウ（Blau P.M.）とダンカン（Duncan O.D.）は、教育の役割が社会の開放度によって異なることも指摘した。具体的には、工業化の進んだ現代社会において、個人の教育レベルは社会的地位の獲得に重要な役割を果たしているものの、一方で伝統型社会では、依然として生得的要因が個人の職業や地位の獲得に大きな影響を与えていると述べている（Blau & Duncan, 1967）。

社会主義国家である中国においては、教育レベルと収入との関係はより複雑である。改革開放以前は、教育レベルと個人の経済利益獲得率との間にはマイナスの関係が存在した（Parish, 1984, 84-120）が、1980年代以来、教育レベルと個人の経済利益獲得率との関係はプラスに転換した（Xin, 2000, 89）。このような変化において、市場転換理論の代表者の1人であるニー（Nee, Victor）は、計画経済から市場経済への転換期において、教育、すなわち人的資本を獲得することは、より高い収益をもたらすことを意味している（Nee, 1989, 663-681）と解釈した。その後の調査も、今日の中国において、教育が個人の職業や収入に高く貢献することを検証した（李春玲, 2003, 64）。また教育レベルと人口移動との間に正の相関関係が存在していることも検証された（Xiong & Lincoln, 1994, 101-121）。出稼ぎ労働者の教育レベルが高ければ高いほど、故郷とのつながりがより希薄になる（Knight & Song, 2003, 123-147）。ここで人的資本を代表する教育レベルが、出稼ぎ労働者の大都市での定住意識にどのような影響を与えているのか、教育程度が高い出稼ぎ労働者は、より強い定住意識を示すか否かという点について究明したい。

2）経済資本

　農村地域と都市地域との間の人口移動に対し、トダロ（Todaro M.P.）は、移動は出稼ぎ労働者が理性的に判断した結果であり、基本的に経済要因によるものだと強調した（Todaro, 1989, 276-281）。すなわち人口移動は、移動に要するコストと移動により生まれる利益を比較した結果起こる行為である。従って移動の根拠になった経済要因が、出稼ぎ労働者の大都市定住意識に影響することは無視できない。"プッシュとプル理論"は、移動の動機が流出地と流入地での収入の格差にあることを強調しているが、出稼ぎ労働者が出稼ぎ先の都市で予定した収入の増加を実現したのか、そして高収入を得た労働者は流入地での定住を希望する傾向が高くなるのかは興味のあるところである。移動の動機について、故郷と出稼ぎ先の経済格差を比較するのは一般的な分析視点であるが、出稼ぎ先での経済状況を把握することで、出稼ぎ労働者の定住意識についてより的確な分析が可能になると考える。こうした分析から明らかなように、経済資本が出稼ぎ労働者の流入地としての大都市で

重要な背景であり、その経済状況を視野に入れて、出稼ぎ労働者の定住意識についての分析を展開したい。

3) 制度資本

中国国民の戸籍は基本的に農業戸籍と非農業戸籍に分かれている。そして制度資本としての戸籍制度は、人々のライフスタイルに強い影響を与えている。非農業戸籍をもつ者は農業戸籍をもつ者より、制度上優位に立つと言われている。農業戸籍をもつ国民のほとんどは農村地域で生まれ育ち、一方、非農業戸籍を所有する国民のほとんどは都市部で生まれ育っている。元来、都市住民と農村住民の生活慣習は大幅に異なるが、1950年代後半に実施されたこの戸籍制度により、都市と農村の交流が限定された結果、いわゆる"都市農村二元社会構造"が生じた。戸籍は、農村出身者か否かを示すだけでなく、これまでの生活慣習をも反映するものとなっている。慣習の違いは、出稼ぎ労働者の定住意識にも影響を与えると考えられる。非農業戸籍をもつ出稼ぎ労働者は、農業戸籍をもつ者よりも、流入先大都市の生活慣習を受け入れるのが容易なため、定住意識が高くなる傾向があると仮定できる。

4) 流入地適応

本研究では、出稼ぎ労働者が流入地での生活に適応したかどうかの指標として、滞在期間を用いる。滞在期間が長くなればなるほど、現地社会への適応度は高くなる。本調査結果は、出稼ぎ労働者の滞在期間と現地住民との付き合いに、正の相関関係が存在することを浮かび上がらせている。つまり、出稼ぎ先での滞在期間の延長に伴い、現地住民との付き合いはより緊密になり、現地への適応度も高まる。出稼ぎ労働者が現地に適応し、それが定住意識に影響を与えているかどうかの指標として、滞在期間を用い分析を進めたい。

5) 家族関係

伝統的儒教思想の影響を受け、中国では家族が個人の行動に大きな影響を与えている。出稼ぎ労働者にとって、家族は責任を負うものを意味するだけ

でなく、経済的かつ心理的な支えとしての役割をも果たしている（Rowland, 1994, 129-153）。白南生はその研究の中で、労働者が農村から都市へ出稼ぎに行くことを決める過程において、家族が最も重要な役割を果たしており、出稼ぎは個人の意思よりも家族による決断だと指摘している（杜・白, 1997, 67-81）。出稼ぎ労働者が流入地で定住に至るのは、個人の意思よりも家族の総意によると考えてよいだろう。ここでは、出稼ぎ労働者の家族形態と、親の居住地が、出稼ぎ労働者の大都市での定住意識に影響を与えるか否かについて検討したい。

3．分析方法と使用変数

1) 使用するデータ

本研究は、平成16年度日本文部科学省科学研究費助成金「基盤研究(B)(1)」（課題番号16402025）、中国人民大学"211"項目基金、並びに上海社会科学院の項目基金の助成を得て、2004年12月、北京市と上海市で同時に実施したアンケート調査に基づくものである。調査対象者は以下の2つの条件を満たすものとする。その1つは調査時点において大都市（北京市あるいは上海市）に滞在期間が1ヶ月以上であること。もう1つは現地（北京市あるいは上海市）の戸籍がないことである。調査は出稼ぎ労働者が最も集中して居住する市街地と郊外の間の境界地域で行われた。割り当て抽出方法（quota sampling）を採用し、北京市では2つの郷の14村から、上海市では2つの居民委員会と1つの街道から対象者を抽出し、調査員による面接調査を行った。

有効回収調査票は北京市で303票（有効回収率99.3％）、上海市で309票（有効回収率96.9％）あり、合計612票である。調査は、出稼ぎ労働者本人とその家族の基本状況、経済状況、都市住民との交流、子女教育、及び老親扶養の5つの点について行った。北京市と上海市の調査データの基本的属性をそれぞれ分析したところ、類似した結果を得たため、両市の調査結果をあわせて分析を行う。本調査の目的は出稼ぎ労働者の大都市での生活の全貌を明らかにすることであるが、本章ではその中で特に定住意識に関連する項目を取り出し、都市での定住意識に関する分析に焦点をしぼる。

2）分析モデル

　本研究は出稼ぎ労働者の都市での定住意識を従属変数として分析を展開していきたい。調査結果によると、「流入地での定住意識」には回答者の意識の強さによって4段階に分けることができる。昇順（ascending order）は以下の通り：①「お金を稼いだ後流出地に帰る」、②「定住意識不明確」、③「仕事がある限り流入地に残る」、④「流入地で定住したい」[1]。比率は順次15.1％、28.0％、32.0％、24.9％となる。このような順序変数の分析に対し、SPSSソフトのプラムー序数（PLUM-Ordinal Regression）という回帰分析が最も適した方法と考え、本研究ではこの方法を利用して分析を進めていきたい。プラムー序数回帰分析法は、従属変数が3つ以上の値を取れる順序変数を使う場合に用いられる多変量解析手法である。説明変数にはカテゴリー変数と数値変数を用い、回帰係数及びオッズ比を算出することができる。序数ロジットモデルは以下のような方程式で書くことができる。

$$\ln\left(\frac{p(Y \leq j)}{p(Y > j)}\right) = \alpha_j - \sum_{k=1}^{K} \beta_k X_k \quad for\ j = 1\ to\ j-1$$

　この方程式は従属変数が高い値ではなく、低い値をもつ場合のロジットオッズ比（log odds）に対する、説明変数の影響力を計算するものである。方程式のYとXは従属変数と説明変数をそれぞれ表す。jは従属変数の具体的な値を示し、ln[P(Y≦j)/P(Y>j)]は、従属変数「Y≦j」の確率と「Y>j」の確率の比のロジットを意味する。α_jは全ての説明変数がゼロになる場合に、低い値と高い値のロジットオッズ比を表すインターセプト（intercept）である。β_kは説明変数X_kの作用係数を指す。説明変数の影響を表す$\beta_k X_k$の前にマイナスが付いているのは、正の係数は従属変数がより高くなる可能性（likelihood）が高いことを示す。

　説明変数は人的資本、経済資本、制度資本、流入地適応、家族関係という5つの側面からなる。各変数についての説明は以下の**表10－1**のように示される。

　教育レベルは人的資本についての説明変数とする。データの基本集計結果

表10-1 分析枠組と変数

	実数（人）	割合（％）
従属変数（定住意識）		
1 流出地に帰る	92	15.1
2 定住意識不明確	171	28.0
3 仕事がある限り流入地に残る	196	32.0
4 流入地で定住したい（参照カテゴリー）	152	24.9
説明変数		
人的資本（教育レベル）		
高校卒以上	127	20.8
小学校卒	125	20.4
中学校卒（参照カテゴリー）	360	58.8
経済資本		
月収入	N=552　Mean = 1603.6 元　Median=1000.0 元	
職種		
管理的職業	6	1.0
専門・技術的職業	25	4.2
事務	17	2.9
販売、サービス職業とその他	531	89.2
建築労務（参照カテゴリー）	16	2.7
制度資本（戸籍状況）		
農業戸籍	498	81.4
非農業戸籍（参照カテゴリー）	114	18.6
流入地適応（流入地での滞在期間）	N=612　Mean=6.3 年　Mode = 2.0 年	
家族関係		
家族形態		
夫婦のみ	100	16.4
夫婦と子供	235	38.6
その他	102	16.8
単身（参照カテゴリー）	172	28.2
親が田舎にいるか否か		
いない	136	22.3
いる（参照カテゴリー）	475	77.7

N = 612　北京 303、上海 309
注：職種は国際労働機関（ILO）の職業分類に従ったものであり、建築労務は工事現場の建築労働者のことを指す。

によると、中学校卒の回答者が全回答者の58.8％を占めており、高校卒と小学校卒の回答者がそれぞれ20.8％、20.4％となり、ほぼ同水準にとどまっている。中国では義務教育は中学校卒までであり、回答者中で中学校卒者が全体の半分以上を占めるため、教育レベルの参照カテゴリーは「中学校卒」とする。

経済資本については月収と職種という2つの説明変数を含めている。月収に関する基本集計結果によると、回答者月収の平均値（mean）は1603.6元、中位数（median）は1000.0元である。こういった月収の平均値が中位数を上回ることは、回答者の月収分布が平均値より低い値に集中していることを示す。職業の種類の中で、条件が最も悪いとされるのは建築労務であるため、職種の参照カテゴリーは「建築労務」とする。

戸籍状況には農業戸籍と非農業戸籍が含まれており、うち農業戸籍をもつ回答者は全体の81.4％を占めている。非農業戸籍と比べ、農業戸籍をもつ出稼ぎ労働者の流入地での都市生活への融和はより難しいと仮定される。そのためこのモデルで戸籍状況の参照カテゴリーは非農業戸籍をもつ回答者とする。

流入地適応についての説明変数は出稼ぎ労働者の流入地での滞在期間とする。調査結果によると、流入地での平均滞在期間（mean）が6.3年であり、最も多い（mode）のは2.0年である。

家族関係は出稼ぎ労働者が移動した時の家族形態と親が流出地に残っているか否かといった2つの説明変数を含めている。「単身」と「いる」はこの2つ説明変数のそれぞれの参照カテゴリーとされる。

4．序数回帰分析結果

序数回帰分析の結果を**表10－2**に示す。各説明変数の作用係数についての推定値、Wald値、有意水準、並びに従属変数のオッズ比について求めた。有意水準の参照基準は、回帰分析における一般的な参照基準である0.05とした。Sig.は0.05より低い場合、その説明変数は統計的に有意とされる。以下の結果に基づき、それぞれの説明変数が流入地での定住意識にどのよう

表 10 − 2　プラム-序数回帰（PLUM − Ordinal Regression）結果

	Estimate	Wald	Sig.	Exp(β)
人的資本（教育レベル）				
高校卒以上	1.349E-02	0.004	0.951	1.014
小学校卒	-0.462	4.916	0.027	0.630
中学校卒（参照カテゴリー）	−	−	−	−
経済資本				
月収入	1.324E-04	2.813	0.094	1.000
職種				
管理的職業	1.912	4.205	0.040	6.767
専門・技術的職業	1.405	4.664	0.031	4.076
事務	2.348	11.281	0.001	10.465
販売、サービス職業とその他	1.896	11.976	0.001	6.659
建築労務（参照カテゴリー）	−	−	−	−
制度資本（戸籍状況）				
農業戸籍	-0.858	14.687	0.000	0.424
非農業戸籍（参照カテゴリー）	−	−	−	−
流入地適応（流入地での滞在期間）	4.453E-02	6.196	0.013	1.046
家族関係				
家族形態				
夫婦のみ	0.109	0.193	0.661	1.115
夫婦と子供	0.751	11.391	0.001	2.119
その他	0.134	0.270	0.603	1.143
単身（参照カテゴリー）	−	−	−	−
親が田舎にいるか否か				
いない	0.130	0.418	0.518	1.139
いる（参照カテゴリー）	−	−	−	−
-2 Log Likelihood	1352.586			
モデルχ^2値	82.775 ***			
R-square	0.150			
ケース数	549			

注：1）．Estimate は各説明変数の作用係数 β k についての推定値であり、EXP（β）は各説明変数の影響を受けて、従属変数が高いスコアをとる可能性と低いスコアをとる可能性のオッズ比である。Wald は回帰係数とその標準誤差の比率の平方であり、Sig. は有意水準である。高い Wald 値と低い Sig. 値は、説明変数作用の統計的な有意性を示す。

　　2）***p<.001

に作用するかを1つずつ検討する。

1) 人的資本

　参照カテゴリーの「中学校卒」と比較し、「小学校卒」カテゴリーの作用係数とオッズ比は統計的に有意であったが、「高校卒以上」カテゴリーの作用係数とオッズ比については、統計的な有意性は認められなかった。「小学校卒」カテゴリーの作用係数は負の値をとっており、このことは「中学校卒」者と比較し「小学校卒」者は流入地での定住意識が低いことを示している。一方、「高校卒以上」者と「中学校卒」者との定住意識に関する比較は有意ではない。しかし相対的に、高い教育レベルをもつ出稼ぎ労働者は、より強い定住意識を示すという仮説は統計的に検証された。

2) 経済資本

　経済資本が定住意識に及ぼす影響について興味深い結果を得た。調査では、月収の多寡と定住意識の因果関係は検証されなかった。回答者の収入が流入地で定住するか否かを決める影響要因にはならないことが示された。他方、回答者の職種は定住意識に影響を与えていることが明らかになった。「管理的職業」、「専門・技術的職業」「事務」及び「販売、サービス職業とその他」の各カテゴリーは参照カテゴリーの「建築労務」と比較し、いずれも統計的に有意な正の係数を示した。このことは「建築労務」従事者と比べ、それ以外の職業従事者の定住意識が高い傾向にあることを意味する。各カテゴリーの係数を比較した場合、「事務」カテゴリーの作用係数が2.348で最も高い。
　続いて「管理的職業」と「販売、サービス職業とその他」カテゴリーの係数がそれぞれ1.912、1.896、最も低い係数を示すのは「専門・技術的職業」カテゴリーで、1.405となっている。これらの係数を用いてオッズ比を計算してみると、参照カテゴリーの「建築労務」と比べ、その他カテゴリーの職業従事者の間により強い定住意識があることがわかる。具体的な数値を用いると、流入地での定住意識においては、「建築労務」カテゴリーに従属する回答者と比べ、「管理的職業」カテゴリーの回答者が6倍、「専門・技術的職業」カテゴリーが4倍、「事務」カテゴリーが10倍、「販売、サービス職業とその他」

カテゴリーが6倍となり、それぞれ強い定住意識を示した。

3）制度資本

　制度資本としての戸籍状況が、回答者の流入地における定住意識に大きな影響を与えていることが、統計的に検証された。作用係数の−0.858は「農業戸籍」所有者の定住意識が「非農業戸籍」所有者のそれより大幅に低いことを示し、オッズ比0.424に至っては「農業戸籍」所有者の定住意識が「非農業戸籍」所有者の意識の半分以下であることを表している。またSig.0.000は、戸籍状況が出稼ぎ労働者の定住意識に影響することを顕著に示している。

4）流入地適応

　定住意識において、流入地適応（流入地での滞在期間）がプラスの影響を与えていることが、統計的に証明された。オッズ比1.046は2つの意味を持つ。第1は、滞在時間が1年延びると、出稼ぎ労働者意識の定住願望が1.046倍に増加すること、つまり滞在期間が定住意識にプラスの影響を与えていることを意味する。第2に、1よりわずかに大きいだけの値は、滞在期間の延長が定住意識に大きな影響を果たさないことを意味するものでもある。

5）家族形態

　参照カテゴリーの「単身」と比べ、「夫婦のみ」と「その他」のカテゴリーの作用係数には、統計的有意性はなかった。一方、「夫婦と子供」カテゴリーの作用係数は統計的に有意であった。これは定住意識において、「単身」者と「夫婦のみ」及び「その他」の家族形態をもつ労働者との間に大きな相違がないこと、そして「夫婦と子供」の家族形態をもつ出稼ぎ労働者と「単身」者との間には相違が存在する事を示している。「夫婦と子供」カテゴリーの係数0.751は、「夫婦と子供」の家族形態をもつ出稼ぎ労働者は「単身」者と比べ定住意識が強いこと、オッズ比2.119は、「単身」者と比べ定住願望が2倍以上に強い事を意味している。

　親が流出地にいるか否かという説明変数について、統計的にその作用は検証されなかった。これは出稼ぎ労働者の流入地での定住意識に、親が流出地

に残っている否かという要因があまり影響していないことを意味している。

　以上の結果から、出稼ぎ労働者の定住意識において、統計的に検証された要因と検証されなかった要因が明確になった。人的資本（教育レベル）、経済資本における職種、制度資本（戸籍状況）、流入地適応（流入地での滞在期間）及び家族形態については統計的に検証された。一方、出稼ぎ労働者の収入と、親が故郷にいるか否かの2つの要因については検証されなかった。

5．考察と今後の課題

　以上のような分析結果から、出稼ぎ労働者に関わる中国深層の社会的現実を次のように指摘することができる。

　「よそ者」である出稼ぎ労働者が、流入地で自分の職業や社会的地位を獲得する過程において、親の地位を初めとする生得的要因が役に立つことはあまりなく、多くの場合、自らの獲得的要因に頼ることを余儀なくされている。人的資本の筆頭である教育レベルは最も重要な獲得的要因であり、教育レベルが出稼ぎ労働者の職業、社会的地位、さらには定住意識に大きく影響を与えることになる。小学校卒の労働者が仕事を見つけるのは難しく、運よく見つかっても上昇するのは容易ではない。

　今回の調査結果でも、「小学校卒」者の「建築労務」と「サービス職業」カテゴリーに占める割合は、その他の職種カテゴリーに比べ、はるかに高かった。一方、「中学校卒」以上の学歴保持者は、就職と昇進において相対的に優位であった。分析結果が示すように、「小学校卒」者の定住意識は「中学校卒」学歴保持者より弱い。このことは大都市の生活における「小学校卒」者の苦境を反映しているといえるだろう。以上のことから、市場転換期にある中国では、教育レベルが個人の収入と職業の選択に影響を与え、さらに定住意識にも影響を与えること、そして地域間の移動、社会階層間の移動、及び獲得した社会的地位をゆるぎないものにするために重要な役割を果たしているとみられる。

　経済資本において、収入ではなく職種が定住意識に影響を及ぼすことを明

らかにした今回の結果は、今日の出稼ぎ労働者が、職場環境、職業の安定性、社会的評価を求め始めたことを反映している。いうまでもなく、大部分の出稼ぎ労働者の目的は収入を得ることである。しかし、定住を考えたとき一層重要になるのは、仕事をする職場環境、働く条件、職業の安定性、そして社会的地位であると考えられる。分析結果によると、最も強い定住意識を示したカテゴリーは、「事務」であった。ここで明確にしておきたいことは平均月収である。「建築労務」従事者の平均月収は1100.0元であったのに対し、「事務」従事者の平均月収はわずか929.4元であった。「建築労務」従事者の平均月収を下回るにもかかわらず「事務」従事者が高い定住意識を持つのは、上記の収入以外の要因が仕事に高い満足度を与えていることを意味すると考える。

1950年代後半に実施された戸籍制度は、中国社会のあらゆる面に大きな影響を与えてきた。人口流動の激化に伴い、戸籍制度が緩和されてきたが、その影響はいまだ根強く残っている。定住意識に対し「非農業戸籍」保持者と「農業戸籍」保持者の間に顕著な相違がみられたが、これは戸籍制度の影響によるものと考えてよい。本研究では、まず制度による「非農業戸籍」保持者の優位性について仮説をたて、調査と分析で仮説が正しいことを検証した。

戸籍制度は出稼ぎ労働者の定住意識に影響を与えただけではなく、流入地の住民（既存の市民）との関係にも影響を及ぼした。その中の1つが出稼ぎ労働者、特に農村地域からの出稼ぎ労働者に対する差別である。差別により両者の交流が進まず、同じ都市空間に居住しながら、異なる社会に存在する状況が作り出されている。今回の分析で、流入地での滞在期間が定住意識に影響を与えるものの、その影響が大きくないという結果を得たことは、このような社会的現実を伝えていると考えられる。地域社会（コミュニティ）との融和は、地域の住民との交流を通じて促進されるが、戸籍制度は差別を生み、融和を妨害する作用をしていると思われる。

本回帰分析の結果は、一方で従来の戸籍制度改革の効果を明らかにした。これまでほとんどの出稼ぎ労働者は単身だったが、近年、家族を連れて出稼ぎに来る労働者が増えている。その背景には、戸籍制度、特に出稼ぎ労働者

子女の教育に関する改革の推進がある。従来の戸籍制度は、出稼ぎ労働者の子女が出稼ぎ先で公立学校に就学するのを禁止、あるいは高額の授業料が払える労働者の子女のみに許可していた。人口流動の激化を受け、政府は出稼ぎ労働者子女の教育に空白期間が生まれる問題を無視することができなくなり、改革を推進し始めた。2003年1月に発行された『做好農民進城務工就業管理和服務工作』(農民の都市部での就職に関する管理と政府のサービスで提供)という国務院の通知は、地方政府に、出稼ぎ労働者の子女の就学は現地の子女と同等に扱うよう命じた。この条例に基づき政策が実施され、出稼ぎ労働者子女の教育問題は改善し始めた。本調査の基本集計結果によると、回答者の子女のおよそ8割が流入地の公立学校に入学していた。教育問題が改善されたことで、「夫婦と子供」の家族形態を持つ出稼ぎ労働者は、今後も増加すると予測される。分析結果から、「夫婦と子供」カテゴリーの定住意識は「単身」者より強いので、今後、出稼ぎ労働者の流入地で定住の増加は避けられないだろう。

　中国では親孝行が一貫して強調されてきたが、定住意識において、親が住む故郷の存在が出稼ぎ労働者に影響を与えていないことは、予想外の結論であった。ただし、この結果だけでは、出稼ぎ労働者が故郷に残した老親扶養に無関心だとの結論にはつながらない。調査によると、親の病気に際し、実質的な介護は故郷に残る兄弟に頼み、費用を送金することで経済的に埋め合わせる出稼ぎ労働者の実態が窺われる。また「もし流入地で定住するなら、故郷の両親を呼び寄せるか」という質問に対し、70.8％の回答者は「そうする」と答え、「そうしない」と答えた回答者の割合は全体の4.7％にすぎなかった。以上の結果は、老親扶養に対する出稼ぎ労働者の責任感が、都市に定住しても変わらないことを示すと考える。老親扶養を大事に考えながらも故郷の親の存在が定住意識に影響を与えないことと、「夫婦と子供」の家族形態を持つカテゴリーの強い定住意識は、出稼ぎ労働者の求めるライフスタイルを描き出している。すなわち、より良い生活水準を求め社会的に高い地位を得ること、一番大切なのは本人と家族の発展であること、その生活を守るために老親扶養は主に送金で行われ、条件が整えば親を引き取る意思があること、である。このような行動は、中国の伝統的な養育と老親扶養の観念と一致す

る。

　以上は、今回の回帰分析結果に示された、深層にある中国の社会的現実についての考察である。言うまでもなく、特定の社会環境に置かれている個人の行為は、与えられた社会状況に規定されている現実を示す。定住意識に見える出稼ぎ労働者の間の相違は、まさに昔からの中国社会の慣習、従来の戸籍制度の影響、そして今日激変する現状についての物語である。

　本研究では、北京市と上海市に流入した出稼ぎ労働者の定住意識において、5つの影響要因を取り上げ、序数回帰分析を通じて各説明変数の影響を検証した。この定住意識をより深く解明するには、さらに詳細な質的事例研究が不可欠と考える。これは、今後の研究課題としたい。

注

1　グループ②は流入地での定住する意識を表さないが、「流出地に帰る」という意識をも示さない。そのため、定住意識においてグループ②はグループ①より強く、グループ③の「条件付で流入地に残る」という回答より弱いと考えられる。

結　論

　本書は北京市、上海市、広東省及び四川省農村部で実施したオリジナルな4つのアンケート意識調査と2つの質的事例調査を通じて、流入地と流出地の双方から、出稼ぎ移動と出稼ぎ労働者本人及びその家族の生活実態、ならびに人口流出による中国農村家族・農村社会の変容について、量的かつ質的な分析を行なった。その結果及び2000年第5回人口センサスの結果分析などを踏まえて、中国の人口移動と社会的現実に関し、以下のような結論を導いた。

　第1は、戸籍制度及び"逆都市化"政策の実施は、中国の人口移動と都市化に大きな影響を与えてきたこと。これらの制度は中国国内流動人口の停滞及び都市農村"二元的社会"の出現をもたらした。1980年代以来中国経済改革の実施や戸籍制度の緩和と共に、農村地域から大規模な余剰労働力が都市部に流動し始め、今日国内の人口流動は重要な社会現象の1つとなっており、中国経済・社会に大きく影響している。

　第2は、これまで人口流動の方向は大きく変化してきたこと。1980年代には郷鎮企業は流動人口に多くの就業先を提供し、"小城鎮"の発展も中国の都市化の進展に大きく貢献した。1990年代後半から、小城鎮に代わって大都市が流動人口の主要な流入先となり始め、今日における中国国内の流動人口の主な流入先は北京、上海、広東省を中心としての3つの大都市圏に集中しつつある。この3つの地域において、戸籍制度の改革は若干の進展が示されてきたが、全般的に見れば、こうした改革の進行は遅れがちで、現行の戸籍制度が依然として人々の出稼ぎ移動に大きな障害となっている。

　第3は、経済状況の改善を目指す農村地域の余剰労働力を主とする流動人口が、自身の社会的ネットワークを利用して大都市に流入してきたこと。こ

の過程において、社会的ネットワークと戸籍制度の改革はプラスの要因として機能し、移動する距離はマイナスの要因として移動行動に機能している。また、これまでの指摘と異なり、移動は盲目的な行為ではなく、流出地と流入先との収入格差、社会的ネットワークの有無、及び故郷との距離などの要因が相互に絡んでの合理的な結果である。流入した人々が故郷の家族を中心とする第一次的社会的ネットワークを保持しながら、大都市で新たな社会的ネットワークを創設することにより、自身の社会階層の上昇移動を実現、またはその可能性に途を開く。自身の移動を貫徹した出稼ぎ労働者は故郷の労働力にも経済的な刺激を与え、社会的ネットワークを強化し、新たな人口流動を促進しつつある。

　第4は、従来の戸籍制度の影響により、都市部住民から農村地域出身の出稼ぎ労働者への差別は根強く残っていること。大都市に流入した出稼ぎ労働者が職場での交流を通じて現地市民との社会的な距離感は物理的には近づいているが、心理的な距離感はいまだ残存している。出稼ぎ労働者は現地市民との心理的な交流をほとんど行わず、流入地での生活は同じ出身者や同僚を中心にして展開され、現地地域社会へのコミュニティ融和はあまり進んでいない。制度上の差別に加えて、現地住民から出稼ぎ労働者への差別行為には、出稼ぎ労働者の生活コストの上昇、安心感の欠如、及び現地市民との対抗的関係をもたらした。こうした現状は現地社会との融和を進展させる上に大きな壁となっている。今後もしばらくの間は大都市において流入した出稼ぎ労働者と市民という"二元的社会"の存在は、そう容易には解消されないだろうと推察できる。

　第5は、広東省の工場で働く出稼ぎ労働者のほとんどは、雇用機関と正式な契約を結んでいるが、契約内容に対する個人知識の欠如と正当な手段に対する認識不足により、出稼ぎ労働者の多くは権益が損害された際に法律や政府に頼らず、個人の力の内で解決することを選んでいること。そのため、出稼ぎ労働者の合法的な利益が、実質的に保障されていない場合が多く存在している。また、労働分業の細分化に伴い、企業及び出稼ぎ労働者にとって仕事に対する研修の重要性は一層高まっている。

　第6は、社会保障への加入状況において、職種によってその加入率が大き

く異なっていること。全般的にみれば、政府の規定により業務上障害保険への加入率が高いものの、年金、失業保険や生活最低水準補助金などの他の保障は依然として受けられないことが出稼ぎ労働者の現状である。

　それに加え、収入が低いにもかかわらず、出稼ぎ労働者たちの労働条件は依然として厳しい状況におかれている。長い間差別された環境におかれていることに加えて、情報の欠如が出稼ぎ労働者の社会保障に関する知識の欠如をもたらしたこと。また、企業側として、自分の利益につながる保険にしか積極性を示さないことと、出稼ぎ労働者たちが社会保障の重要性に対する理解不足は出稼ぎ労働者の社会保障の現状改善にマイナスの要因となっている。一連の改善政策が実施されたにもかかわらず、現実的に出稼ぎ労働者の社会保障が現地住民よりもかなり遅れており、彼らの多くは依然として都市の中における"体制外"の存在である。

　戸籍制度の存在は彼らと対等な市民待遇の獲得に大きな壁となっている。制度上の支持や現地市民からのサポートが欠如した状況の中で、出稼ぎ労働者たちが自らの努力で流入先地で自分の社会的支持を築くことを余儀なくされた。その具体的なルートには現地型、流出地型、そして流出地・現地型といった3つの類型が存在している。

　第7は、戸籍制度改革に伴い、出稼ぎ労働者の子弟教育は改善されてきたとはいえ、依然として多くの課題を抱えていること。従来存在した社会的な障害が次第に減り、出稼ぎ労働者の子女が流入先地の公立学校に平等に入学できるようになりつつある。教育設備、教師の質、授業内容などにおいて都市農村間に大きな差が存在するため、多くの出稼ぎ労働者たちにとって流出先地での就学は好ましいこととなった。しかし公立学校の収容能力や学費負担の問題によって出稼ぎ労働者子弟の一部は依然として公立学校に入学できない状況におかれている。

　その上、制度上において彼らの流入先地での高校や大学への進学は依然として許可されないままである。公立学校と民工子弟学校との間に、学校設備、運営資金や教職員の数などにおいて大きな格差が存在する。民工子弟学校は、生徒たちの頻繁的な流動と有能な教師の確保という大きな2つの課題に直面しているのである。

他方、出稼ぎ労働者の子供を受け入れた公立学校にとって、いかに現地子供が流失するのを防ぐかが大きな課題として迫られている。また、通う学校の類型によって、出稼ぎ労働者の子供たちが現地子供とのつきあい方や交流状況は大きく異なっている。公立学校に入学している出稼ぎ労働者の子供たちは、学内外において現地子弟との交流を順調に行っているが、民工子弟学校に入っている出稼ぎ労働者子弟は現地子弟とのつきあいが非常に少ない。さらに、現地市民からの差別もなおあり、ために一部の出稼ぎ労働者子弟の間に、劣等感が生れてきている。また、日常生活においても現地子弟たちの余暇時間は娯楽活動にほとんど使われているのに対し、出稼ぎ労働者子弟の多くは、娯楽活動のみならず家事手伝いとの両立を余儀なくされている。

第8は、異なる流入先地に流入した出稼ぎ労働者の間には差異が存在していること。具体的には、北京市や上海市に流入した出稼ぎ労働者の多くは商業やサービス業に従事しているのに対し、広東省に流入した出稼ぎ労働者の多くは生産工場に勤めている。そして、上海市より北京市における出稼ぎ子弟の教育改善はより遅れており、出稼ぎ子弟への差別もより広く存在している。また、北京市と上海市の調査の比較から、老親扶養をめぐる男女間役割において地域間の差も検証された。

さらには滞在期間の長期化につれ、上海市に流入した出稼ぎ労働者の一部は、社会階層の上層化を実現したのに対し、北京市に流入した出稼ぎ労働者の多くは社会階層変化において大きな進展がみられず、彼らの多くは北京市での滞在期間の長期化につれ、自ら自営業（個体）を始めるのが多く、そのために、職業構造における商業への集中化が顕著となっている。

第9は、出稼ぎ労働者内部でも差異がみられはじめていること。具体的には、異なる教育程度間には、移動理由の相違が存在している。また、出稼ぎ労働者の移動時の家族形態が流出期間と故郷への送金意欲に影響しており、子連れで移動した出稼ぎ労働者は送金に消極的な傾向が見られ、かつ流入先地での滞在が長期化する傾向にある。そして、個人の婚姻状況や流入地での滞在期間が彼らの住宅の選択にも影響しており、異なる住宅類型に住む出稼ぎ労働者の間には多面にわたって大きな相違が存在している。宿舎に住む出稼ぎ労働者よりは、部屋を借りて住む出稼ぎ労働者の生活はより周辺化・疎

遠化されている。移動動機、従事する職種及び仕事に対する満足度、そして現地生活に対する満足度などにおいては、女子出稼ぎ労働者と男子出稼ぎ労働者との間にも多くの相違点が存在し、女子の方が一般に高い。

　第10は、人口流出が流出地の農業生産活動、留守家族、そして農村コミュニティに大きな影響を与えていること。流出した人口の送金により留守家族の経済状況が大きく改善され、生活満足度も大幅に上昇した。老親の扶養において実質的な介護と医療費の支払いなどの経済的扶養との間に、流出した出稼ぎ労働者と流出地に残っている兄弟及び他の親戚との間のバランスが保たれている。

　留守老親の扶養に対しては、流出した家族メンバーは経済的な主な担い手となっており、他方、留守老親の病気時の介護担い手は他の親戚や留守老親の配偶者であり、残された他の子女への介護負担は大幅な上昇が見られなかった。また人口流出は農業生産活動担い手構造の変化及び留守老親・配偶者の労働負担の増加をもたらし、精神的にも留守老親・配偶者の孤独感を引き起こした。人口流出は留守配偶者の負担増をもたらしたが、夫婦関係の疎遠にはつながらなかった。

　他方、流出した配偶者は男子が多いため、人口流出が留守妻の勢力の拡大をもたらし、その変化につながった。そして出稼ぎ者・親の流出により、留守子弟の物質的な生活が改善され、留守子弟間に自己閉鎖、勉強への関心の消滅などの問題は見られなかった。

　なお、人口流出により村民間の貧富の格差は拡大したが、ミクロ的に村民間の個人関係の疎遠は生じなかった。しかし、マクロ的に大量の人口流出がみられつつある人口減村落社会は、以前よりひっそりとしていると感じる留守老親・配偶者が多く存在する。

　最後に、戸籍制度があるために、従来は流入地に入った出稼ぎ労働者がその後流出地に戻る場合がかなり多いが、最近の戸籍制度をめぐる改革の新動向を受け、流動人口は大都市での定住意識が高まっていること。また定住意識に影響を与えている要因には、出稼ぎ労働者の教育レベル、従事する職種、戸籍の性格（農業又は非農業）、流出地での滞在期間及び家族形態があげられている。それに対し、出稼ぎ労働者の収入と、親が流出地にいるか否かの2

つの要因は出稼ぎ労働者の定住意識にあまり影響していないことも明らかである。

　以上の結論で示されたように、今日までの30年近くにわたっての人口移動は、中国の人々の生活に大きな変化をもたらしたと同時に、中国社会構造にも大きな変化を導いた。21世紀に入っての人口移動と出稼ぎ労働者の生活は、1980年代や1990年代と大幅に変わってきた。戸籍制度を含めた一連の改革策の実施は出稼ぎ労働者の生活改善にはつながってきたが、出稼ぎ労働者たちは依然として多くの課題を抱えている。戸籍制度はまだ根強く残っているままであるし、一部の大都市においては出稼ぎ労働者の流入に対して再び抑制する方向への転換が検討されている。現時点で、国内人口移動及び出稼ぎ労働者たちの将来は依然として先がはっきりとはみえない状況にある。そして都市・農村間の格差が一層拡大しつつある今日において、農村から都市への大量の人口移動は今後とも増え続けると予測されよう。
　2008年後半からアメリカ発の金融危機の影響を受け、中国の中でも大量の輸出向けの企業が倒産し続けてきた。それにともない、これまでそれらの企業に勤めてきた多くの出稼ぎ労働者は職を失い、2009年2月現在の時点で、その数は2,000万人以上ともいわれる。こうした失業した出稼ぎ労働者たちの今後についても引き続き注目していく必要があろう。
　さらに、人口移動と関連して、農村建設問題、都市化問題、社会保障問題などの課題の解決も中国政府に問われている。本書の調査研究の結論で示されたように、出稼ぎ労働者の中においてもはっきりとした階層分化が見られ始め、今後、社会階層と格差の視角から中国国内の人口移動についての研究が求められよう。人口移動と出稼ぎ労働者問題は引き続き、将来の中国政府にとって最重要課題であり、中国社会構造の根底を大きく左右しよう。今後においても、こうした課題についての継続的な注目とさらなる研究が求められている。

参考文献

日本語文献

愛知大学現代中国学会編（2007）:『中国 21 —中国農業の基幹問題』風媒社.
石原邦雄編（2004）:『現代中国家族の変容と適応戦略』ナカニシヤ出版.
井上寛（1993）:「社会的ネットワーク分析」、森岡清美・塩原勉・本間康平代表編集『新社会学辞典』、有斐閣.
大島一二（1996）:『中国の出稼ぎ労働者—農村労働力流動の現状とゆくえ』、芦書房.
大友篤（1996）:『日本の人口移動—戦後における人口の地域分布変動と地域間移動』大蔵省印刷局.
河邉宏（1985）:「コーホートによって見た戦後日本の人口移動の特色」『人口問題研究』175 号.
河邉宏（2002）:「人口の地域間移動の分析方法」、日本人口学会編『人口大事典』、培風館.
河邉宏（2002）:「国内人口移動の理論」日本人口学会編『人口大事典』、培風館.
熊谷苑子・桝潟俊子・松戸庸子・田嶋淳子編著（2001）:『離土離郷—中国沿海部農村の出稼ぎ女性』、南窓社.
黒田俊夫（1970）:「人口移動の転換仮説」厚生省人口問題研究所編『人口問題研究』113 号.
黒田俊夫（1976）:『日本人口の転換構造』古今書院.
園田恭一（1993）:「コミュニティ感情」、森岡清美・塩原勉・本間康平代表編集『新社会学辞典』、有斐閣.
林武（1976）:『発展途上国の都市化』アジア経済研究所.
副田義也（1993）:「社会保障」森岡清美・塩原勉・本間康平代表編『新社会学辞典』、有斐閣.
藤崎広子（1999）:「扶養」、武川正吾・藤村正之・庄司洋子・木下康仁代表編集『福祉社会事典』弘文堂.
南亮進・牧野文雄編著（1999）:『流れ行く大河 中国農村労働の移動』日本評論社.
南亮進・羅歓鎮（2006）:「民工の都市生活と子弟教育—北京・上海の事例研究」中国研究所『中国研究月報』7 月号.
山口真美（2000）:「「民工子弟学校」—上海における「民工」子女教育問題」『中国研究月報』9 月号.
若林敬子（1993）:「人口移動」、森岡清美・塩原勉・本間康平代表編集、『新社会学辞典』、有斐閣.
若林敬子（2005）:『中国の人口問題と社会的現実』ミネルヴァ書房.
若林敬子編著・筒井紀美訳（2006）:『中国 人口問題のいま—中国人研究者の視点

から』ミネルヴァ書房.
馮文猛（2004）:「中国における人口流動と戸籍制度改革」、『人口と開発』No.87、アジア人口・開発協会（APDA）.
馮文猛（2006）「上海市における出稼ぎ労働者の生活実態―経済状況・社会適応・子女教育・親の扶養―」日本国際地域開発学会『開発学研究』16巻3号、風行社.
馮文猛（2006）:「出稼ぎ労働者の都市定住意識に関する要因分析」地域社会学会年報第18集『不平等，格差，階層と地域社会』ハーベスト社.
馮文猛（2007）:「広東省における出稼ぎ労働者の生活実態―恵州市の実態調査から」、『日本現代中国学会研究年報「現代中国」』第81号、創土社.
馮文猛（2008）:「中国農村における人口流出による家族および村落への影響」日本村落研究学会『村落社会研究ジャーナル』第15巻第1号.
李路路（2005）:「現代中国における向都移動と階層問題」園田茂人編著『東アジアの階層比較』中央大学出版部.
厳善平（2005）:『中国の人口移動と民工―マクロ・ミクロ・データに基づく計量分析』勁草書房.

中国語文献

白南生・何宇鵬（2003）:「回郷還是進城―中国農民外出回流研究」、李培林主編、『農民工―中国進城農民工に関する経済社会的分析』社会科学文献出版社.
蔡昉（2000）:『中国的流動人口問題』河南人民出版社.
蔡昉・費思蘭（2001）:「中国流動人口状況概述」蔡昉主編『中国人口流動方式与途径』社会文献出版社.
曹子瑋（2001）:「職業獲得与関係結構―関与農民工社会綱的几個問題」、柯蘭君・李漢林主編『都市里的村民―中国大城市的流動人口』中央編訳出版社.
丁水木（1989）:『現行戸籍管理制度研究』、民主与法制社.
杜鷹・白南生（1997）:『走出郷村―中国農村労働力流動実証研究』経済科学出版社.
段成栄・梁宏（2003）:「流動児童教育問題研究」、国務院婦人児童工作委員会弁公室・中国児童中心・国連児童基金編、『譲我們共亨陽光―中国九城市流動児童状況調査研究報告』.
段成栄・周皓（2001）:「北京市流動児童状況分析」『人口与経済』2001年4月.
段敏芳（2005）:「人口遷移流動対城市化進程的影響」『転型期的中国人口』中国統計出版社.
費孝通（1986）:『論小城鎮及其他』、天津人民出版社.
韓嘉玲（2001）:「北京市流動児童義務教育状況調査報告（上）」『青年研究』8月号.
韓嘉玲（2001）:「北京市流動児童義務教育状況調査報告（下）」『青年研究』9月号.
何軍主編（2002）:『労働与社会保障』東北財経大学出版社.
黄艶梅（2004）:「不可遺忘的角落―農村"隔代監護"問題的研究」、『教育導刊』、2004年第1期.
黄志法・傅禄建（1998）:「上海市流動人口子女教育問題調査研究」『上海教育科研』2月号.
李春玲（2003）:「文化水平如何影響人们的経済収入」中国社会科学院社会学研究所

社会学研究編輯部編『社会学研究』105.
李漢林・王琦（2001）：「関係強度作為一種社区組織方式―農民工研究的一種視角」、柯蘭君・李漢林主編『都市里的村民－中国大都市的流動人口』、中央編訳出版社.
李培林（1996）：「農民工的社会網絡和社会地位」、『社会学研究』、(4).
李培林、張翼、趙延東（2000）：『就業与制度変遷：両個特殊群体的求職過程』、浙江人民出版社.
李培林（2003）：「巨変：村落的終結－都市里的村荘研究」『農民工－中国進城農民工的経済社会分析』社会科学文献出版社.
李強（2001）：「中国外出農民工及其送金之研究」、『社会学研究』、(4).
李強（2002）：『転型時期的中国社会分層結構』黒竜江人民出版社.
李強（2003）：「影響中国城郷流動人口的推力与拉力因素分析」中国社会科学雑誌社編『中国社会科学』、2003年1月号（139）.
李強ら（2005）：「城市外来人口的現状和管理対策」国務院人口普査弁公室編『転型期的中国人口』、中国統計出版社.
李若建・周鴻（2005）：「外来人口集中地戸籍制度改革研究」『転型期的中国人口』中国統計出版社.
李澍卿（2005）：「農村人口遷入大城市戸籍制度創新研究」『転型期的中国人口』中国統計出版社.
梁鴻（2000）：『中国農村現階段社区保障的経済学分析』、百家出版社.
呂紹清（2006）：「農村児童：留守生活的挑戦― 150個訪談個案分析報告」、『中国農村経済』、2006年第1期.
馬侠（1994）：「人口遷移の規律性研究」、馬侠主編『中国城鎮人口遷移』、中国人口出版社.
馬侠（1994）：「人口遷移の経済モデル」、馬侠主編『中国城鎮人口遷移』、中国人口出版社.
馬侠（1994）：「人口遷移の理論とモデル」、馬侠主編、『中国城鎮人口遷移』、中国人口出版社.
喬暁春（2003）：「従"五普"数据分析城市外来人口状況」中国社会科学院社会学研究所社会学研究編輯部編『社会学研究』103.
渠敬東（2001）：「生活世界中的関係強度－農村外来人口的生活軌跡」、柯蘭君・李漢林主編、『都市中的村民－中国大都市的流動人口』、中央編訳出版社.
Rachel Connelly（2004）：「外出打工対農村婦女地位的影響」、鄭真真・解振明主編『人口流動与農村婦女発展』、社会科学文献出版社.
孫祁祥、鄭偉等著（2005）：『中国社会保障制度研究』中国金融出版社.
譚深（1998）：「珠江三角洲外来打工妹的現状与発展」、金一虹・刘伯红主編：『世紀之交的中国婦女与発展』、南京大学出版社.
湯夢君（2004）：「浅析"留守妻子"現象」、鄭真真・解振明主編『人口流動与農村婦女発展』、社会科学文献出版社.
Todaro, M. P.（1984）：「発展的国家的労働力移動模式和城市失業問題」、外国経済学説研究会編、『現代国外経済学論文選』、商務印書館.
王義君（2003）：「我国城鎮建制的演変以及暦次人口普査城郷人口統計口径問題研究」国務院人口普査弁公室・国家統計局人口和社会科技統計司編『第五回全国人口普

査国家級課題論文集』中国統計出版社.
謝志岿（2005）：『村落向城市社区的転型―制度、政策与中国城市化進程中城中村問題研究』中国社会科学出版社.
姚引妹（2006）：「経済較発達地区農村空巣老人的養老問題―以浙江農村為例」、中国人民大学人口与発展研究中心編『人口研究』、2006 年 11 月.
趙煥新（2004）：「関注農村"留守"子女」『人民日報』、2004 年 2 月 4 日.
翟学偉（2003）：「社会流動与関係信任」中国社会科学院社会学研究所社会学研究編輯部編『社会学研究』103 期.
瞿振武（2003）：「跨世紀的中国人口遷移与流動研究報告」国務院人口普査弁公室編『人口普査資料分析報告』.
張琪ら主編（1996）：『社会保障制度改革』経済管理出版社.
張善余（2005）：「90 年代中国人口分布変動和遷移流動的新形勢研究」国務院人口普査弁公室・国家統計局人口と社会科技統計司編『転型期的中国人口』中国統計出版社.
張文娟・李樹茁（2004）：「労働力外流背景下的農村老年人居住安排影響因素研究」『中国人口科学』2004 年 1 月.
鄭功成、黄黎若蓮ら（2007）：『中国農民工問題与社会保護』、人民出版社.
鄭梓楨（2005）：「中国省際人口遷移流動態勢分析」『転型期的中国人口』中国統計出版社.
周大鳴（2001）：「永恒的鍾擺―中国農村労働力的流動」柯蘭君、李漢林主編『都市里的村民―中国大城市的流動人口』中央編訳出版社.
周大鳴（2003）：「外出務工与輸出地政治結構的変遷」、李培林主編『農民工―中国進城農民工的経済社会分析』、社会科学文献出版社.
周大鳴(2004)：「城市農民工研究的回顧与反思」『広西右江民族師専学報』2004 年 4 月.
周大鳴（2007）：『"自由"的都市辺縁人―中国東南沿海散工研究』中山大学出版社.
国務院人口普査弁公室・国家統計局人口統計司編（1985）：『中国 1982 年人口普査資料』中国統計出版社.
国家統計局人口統計司・公安部三局編（1988）：『中華人民共和国人口統計資料匯編：1949 － 1985』中国財政経済出版社.
全国人口抽様調査弁公室編（1997）：『1995 全国 1 ％人口抽様調査資料』中国統計出版社.
国務院人口普査弁公室・国家統計局人口統計司編（1991）：『中国 1990 年人口普査10％抽様資料』中国統計出版社.
国務院人口普査弁公室・国家統計局人口と社会科技統計司編（2002）：『中国 2000 年人口普査資料』中国統計出版社.
外来学齢前児童保健与教育調査組（2000）：「対大城市外来学齢前児童保健与教育状況的調査思考―以北京市海淀区為案例的分析」『中国人口科学』.
国家統計局農村社会経済調査総隊編（2002）：『中国農村統計年鑑』2002 年版、中国統計出版社.
中国人口与発展従書編委会編（2002)：『中国計画生育与家庭発展変化』、人民出版社.

英語文献

Andy Field（2005）: *Discovering Statistics Using SPSS*, Sage Publications.
Becker G.S.（1964）: *Human Capital*, University of Chicago Press.
Becker, Gary and Kevin Murphy（1988）: A theory of rational addiction, *Journal of Political Economy*, 96.
Bernard, Harvey Russell（2000）: *Social Research Methods: Qualitative and Quantitative Approaches*, Sage Publications, Inc..
Bian Yanjie（1997）: Bring Strong Ties Back In: Indirect Ties, Networks Bridges, and Job Searches in China, *American Sociological Review*, 62.
Bilsborrow, Richard E., A.S.Oberai and Guy Standing（1984）: *Migrations Surveys in Low Income Countries: Guidelines for Survey and Questionnaire Design*, Croom Helm.
Blau, P.M. and Duncan, O.D.（1967）: *The American Occupational Structure*, Wiley.
Bogue D.J.（1969）: *The Theory of Population*, Waley Press.
Bohning W.R.（1978）: Elements of a theory of international migration and compensation, ILO *World Employment Programme Working Paper* 34.
Bock, P.K.（1974）: *Modern Cultural Anthropology,* 2nd ed..
Cowgill, D.（1974）: Aging and Modernization: A Revision of Theory, In: Gubrum J（ed.）, *Later life: Community and Environmental Policies*, Free Press.
Du Peng and Tu Ping（2000）: Population Ageing and Old Age Security, In Peng Xizhe & Guo Zhigang（Eds.）: *The Changing Population of China*, Oxford: Blackwell.
Entwisle, Barbara. et al.（1995）: "Gender and Family Business in Rural China," *American Sociological Review* 60（1）.
Fei Hsiao Tung（1986）: Small Towns, Great Significance-A Study of Small Towns in Wujiang County, In: Fei Hsiao Tung &Others（ed.）, *Small Towns in China-Functions, Problems &Prospects*, New World Press.
Fei J.C.H. and Gustav Ranis（1964）: Development of the Labor Surplus Economy: Theory and Policy, Homewood, Illinois, Richard A. Irwin, Inc.
Granovetter, Mark（1973）: The Strength of Weak Ties, *American Journal of Sociology*, 78.
Granovetter, Mark（1974）: *Getting a Job: A study of Contacts and Careers*. Cambridge, MA: Harvard University Press.
Knight J.B. and Song L.（2003）: Chinese peasant choices: farming, rural industry or migration, *Oxford Development Studies*, 31（2）.
Lee, E.S.（1966）: A Theory of Migration', Demography, 3（1）.
Lee, E.S.（1969）: Migration-Editorial Introduction, in J.A. Jackson ed., *Migration*,（Cambridge University Press, 1969）.
Lewis, W.A.（1954）: "Economic Development with Unlimited Supplies of Labor," *The Manchester School of Economic and Social Studies* 22（2）.
Maclever, R.M. & Page,C.H.（1949）: *Society:an introductory anlaysis*.
Mangalam, J.J., and Schwarzweller, H.K.（1970）: "Some Theoretical Guidelines Toward a Sociology of Migration", *International Migration Review*（New York）, Vol. IV, No.11

Spring 1970) .
Murdock, G.P. (1949) : *Social Structure*, New York: Macmillan.
Nee, Victor etc. (1989) : A Theory of Market Transition from Redistribution to Markets in State Socialism, *American Sociological Review*, 56.
Ogburn, W.F. (1922) : *Social Change, with Respect to Culture and Original Nature*, New York: BW Huebsch.
Parish, W.L. (1984) : Destratification in China, in Watson J.L. (eds.) , *Class and Social Stratification in Post-Revolution China*, Cambridge University Press.
Ravenstein, E.G. (1885) : The Laws of Migration, *Journal of the Royal Statistical Society*, Vol. XLVIII, part II (June 1885) .
Ravenstein, E.G. (1889) : The Laws of Migration, *Journal of the Royal Statistical Society*, Vol. LII (June 1889) .
Rempel, H. and R.A. Lobdell (1978) : The Role of Urban-to-Rural Remittances in Rural Development, *Journal of Development Studies*, 14.
Rowland, D.T. (1994) : Family Characteristics of the Migrants, in Lincoln H.D. & Ma Xia (eds.) , *Migration and Urbanization in China*, Sharpe..
Rozelle Scott, Li Guo, Shen Minggao and Hughart Amelia (1999) : Leaving China's Farms: Survey Results of New Paths and Remaining Hurdles to Rural Migration, *The China Quarterly*, 158.
Schultz, T.W. (1961) : Investment in Human Capital, *American Economic Review* 51.
Schultz, T.W. (1964) : The Doctrine of Agricultural Labor of Zero Value, *Transforming Traditional Agriculture*, Chicago: University of Chicago Press.
Scott Rozelle, L,G., Minggao Shen, et al (1999) : Leaving China's Farms: Survey Results of New Paths and Remaining Hurdles to Rural Migration, The China Quarterly.
Shryock, H.S., J.S.Siegel et al. (1973) : *The Methods and Materials of Demography*, Vol.2, Washington, D.C. U.S. Bureau of Census.
Sjaastad, L. (1962) : The Costs and Returns of Human Migration, *Journal of Political Economy* 70.
Solinger Dorothy J. (1999) : *Contesting Citizenship in Urban China: Peasants Migrants, the State, and the Logic of the Market*. Berkeley: University of California Press.
Speare,A. (1974) : The Relevance of Models of Internal Migration for the Study of International Migration, in G. Tapinos, ed., *International Migration: Proceedings of a Seminar on Demographic Research in Relation to International Migration held in Buenos Aires, Argentina* (5-11 March 1974) (Paris, CICRED, 1974) .
Stark, O. (1991) : *The Migration of Labour*, Basil Blackwell, Cambridge, MA.
Stouffer, S.A. (1940) : Intervening Opportunities: A Theory Relating Mobility and Distance, *American Sociological Review*, 5 (6) .
Thomas, B. (1968) : Migration II: Economic Aspects, in D.L. Sills, ed., *International Encyclopedia of the Social Sciences* Vol.10 (London-Glencoe, 1968) .
Thomas, B. (1975) : Economic Factors in International Migration, in L. Tabah, ed., *Population Growth and Economic Development in the Third World*, Vol. 2 (Liege, Ordina for IUSSP, 1975) .

Todaro, M.P.（1969）: A Model of Labor Migration and Urban Unemployment in Less Developed Countries, *The American Economic Review*, Vol.59（March 1969）.

Todaro, M.P.（1989）: *Economic Development in the Third World*, 4th Edition, Longman.

Xin Meng（2000）: Labor Market Reform in China, Cambridge University Press.

Xiong Yu & Lincoln H.D.（1994）: Demographic Characteristics of the Migrants, in Lincoln H.D. & Ma Xia（eds.）, *Migration and Urbanization in China*, Sharpe..

Yuan, F.（1987）: The Status and Role of the Chinese Elderly in Families and Society. In J. H. Schulz & D. D. Davis- Friedman（Eds.）*Aging China: Family, Economics, and Government Policies in Transition*, Washington D. C.: The Gerontological Society of America.

Zelinsky, W.（1971）: The Hypothesis of the Mobility Transition, *Geographical Review*, Vol.61.

Zhang, W.（1998）: "Rural Women and Reform in a North Chinese Village", in F. Christiansen and J. Zhang（eds.）, *Village Inc.: Chinese Rural Society in the 1990s*. Surrey, England: Curzon Press.

Zuo Jiping and Bian Yanjie（2001）: "Beyond Resource and Patriarchy: Martial Construction of Family Decision-Making Power in Urban China", ASA Conference, August, Anaheim, California.

謝　辞

　本書の執筆にあたって、博士課程の主指導教官である東京農工大学教授の若林敬子先生は著書内容の調整から日本語の訂正まで多くの時間と労力をさいていただき、ご指導して下さいましたことに、まずは感謝の意を表したいと思います。

　本書の骨格をなす第4～10章のミクロ的な分析は主に2004～07年度東京農工大学若林敬子代表・日本文部科学省科学研究費基盤研究B（1）（課題番号16402025）に基づき、中国現地調査にあたっては、中国人民大学人口研究所（研究代表杜鵬先生）"211"項目基金、上海社会科学院（研究代表左学金先生）項目基金の助成を得て実施したアンケート調査と、日本学術振興会特別研究員奨励費（2007～08年度、研究代表若林敬子、外国人特別研究員馮文猛、課題番号19・07022）の助成を得て実施した事例調査に基づきます。ここで、調査の実施者・参加者である中国人民大学社会学系および人口研究所の先生方と院生達、上海社会科学院人口研究所のスタッフの方々にお礼を申し上げたいと存じます。

　また学部学生の時から、中国人民大学社会学系の李強先生（現清華大学人文社会科学学院）、沙蓮香先生、李路路先生などの先生方から研究の出発ほどきのみならず、私個人の人生についてもずっとご指導やご意見をいただきまして、この場を借りて心からの感謝の気持ちを申し上げさせていただきます。

　1999年度に東京農工大学大学院国際環境農学が新設され、その後若林敬子教授のもとにJICA人口と環境コースがつくられ、その長期研修員の第1期生として2000年9月に私は日本語をまったく話せない状態で来日しました。暖かい研究環境のもとに修士課程を過ごし、続いて博士課程も順調に過ごし、3年後の2006年9月には博士号も取得させていただきました。引き続き日本学術振興会外国人特別研究員として2年間思う存分の研究を進められることとなりました。なお長期に渡り、若林研究室の院生、とりわけ中国

からの多くの留学生仲間達からの励ましと援助を受けたことも、嬉しく感謝したいです。

JICA長期研修員として来日してから私の生活面や研究面において、多々支えていただいた独立行政法人日本国際協力機構（JICA）と財団法人日本国際協力センター（JICE）の大勢のスタッフにもお礼を申し上げたい。また日本学術振興会外国人特別研究員として2年間の研究生活において日本学術振興会からもお世話になりました。さらに本書の刊行出版にあたっても、日本学術振興会から助成をいただき、この点もお礼を申し上げます。

また本書の出版刊行にあたり、出版社の東信堂にもお世話になり、忙しい中を本書の刊行に向けて大変なご尽力をしていただきました。

さらには東京農工大学内のみならず日本の各地に調査に出かけました際には、やさしく調査にご協力いただいた現地の方々、これまで支えてくださった多くの日本の皆様にもこの場をお借りし、感謝の気持ちを申し上げたいと思います。今後とも私の成長を温かく見守ってくださるようにお願い申し上げます。

2009年2月11日

馮　文猛

事項索引

■ア行

アンケート調査　106
移動人口　5
移動動機　76, 90
医療保険　152
上海市居住証制度　44
上山下郷　52,

■カ行

価値性　27
家族形態　75, 89
家族関係　ix, 199
家庭　150,
外来流動人口　73
拡大家族　131
獲得的要因　197
北漂　158
環境保護意識　57
経済資本　ix
経済状況　76, 89
期間流動人口　70
季節的移動　4
継承性　27
権益保護　109, 151, 177
限界労働生産性　13, 14
空間的移動　4
国際人口移動　4
国内人口移動　4, 63
戸籍制度　4, 21
戸籍制度の社会機能　27
戸籍改革　24, 26
固定性　28
郷鎮企業　57
逆都市化　49, 59
吸収力モデル　72
居住証制度　36
共同体の平等原理　12
業務障害保険　152
故郷への送金　83

■サ行

386199 現象　129
三大差別　52
参与観察　106
暫住流動人口　70
市場転換理論　198
子弟教育　177
失業保険　152
自理口糧戸口　25, 43, 44
新疆村　108,
人口移動　v, 3
人口流動　v, 32
人口学　8
人的資本　ix, 14, 197
人材誘致戦略　38
住宅保障　151
小城鎮　24, 37, 55, 71, 103, 195
小城鎮理論　71
生涯流動人口　61
省間流動人口　65
常住戸口　25
常住地の変更をともなう移動　3-4
常住地の変更をともなわない移動　4
城中村　108
城鎮　64
社会救助　151
社会福利　151
社会保険　151
社会保障　v, 151
社会保障制度　151
社会的移動　4
社会的適応　78
社会的ネットワーク　106
社区生活　121
社区活動　123
出産保険　152
生活実態　71, 87
浙江村　108

制度資本　ix , 199
制度的賃金　14
生得的要因　197
遷移　5
ソーシャルサポーター　166

■タ行
大躍進　49
地域間移動　4
鎮制施行基準　46
鎮の数　47
長距離移動者　7
出稼ぎ労働者　v
転移　3
トダロ労働力移動モデル　16-18
等級性　28
都市化　48
都市・農村別人口　48

■ナ行
年金保険　152
二元的社会　26, 29
二重経済構造モデル　12
二重パターン　8
農民工　v , 5, 42, 158
農村家族　vi
農業生産活動　vi
農村コミュニティ　vi
農業余剰労働力　12
農転非　37, 38,

■ハ行
反流　7, 11

費用便益モデル　14, 72
ペティー・クラーク法則　45
フェイーラニスモデル　13
振子移動　4
プッシュとプル理論　viii , 9, 72, 105
プラムー序数回帰分析　125, 127, 201

■マ行
身分証制度　25,

■ヤ行
Uターン　31,
優　安置　151,
■ラ行
藍印戸籍　35, 38, 43
離土不離郷　55, 195
流出期間　75, 89
流動　5
流動人口　5
流動人口の基準　6
流動人口子弟の義務教育　v
流動児童　177
流入地への適応　ix , 199
老親扶養　v , 97
老親の介護と医療　98
流出地農村コミュニティ　viii , 147
留守老親　ix , 141
留守配偶者　ix , 144
留守子女　ix , 144
ロジスティック回帰　127

人名索引

■ア行
オグバーン 31

■カ行
グラノヴェター 106

■サ行
ゼリンスキー 9
シュルツ 197

■タ行
ダンカン 197
トダロ 16, 198

■ナ行
ニー 198

■ハ行
ボーグ 9, 105, 197
フェイ 13
ベッカー 197
ペティー・クラーク 45
ブラウ 197

■ラ行
ラベンスタイン 3, 6
ラニス 13
リー 8
ルイス 12

■著者紹介

馮　文猛（Feng Wenmeng）
　1978年2月　　中国河北省生まれ
　2000年7月　　中国人民大学社会学系卒業
　2000年9月　　日本国際協力機構（JICA）「中国における人口と
　　　　　　　　環境コース」長期研修員として来日、東京農工大
　　　　　　　　学大学院国際環境農学入学
　2006年9月　　東京農工大学大学院連合農学研究科博士取得
　　　　　　　　東京農工大学特別研究員を経て
　現　　在　　日本学術振興会外国人特別研究員

主要論文：
「中国農村における人口流出による家族及び村落への影響―2005年四川省の調査から」、日本村落研究学会『村落社会研究ジャーナル』第29号、農山漁村文化協会、2008.10.
「広東省における出稼ぎ労働者の生活実態―恵州市の実態調査から」日本現代中国学会発行研究年報『現代中国』第81号、創土社、2007.9.
Keiko Wakabayashi & Wenmeng Feng, Land Reclamation along Tokyo Bay and the Coastal Access Rights Movement, In 2007 Beijing International Conference on Environmental Sociology working paper collection, 2007.7 .
「出稼ぎ労働者の都市定住意識に関する要因分析」地域社会学会『地域社会学会年報』第18集、ハーベスト社、2006.5.
「上海市における出稼ぎ労働者の生活実態―経済状況・社会適応・子女教育・親の扶養」日本国際地域開発学会『開発学研究』16巻3号、風行社、2006.3. ほか多数

中国の人口移動と社会的現実
2009年3月25日　初版　第1刷発行　　〔検印省略〕

＊定価はカバーに表示してあります

著者©馮文猛　発行者　下田勝司　　　印刷・製本　中央精版印刷
東京都文京区向丘1-20-6　郵便振替 00110-6-37828
〒113-0023　TEL 03-3818-5521(代)　FAX 03-3818-5514
　　　　　E-Mail tk203444@fsinet.or.jp

発行所　株式会社　東信堂

Published by TOSHINDO PUBLISHING CO.,LTD.
1-20-6,Mukougaoka, Bunkyo-ku, Tokyo, 113-0023, Japan
ISBN978-4-88713-905-3　C3036 Copyright©Feng Wenmeng

東信堂

〔現代社会学叢書〕

開発と地域変動——開発と内発的発展の相克	北島　滋	三二〇〇円
在日華僑のアイデンティティの変容——華僑の多元的共生	過　放	二四〇〇円
健康保険と医師会——社会保険創始期における医師と医療	北原龍二	三八〇〇円
事例分析への挑戦——個人現象への事例媒介的アプローチの試み	南　保輔	四六〇〇円
海外帰国子女のアイデンティティ——生活経験と通文化的人間形成	水野節夫	三八〇〇円
現代大都市社会論——分極化する都市？	園部雅久	三八〇〇円
インナーシティのコミュニティ形成——神戸市真野住民のまちづくり	今野裕昭	五四〇〇円
ブラジル日系新宗教の展開——異文化布教の課題と実践	渡辺雅子	七八〇〇円
イスラエルの政治文化とシチズンシップ	奥山眞知	三八〇〇円
正統性の喪失——アメリカの街頭犯罪と社会制度の衰退	G・ラフリー 室月誠監訳	三六〇〇円

〔シリーズ社会政策研究〕

福祉国家の社会学——21世紀における可能性を探る	三重野卓編	二〇〇〇円
福祉国家の変貌——グローバル化と分権化のなかで	小笠原浩一編	二〇〇〇円
福祉国家の医療改革——政策評価にもとづく選択	武川正吾編	二〇〇〇円
共生社会の理念と実際	近藤克則編	二〇〇〇円
福祉政策の理論と実際（改訂版）福祉社会学研究入門	三重野卓編	二五〇〇円
韓国の福祉国家・日本の福祉国家	武川正吾 キム・ヨンミョン編	三二〇〇円
改革進むオーストラリアの高齢者ケア	平岡公一編	二四〇〇円
認知症家族介護を生きる——新しい認知症ケア時代の臨床社会学	木下康仁 井口髙志	四二〇〇円
新版 新潟水俣病問題——加害と被害の社会学	飯島伸子 舩橋晴俊編	三八〇〇円
新潟水俣病をめぐる制度・表象・地域	関礼子編	五六〇〇円
新潟水俣病問題の受容と克服	堀田恭子	四八〇〇円
公害被害放置の社会学——イタイイタイ病・カドミウム問題の歴史と現在	藤川賢 渡辺伸一 飯島仲子編	三六〇〇円

〒113-0023　東京都文京区向丘1-20-6　TEL 03-3818-5521　FAX 03-3818-5514　振替 00110-6-37828
Email tk203444@fsinet.or.jp　URL・http://www.toshindo-pub.com/

※定価：表示価格（本体）＋税

東信堂

社会階層と集団形成の変容——集合行為と「物象化」のメカニズム	丹辺宣彦	六五〇〇円
階級・ジェンダー・再生産——現代資本主義社会の存続のメカニズム	橋本健二	三二〇〇円
〔改訂版〕ボランティア活動の論理——ボランタリズムとサブシステンス	西山志保	三六〇〇円
イギリスにおける住居管理——オクタヴィア・ヒルからサッチャーへ——人は住むためにいかに闘ってきたか〔新装版〕欧米住宅物語	中島明子	七四五三円
〈居住福祉ブックレット〉		
居住福祉資源発見の旅——新しい福祉空間、懐かしい癒しの場	早川和男	二〇〇〇円
どこへ行く住宅政策——進む市場化、なくなる居住のセーフティネット	本間義人	七〇〇円
漢字の語源にみる居住福祉の思想	李 圭倍	七〇〇円
日本の居住政策と障害をもつ人	大本圭野	七〇〇円
障害者・高齢者と麦の郷のこころ——住民、そして地域とともに	伊藤静美 加藤直樹 山本里見	七〇〇円
地場工務店とともに：健康住宅普及への途	水月昭道	七〇〇円
子どもの道くさ	吉田邦彦	七〇〇円
居住福祉法学の構想	黒田睦子	七〇〇円
奈良町の暮らしと福祉：市民主体のまちづくり	中澤正夫	七〇〇円
精神科医がめざす近隣力再建	片山善博	七〇〇円
住むことは生きること——鳥取県西部地震と住宅再建支援	ありむら潜	七〇〇円
最下流ホームレス村から日本を見れば	髙島一夫	七〇〇円
世界の借家人運動：あなたは住まいのセーフティネットを信じられますか？	柳中権 張秀萍	七〇〇円
「居住福祉学」の理論的構築	早川和男	七〇〇円
居住福祉資源発見の旅II——地域の福祉力・教育力・防災力	早川和男	七〇〇円
居住福祉の世界…早川和男対談集		

〒113-0023 東京都文京区向丘1-20-6　TEL 03-3818-5521　FAX03-3818-5514　振替00110-6-37828
Email tk203444@fsinet.or.jp　URL:http://www.toshindo-pub.com/

※定価：表示価格（本体）＋税

東信堂

〔シリーズ 社会学のアクチュアリティ：批判と創造 全12巻＋2〕

クリティークとしての社会学——現代を批判的にみる眼　西原和久編　一八〇〇円
都市社会とリスク——豊かな生活をもとめて　宇都宮京子編　一八〇〇円
言説分析の可能性——社会学的方法の迷宮から　三上剛史編　二〇〇〇円
グローバル化とアジア社会——ポストコロニアルの地平　武川正吾編　二〇〇〇円
公共政策の社会学——社会的現実との格闘　吉原直樹編　二〇〇〇円
社会学のアリーナへ——21世紀社会を読み解く　友枝敏雄編　二三〇〇円
　　　　　　　　　　　　　　　　　　　　　　　　　　厚東洋輔編
　　　　　　　　　　　　　　　　　　　　　　　　　　　　　　　

【地域社会学講座 全3巻】
地域社会学の視座と方法　似田貝香門監修　二五〇〇円
グローバリゼーション/ポスト・モダンと地域社会　古城利明監修　二五〇〇円
地域社会の政策とガバナンス　矢澤澄子監修　二七〇〇円
岩崎信彦

〔シリーズ世界の社会学・日本の社会学〕
タルコット・パーソンズ——最後の近代主義者　中野秀一郎　一八〇〇円
ゲオルグ・ジンメル——現代分化社会における個人と社会　居安正　一八〇〇円
ジョージ・H・ミード——社会的自我論の展開　船津衛　一八〇〇円
アラン・トゥーレーヌ——現代社会のゆくえと新しい社会運動　杉山光信　一八〇〇円
アルフレッド・シュッツ——主観的時間と社会の連続性　森元孝　一八〇〇円
エミール・デュルケム——社会の道徳的再建と社会学　中島道男　一八〇〇円
レイモン・アロン——危機の亡命者　岩城完之　一八〇〇円
フェルディナンド・テンニエス——透徹した二世紀ゲマインシャフトゲゼルシャフト　吉田浩　一八〇〇円
カール・マンハイム——時代を診断する亡命者　澤井敦　一八〇〇円
ロバート・リンド——アメリカ文化の内省的批判者　園部雅久　一八〇〇円
費孝通——民族自省の社会学　佐々木衛　一八〇〇円
奥井復太郎——都市社会学と生活論の創始者　藤本弘雄　一八〇〇円
新明正道——綜合社会学の探究　山本鎮雄　一八〇〇円
米田庄太郎——新総合社会学の先駆者　中久郎　一八〇〇円
高田保馬——理論と政策の無媒介的統一——家族研究——実証社会学の軌跡　北合隆男　一八〇〇円
戸田貞三
福武直——民主化と社会学の現実化を推進　蓮見音彦　一八〇〇円

〒113-0023　東京都文京区向丘1-20-6　TEL 03-3818-5521　FAX 03-3818-5514　振替 00110-6-37828
Email tk203444@fsinet.or.jp　URL:http://www.toshindo-pub.com/

※定価：表示価格（本体）＋税

東信堂

比較教育学——越境のレッスン	馬越徹	三六〇〇円
比較・国際教育学（補正版）	石附実編	三五〇〇円
比較教育学——伝統・挑戦・新しいパラダイムを求めて	M・ブレイ編著／馬越徹・大塚豊監訳	三八〇〇円
世界の外国人学校	福田誠治・末藤美津子編著	三八〇〇円
教育から職業へのトランジション——若者の就労と進路職業選択の教育社会学	武藤孝典・新井浅浩編著	二六〇〇円
ヨーロッパの学校における市民的社会性教育の発展——フランス・ドイツ・イギリス	嶺井明子編著	二八〇〇円
世界のシティズンシップ教育——グローバル時代の国民／市民形成	平田利文編著	四二〇〇円
市民性教育の研究——日本とタイの比較	野津隆志	二四〇〇円
アメリカの教育支援ネットワーク——ベトナム系ニューカマーと学校・NPO・ボランティア	末藤美津子	三二〇〇円
アメリカのバイリンガル教育——新しい社会の構築をめざして		
世界のシティズンシップ教育		
多様社会カナダの「国語」教育（カナダの教育3）	関口礼子編著／浪田克之介	三八〇〇円
ドイツの教育のすべて	マックス・プランク教育研究所研究者グループ編／天野正治・木戸裕・長島監訳	一〇〇〇〇円
国際教育開発の再検討——途上国の基礎教育普及に向けて	小川啓一・西村幹子・北村友人編著	二四〇〇円
中国大学入試研究——変貌する国家の人材選抜	大塚豊	三六〇〇円
大学財政——世界の経験と中国の選択	呂烓編著／成瀬龍夫監訳	三四〇〇円
中国の民営高等教育機関——社会ニーズとの対応	鮑威	四六〇〇円
「改革・開放」下中国教育の動態	阿部洋編著	五四〇〇円
中国の職業教育拡大政策——背景・実現過程・帰結——江蘇省の場合を中心に	劉文君	五〇四〇円
中国の後期中等教育の拡大と経済発展パターン——江蘇省と広東省の比較	呉琦来	三八二七円
中国高等教育の拡大と教育機会の変容	王傑	三九〇〇円
バングラデシュ農村の初等教育制度受容	日下部達哉	三六〇〇円
タイにおける教育発展——国民統合・文化・教育協力	村田翼夫	五六〇〇円
マレーシアにおける国際教育関係——教育へのグローバル・インパクト	杉本均	五七〇〇円

〒113-0023 東京都文京区向丘1-20-6　TEL 03-3818-5521　FAX 03-3818-5514　振替 00110-6-37828
Email tk203444@fainet.or.jp　URL:http://www.toshindo-pub.com/

※定価：表示価格（本体）＋税

東信堂

グローバル化と知的様式——社会科学方法論についての七つのエッセー	J・ガルトゥング 大矢 重光太次郎訳	二八〇〇円
社会学の射程——ポストコロニアルな地球市民の社会学へ	庄司 興吉	三二〇〇円
社会階層と集団形成の変容——「個人化」と「再家族化」のメカニズム	丹辺 宣彦	六五〇〇円
世界システムの新世紀——グローバル化とマレーシア	山田 信行	三六〇〇円
階級・ジェンダー・再生産——現代資本主義社会の存続メカニズム	橋本 健二	三二〇〇円
現代日本の階級構造——理論・方法・計量分析	橋本 健二	四五〇〇円
人間諸科学の形成と制度化——社会諸科学との比較研究	長谷川 幸一	三八〇〇円
現代社会学と権威主義——フランクフルト学派権威論の再構成	保坂 稔	三六〇〇円
現代社会学における歴史と批判（上巻）	山田信吾編	二八〇〇円
現代社会学における歴史と批判（下巻）	武川正吾編	二八〇〇円
近代化のフィールドワーク——断片化する世界で等身大に生きる	丹辺宣彦編	二八〇〇円
自立支援の実践知——阪神・淡路大震災と共同・市民社会	作道 信介編	二〇〇〇円
[改訂版] ボランティア活動の論理——ボランタリズムとサブシステンス	似田貝香門編	三八〇〇円
貨幣の社会学——経済社会学への招待	西山 志保	三六〇〇円
市民力による知の創造と発展——身近な環境に関する市民研究の持続的展開	森 元孝	一八〇〇円
情報・メディア・教育の社会学	萩原 なつ子	三二〇〇円
BBCイギリス放送協会（第二版）——カルチュラル・スタディーズしてみませんか？	井口 博充	二三〇〇円
記憶の不確定性——社会学的探求	簑葉 信弘	二五〇〇円
日常という審級——アルフレッド・シュッツにおける他者・リアリティ・超越	松浦 雄介	二五〇〇円
日本の社会参加仏教——法音寺と立正佼成会の社会活動と社会倫理	李 晟台	三六〇〇円
現代タイにおける仏教運動——タンマガーイ式瞑想とタイ社会の変容	ランジャナ・ムコパディヤーヤ	四七六二円
	矢野 秀武	五六〇〇円

〒113-0023　東京都文京区向丘1-20-6
TEL 03-3818-5521　FAX 03-3818-5514　振替 00110-6-37828
Email tk203444@fsinet.or.jp　URL http://www.toshindo-pub.com/

※定価：表示価格（本体）＋税

東信堂

グローバルな学びへ——協同と刷新の教育	田中智志編著	二〇〇〇円
教育の共生体へ——ボディ・エデュケーショナルの思想圏	田中智志編	三五〇〇円
人格形成概念の誕生——近代アメリカの教育概念史	田中智志	三六〇〇円
ミッション・スクールと戦争——立教学院のディレンマ	前田一男編	五八〇〇円
教育の平等と正義	K・ハウ著 大桃敏行・中村雅子・後藤武俊訳	三二〇〇円
学校改革抗争の100年——20世紀アメリカ教育史	D・ラヴィッチ著 末藤・宮本・佐藤訳	六四〇〇円
大学の責務	D・ケネディ著 井上比呂子訳	三六〇〇円
フェルディナン・ビュイッソンの教育思想——第三共和政初期教育改革史研究の一環として	尾上雅信	三八〇〇円
進路形成に対する「在り方生き方指導」の功罪——高校進路指導の社会学	望月由起	三六〇〇円
洞察＝想像力——知の解放とポストモダンの教育	D・スローン著 市村尚久・早川操監訳	三八〇〇円
文化変容のなかの子ども——経験・他者・関係性	高橋勝	二三〇〇円
教育的思考のトレーニング	相馬伸一	二六〇〇円
「学校協議会」の教育効果	平田淳	五六〇〇円
学校発カリキュラム——日本版「エッセンシャル・クエスチョン」の構築	小田勝己編	二五〇〇円
階級・ジェンダー・再生産——現代資本主義社会の存続メカニズム	橋本健二	三二〇〇円
再生産論を読む——ブルデュー、ウィリスの再生産論	小内透	三二〇〇円
教育と不平等の社会理論——再生産論をこえて	小内透	三二〇〇円
オフィシャル・ノレッジ批判	M・W・アップル著 野崎・井口・小暮・池田監訳	三八〇〇円
新版 昭和教育史——天皇制と教育の史的展開	久保義三	一八〇〇〇円
地上の迷宮と心の楽園〔コメニウス・セレクション〕	J・コメニウス 藤田輝夫訳	三六〇〇円

〒113-0023 東京都文京区向丘1-20-6
TEL 03-3818-5521　FAX 03-3818-5514　振替 00110-6-37828
Email tk203444@fsinet.or.jp　URL:http://www.toshindo-pub.com/
※定価：表示価格（本体）＋税

東信堂

《未来を拓く人文・社会科学シリーズ》〈全17冊・別巻1〉

科学技術ガバナンス	城山英明編	一八〇〇円
ボトムアップな人間関係―心理・教育・福祉・環境・社会の12の現場から	サトウタツヤ編	一六〇〇円
高齢社会を生きる―老いる人/看取るシステム	清水哲郎編	一八〇〇円
家族のデザイン	小長谷有紀編	一八〇〇円
水をめぐるガバナンス―日本、アジア、中東、ヨーロッパの現場から	蔵治光一郎編	一八〇〇円
生活者がつくる市場社会	久米郁夫編	一八〇〇円
グローバル・ガバナンスの最前線―現在と過去のあいだ	遠藤乾編	二二〇〇円
資源を見る眼―現場からの分配論	佐藤仁編	二〇〇〇円
これからの教養教育―「カタ」の効用	葛西康徳・鈴木佳秀編	二〇〇〇円
「対テロ戦争」の時代の平和構築―過去からの視点、未来への展望	黒木英充編	一八〇〇円
企業の錯誤/教育の迷走―人材育成の「失われた一〇年」	青島矢一編	二二〇〇円
千年持続学の構築	木村武史編	一八〇〇円
多元的共生を求めて―〈市民の社会〉をつくる	宇田川妙子編	一八〇〇円
日本文化の空間学	木下直之編	二〇〇〇円
芸術の生まれる場	沼野充義編	一八〇〇円
芸術は何を超えていくのか?	岡田暁生編	二〇〇〇円
文学・芸術は何のためにあるのか?	吉田生洋編	二〇〇〇円
紛争現場からの平和構築―国際刑事司法の役割と課題て	遠藤勇治・石田乾編 城山英明編	二八〇〇円

〒113-0023 東京都文京区向丘1-20-6
TEL 03-3818-5521 FAX03-3818-5514 振替 00110-6-37828
Email tk203444@fsinet.or.jp URL:http://www.toshindo-pub.com/

※定価:表示価格(本体)+税